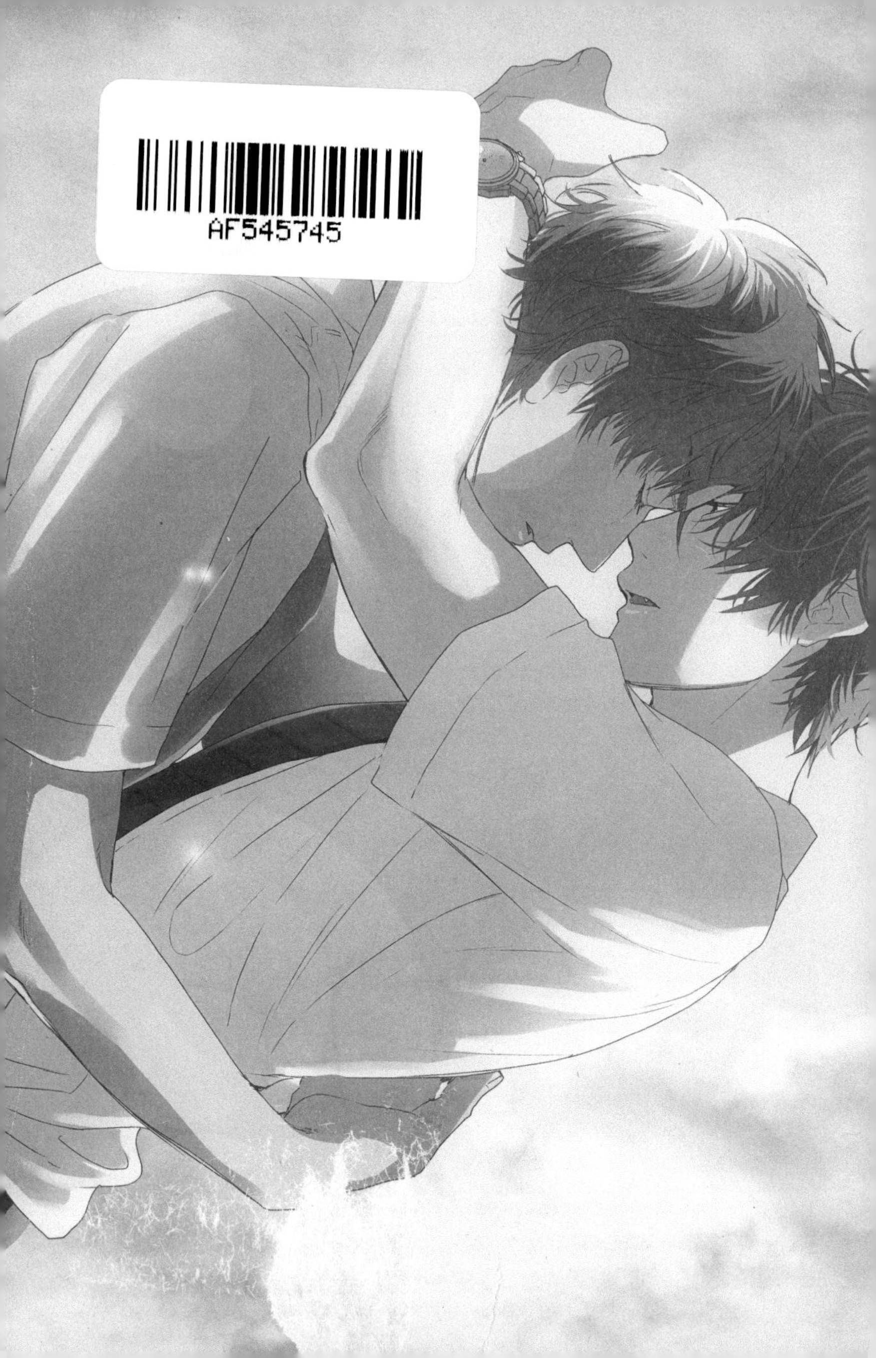

Obsessed with a Naked Monster 2

Ogeretsu Tanaka

STORY

WAS ZWISCHEN SHUNA UND HAYASHIDA ALS REINE BETTGESCHICHTE BEGANN, IST NUN EINE RICHTIGE BEZIEHUNG GEWORDEN.
HAYASHIDA HATTE SEINEN EXFREUND GESCHLAGEN. TROTZ DIESER VERGANGENHEIT NIMMT SHUNA IHN VOLL UND GANZ AN.

ALS SHUNA PLÖTZLICH NACH OSAKA VERSETZT WIRD, MÜSSEN DIE BEIDEN VORERST EINE FERNBEZIEHUNG FÜHREN.

EINES TAGES WIRD SHUNA VON EINEM KOLLEGEN IN EINE BAR MITGENOMMEN, WO ER DIE BEKANNTSCHAFT DES BESITZERS YUMI MACHT. ER IST DER JUNGE MANN AUF DEM FOTO AN DER WAND, DAS HAYASHIDA EINFACH NICHT ABNEHMEN WILL.

CHARAKTERE

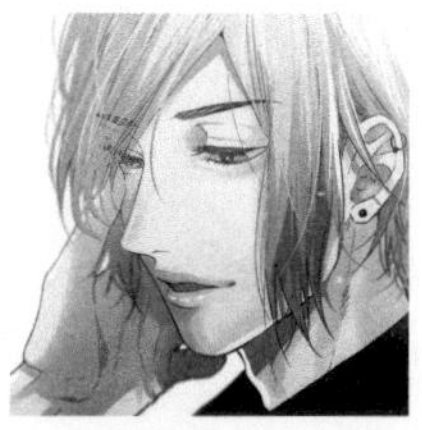

YUMI

BARKEEPER, DEN SHUNA IN OSAKA KENNENLERNT. MIT HAYASHIDA ZUSAMMEN AUF DEM FOTO AUS DER SCHULZEIT ZU SEHEN, DAS AN DESSEN WAND HÄNGT.

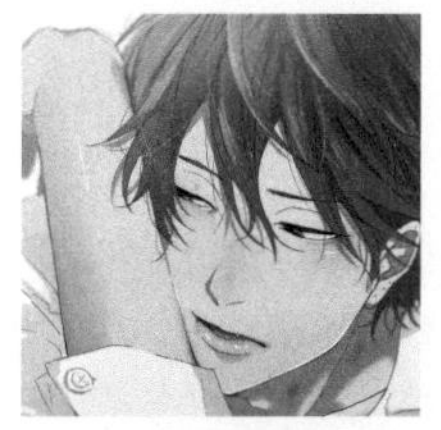

HAYASHIDA

SHUNAS ÄLTERER KOLLEGE MIT BÖSEM BLICK UND BÖSER ZUNGE. HAT ZAHLREICHE PIERCINGS. WAR FRÜHER GEGEN SEINEN EXFREUND GEWALTTÄTIG.

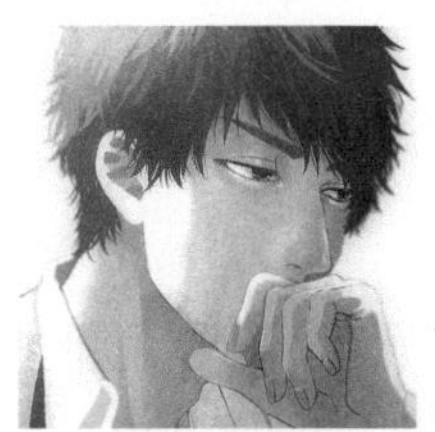

SHUNA

FIRMENANGESTELLTER, FREUNDLICH UND GESELLIG. SCHON VON JUGEND AN BEGEHRT, WAR JEDOCH IMMER IN GEORDNETEN BEZIEHUNGEN.

INHALT

Obsessed with a Naked Monster

Obsessed with a Naked Monster
KAPITEL 7

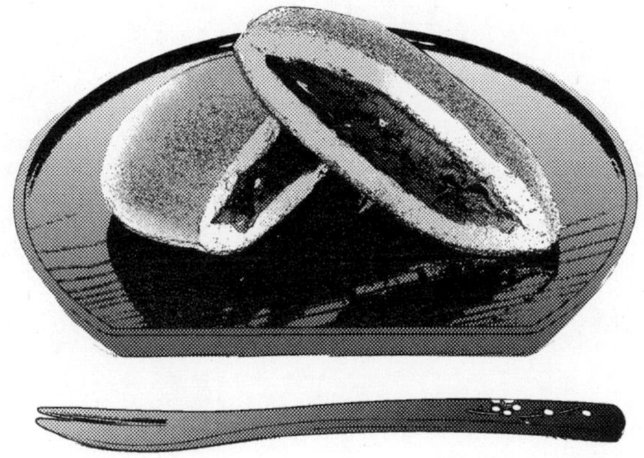

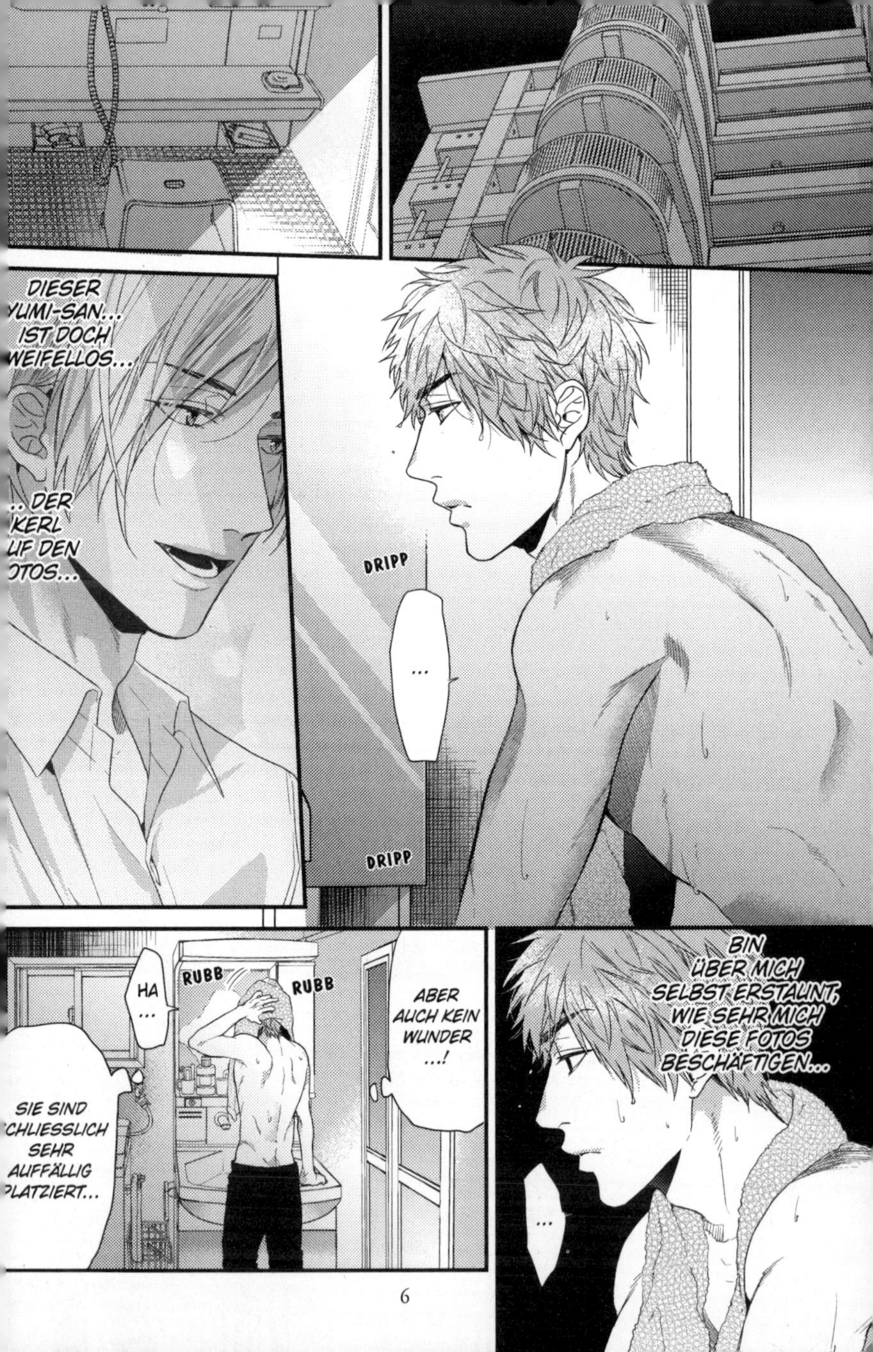
DRIPP
...
DRIPP
DIESER YUMI-SAN... IST DOCH WEIFELLOS...
.. DER KERL UF DEN OTOS...
BIN ÜBER MICH SELBST ERSTAUNT, WIE SEHR MICH DIESE FOTOS BESCHÄFTIGEN...
...
ABER AUCH KEIN WUNDER ...!
RUBB
RUBB
HA ...
SIE SIND CHLIESSLICH SEHR AUFFÄLLIG PLATZIERT...

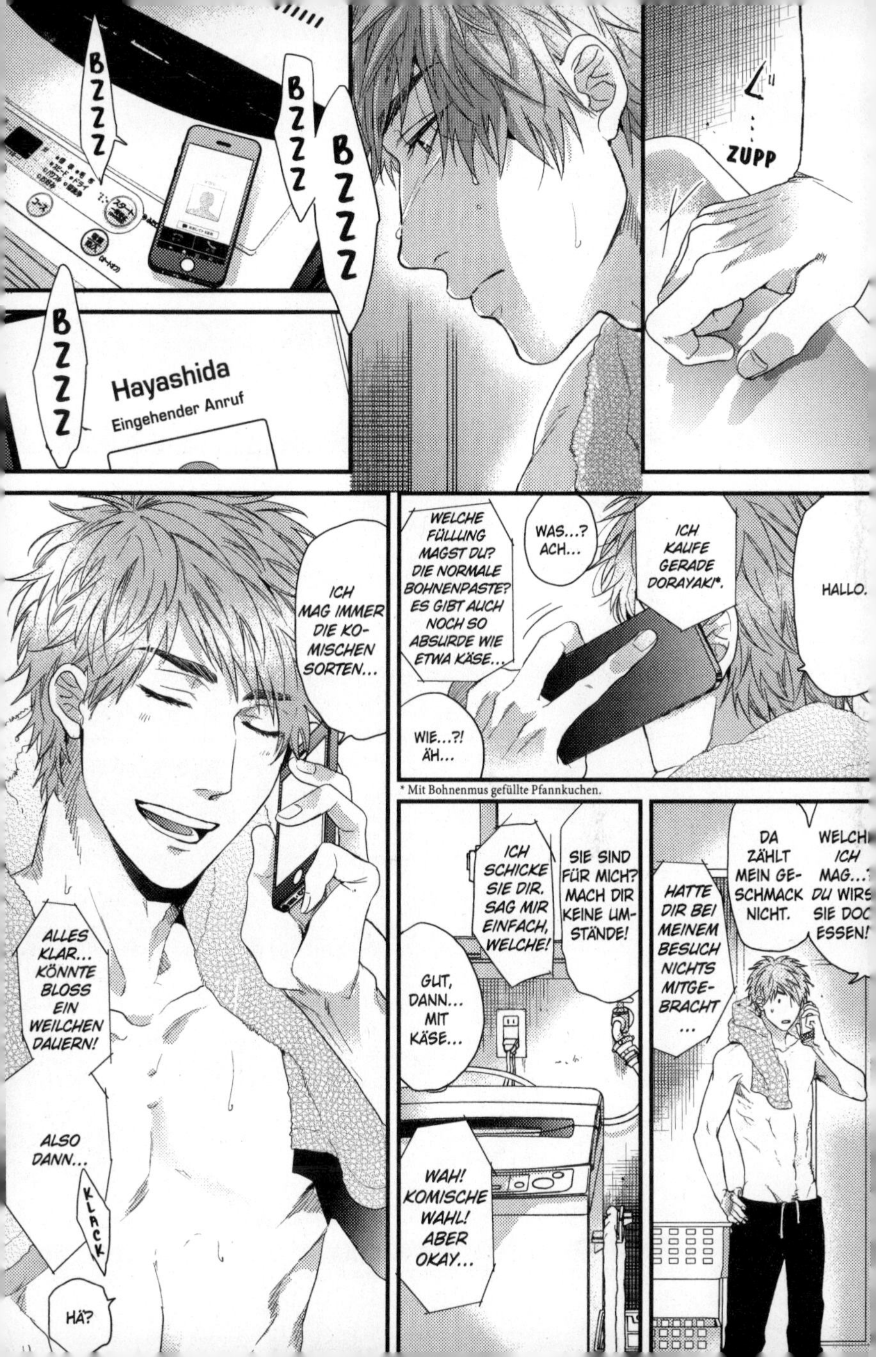

* Mit Bohnenmus gefüllte Pfannkuchen.

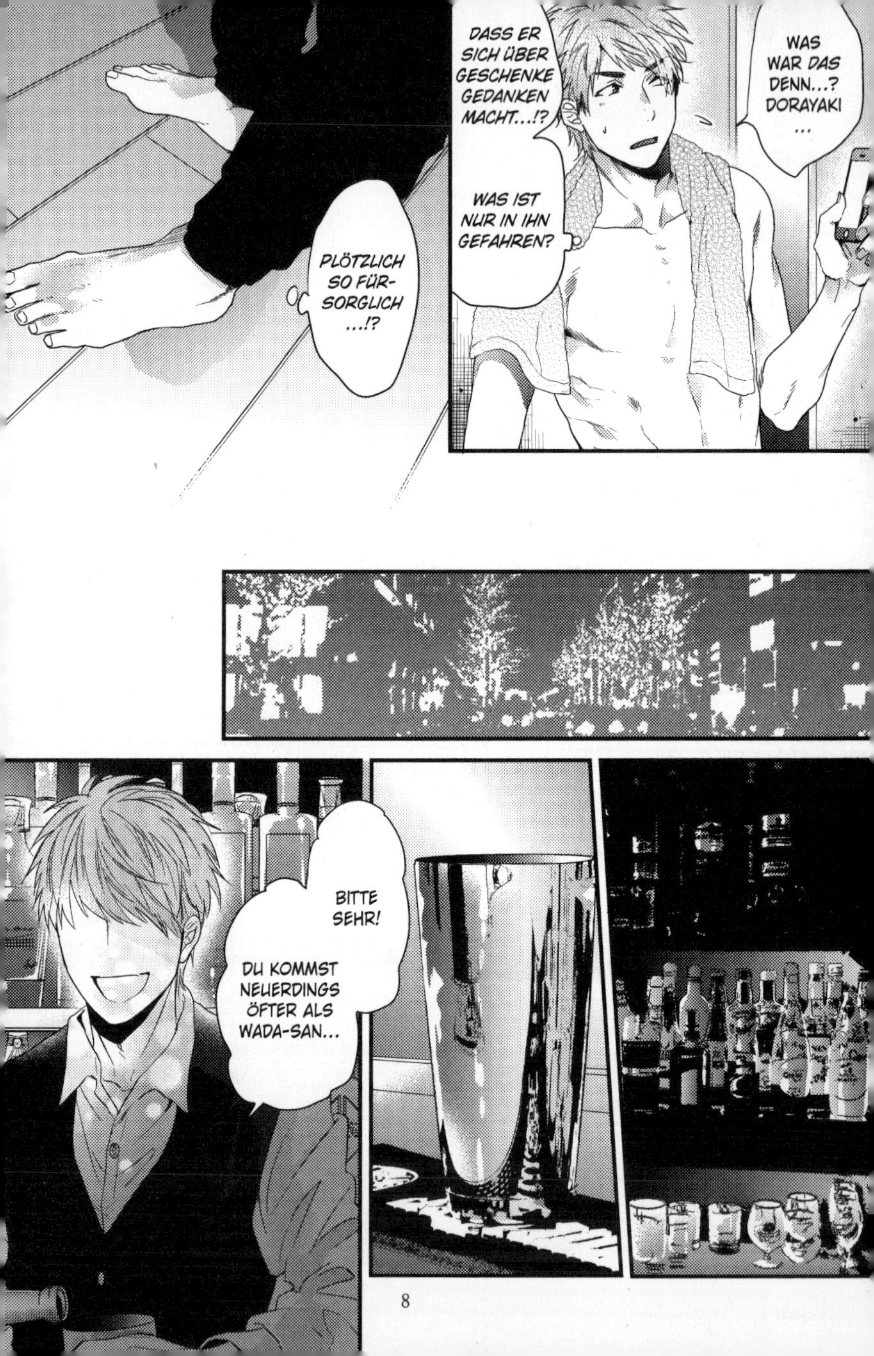

WAS WAR DAS DENN...? DORAYAKI ...

DASS ER SICH ÜBER GESCHENKE GEDANKEN MACHT...!?

WAS IST NUR IN IHN GEFAHREN?

PLÖTZLICH SO FÜR-SORGLICH ...!?

BITTE SEHR!

DU KOMMST NEUERDINGS ÖFTER ALS WADA-SAN...

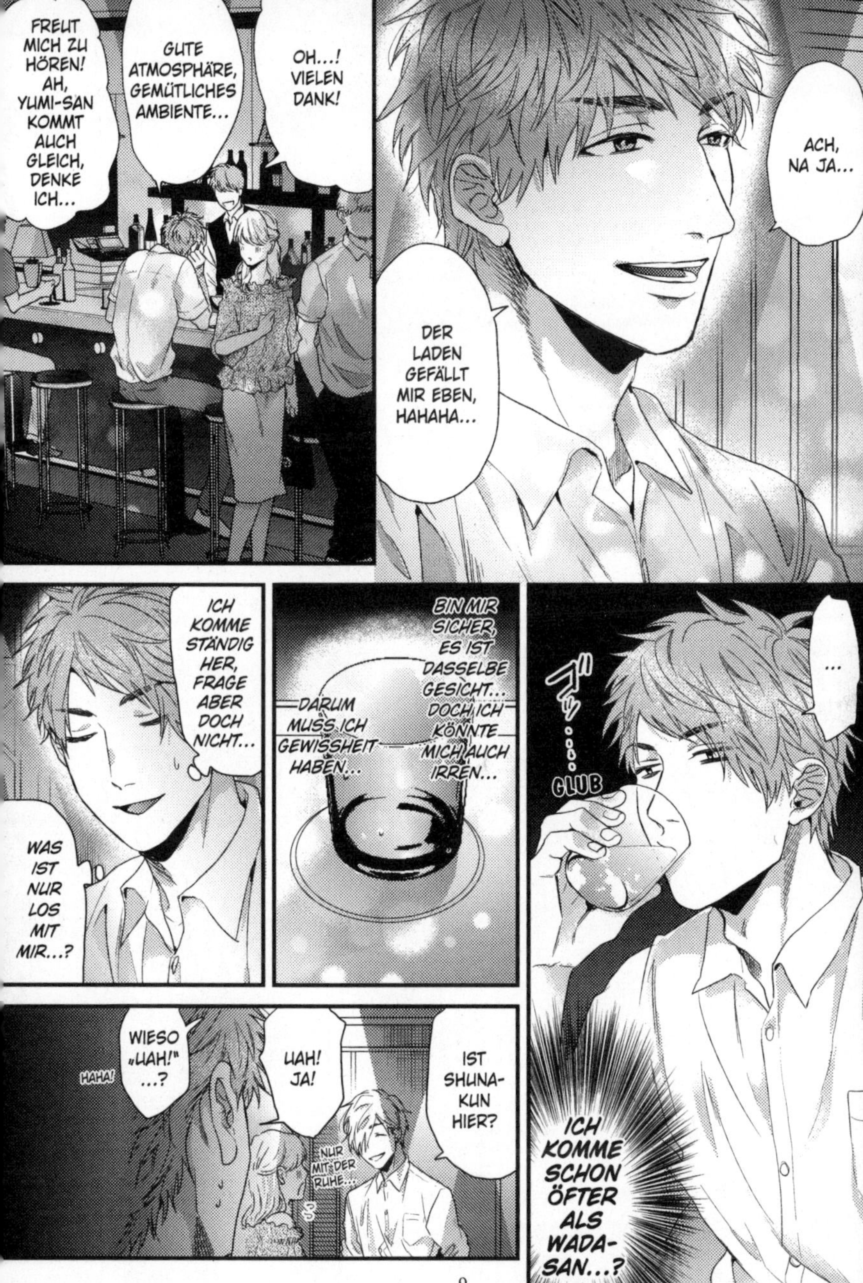
ACH, NA JA…
DER LADEN GEFÄLLT MIR EBEN, HAHAHA…
OH…! VIELEN DANK!
GUTE ATMOSPHÄRE, GEMÜTLICHES AMBIENTE…
FREUT MICH ZU HÖREN! AH, YUMI-SAN KOMMT AUCH GLEICH, DENKE ICH…
…
GLUB
BIN MIR SICHER, ES IST DASSELBE GESICHT… DOCH ICH KÖNNTE MICH AUCH IRREN…
DARUM MUSS ICH GEWISSHEIT HABEN…
ICH KOMME STÄNDIG HER, FRAGE ABER DOCH NICHT…
WAS IST NUR LOS MIT MIR…?
ICH KOMME SCHON ÖFTER ALS WADA-SAN…?
IST SHUNA-KUN HIER?
UAH! JA!
NUR MIT DER RUHE…
WIESO „UAH!“ …?
HAHA!

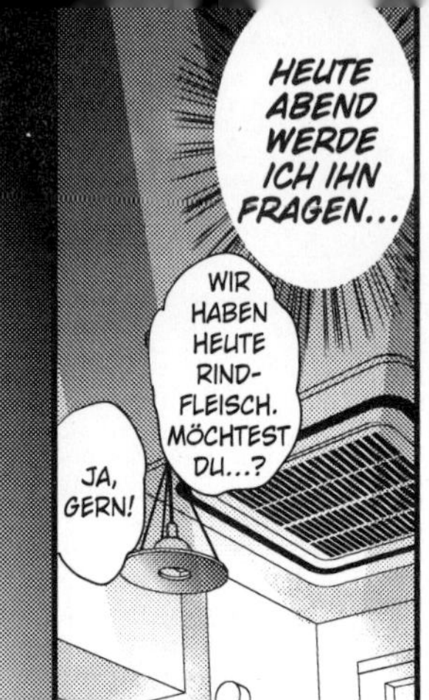
HEUTE ABEND WERDE ICH IHN FRAGEN...
WIR HABEN HEUTE RIND-FLEISCH. MÖCHTEST DU...?
JA, GERN!

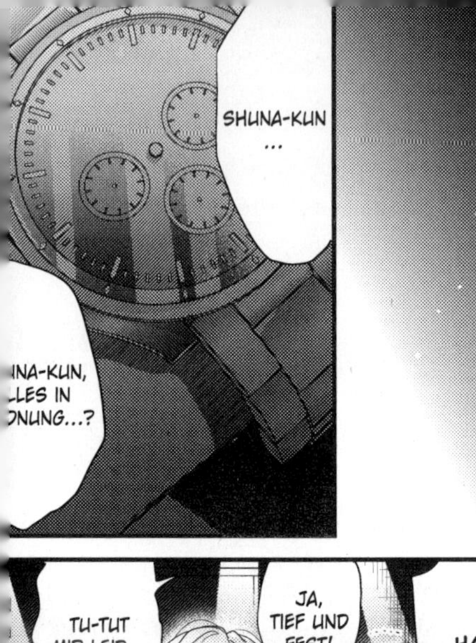
SHUNA-KUN ...

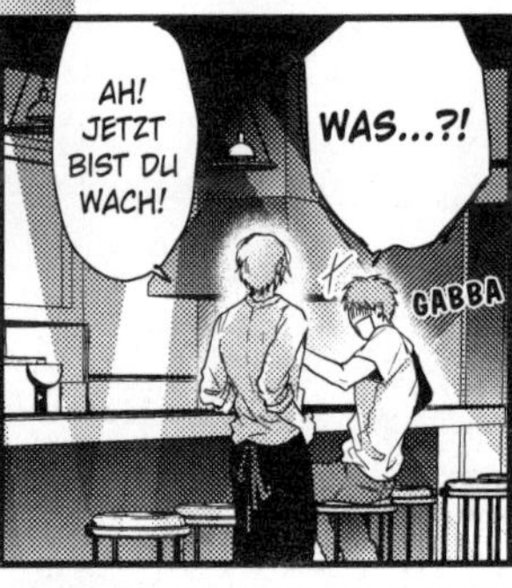
WAS...?!
GABBA
AH! JETZT BIST DU WACH!

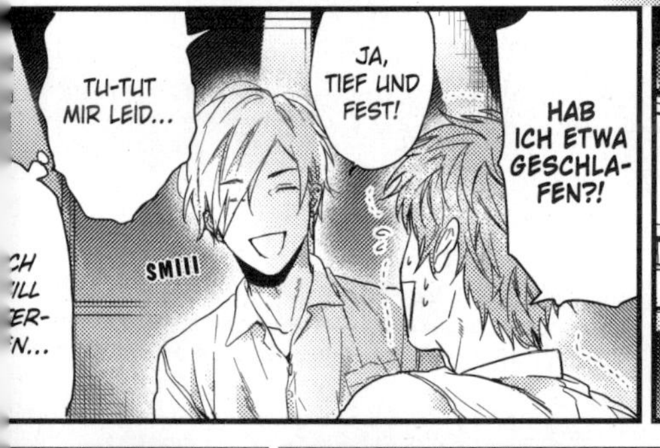
HAB ICH ETWA GESCHLA-FEN?!
JA, TIEF UND FEST!
SMIII
TU-TUT MIR LEID...

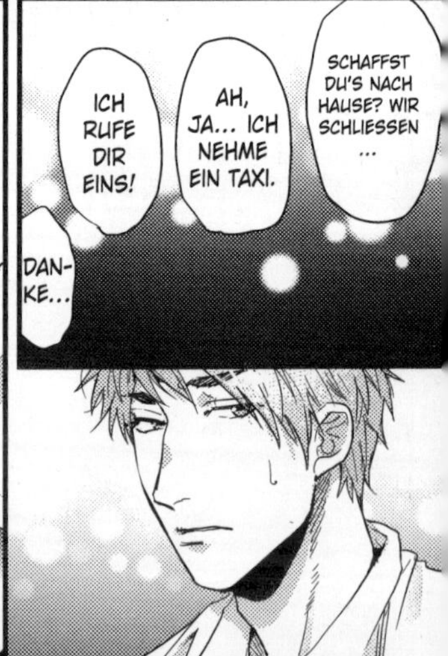
SCHAFFST DU'S NACH HAUSE? WIR SCHLIESSEN ...
AH, JA... ICH NEHME EIN TAXI.
ICH RUFE DIR EINS!
DAN-KE...

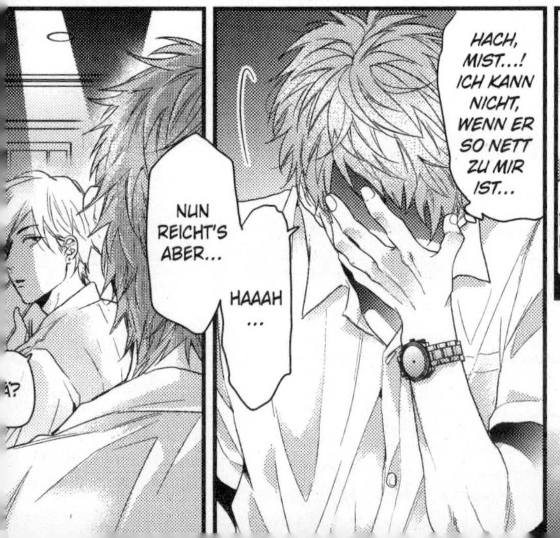
HACH, MIST...! ICH KANN NICHT, WENN ER SO NETT ZU MIR IST...
NUN REICHT'S ABER...
HAAAH ...

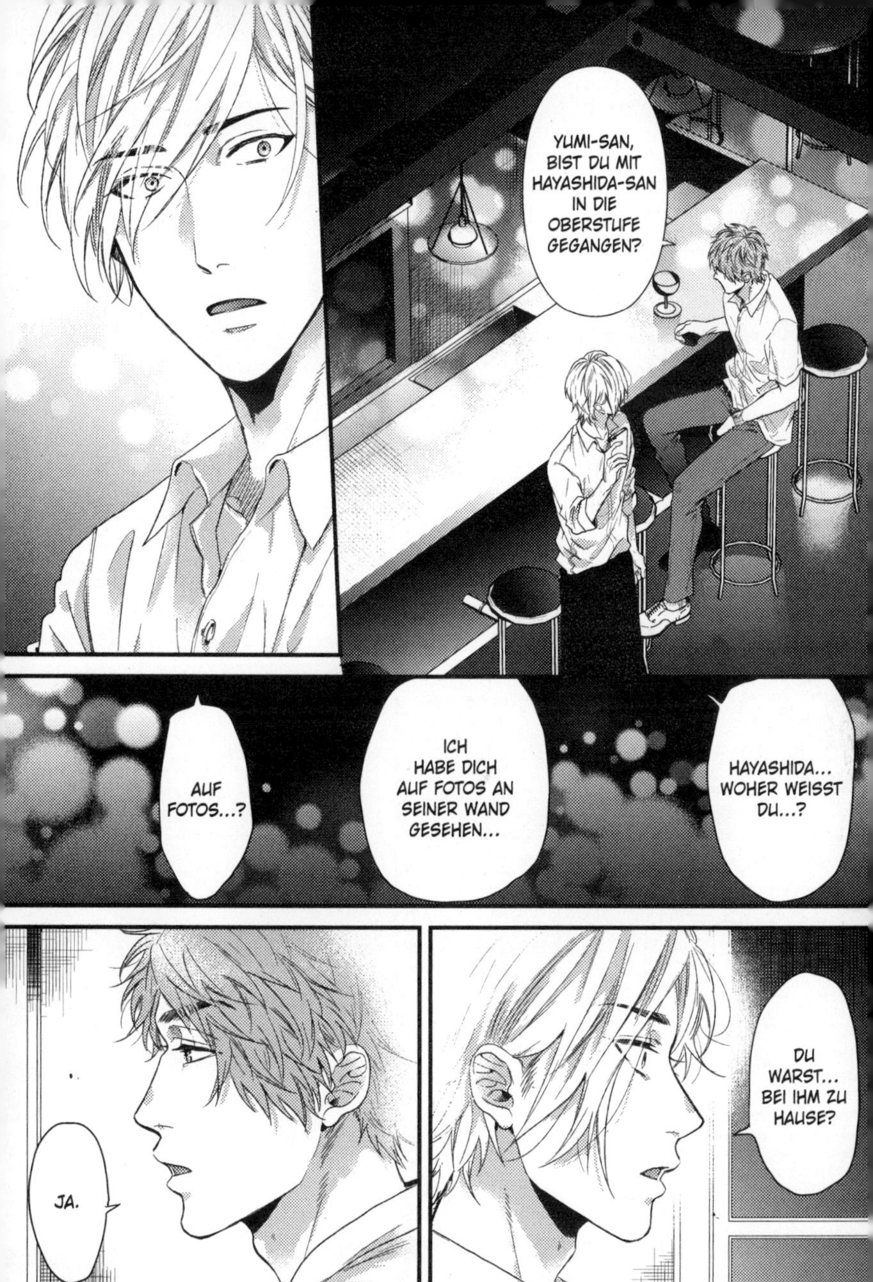
YUMI-SAN, BIST DU MIT HAYASHIDA-SAN IN DIE OBERSTUFE GEGANGEN?
HAYASHIDA... WOHER WEISST DU...?
ICH HABE DICH AUF FOTOS AN SEINER WAND GESEHEN...
AUF FOTOS...?
DU WARST... BEI IHM ZU HAUSE?
JA.

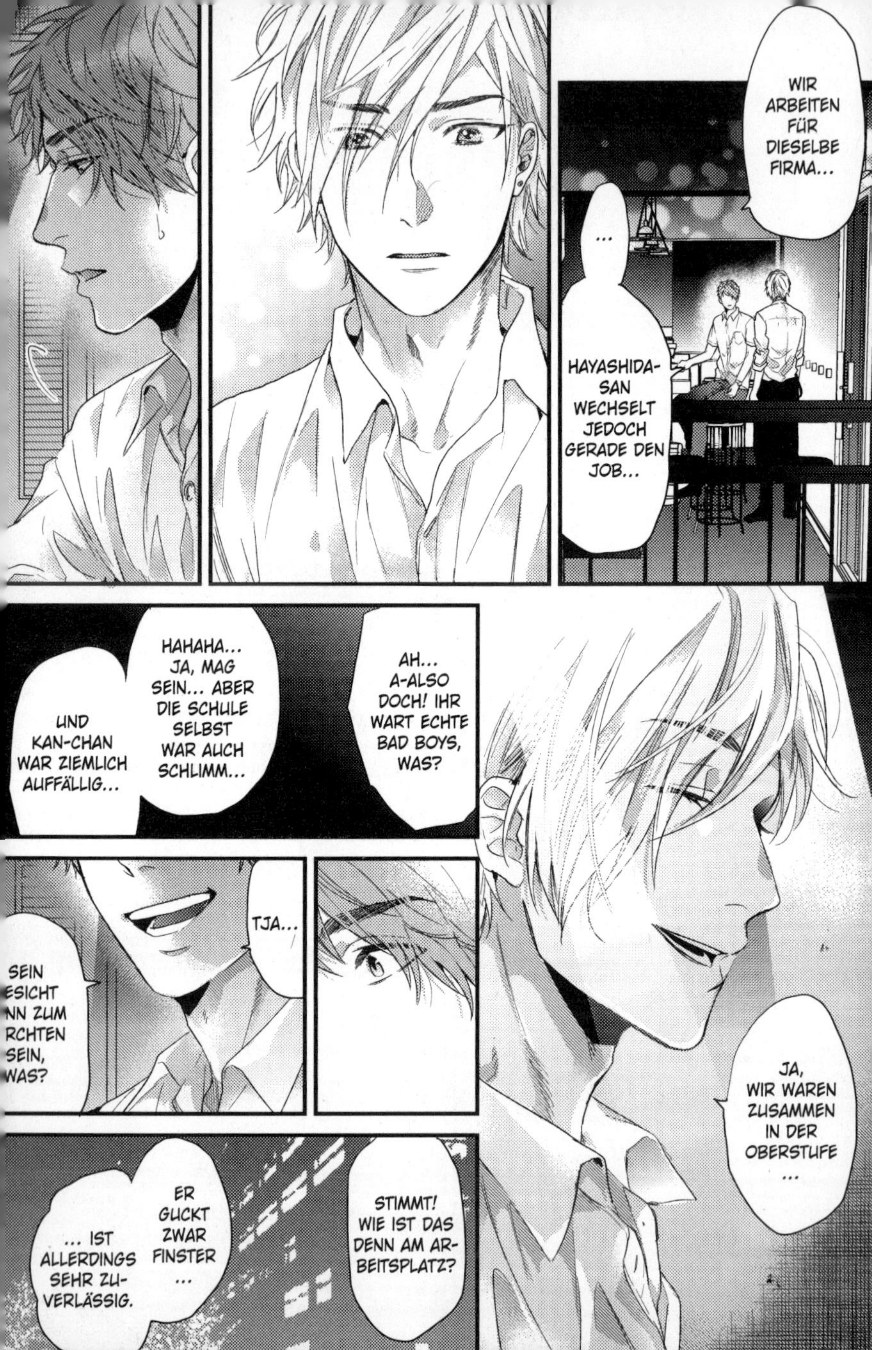
WIR ARBEITEN FÜR DIESELBE FIRMA…
…
HAYASHIDA-SAN WECHSELT JEDOCH GERADE DEN JOB…
AH… A-ALSO DOCH! IHR WART ECHTE BAD BOYS, WAS?
HAHAHA… JA, MAG SEIN… ABER DIE SCHULE SELBST WAR AUCH SCHLIMM…
UND KAN-CHAN WAR ZIEMLICH AUFFÄLLIG…
JA, WIR WAREN ZUSAMMEN IN DER OBERSTUFE …
TJA…
SEIN ESICHT NN ZUM RCHTEN SEIN, WAS?
STIMMT! WIE IST DAS DENN AM AR-BEITSPLATZ?
ER GUCKT ZWAR FINSTER …
… IST ALLERDINGS SEHR ZU-VERLÄSSIG.

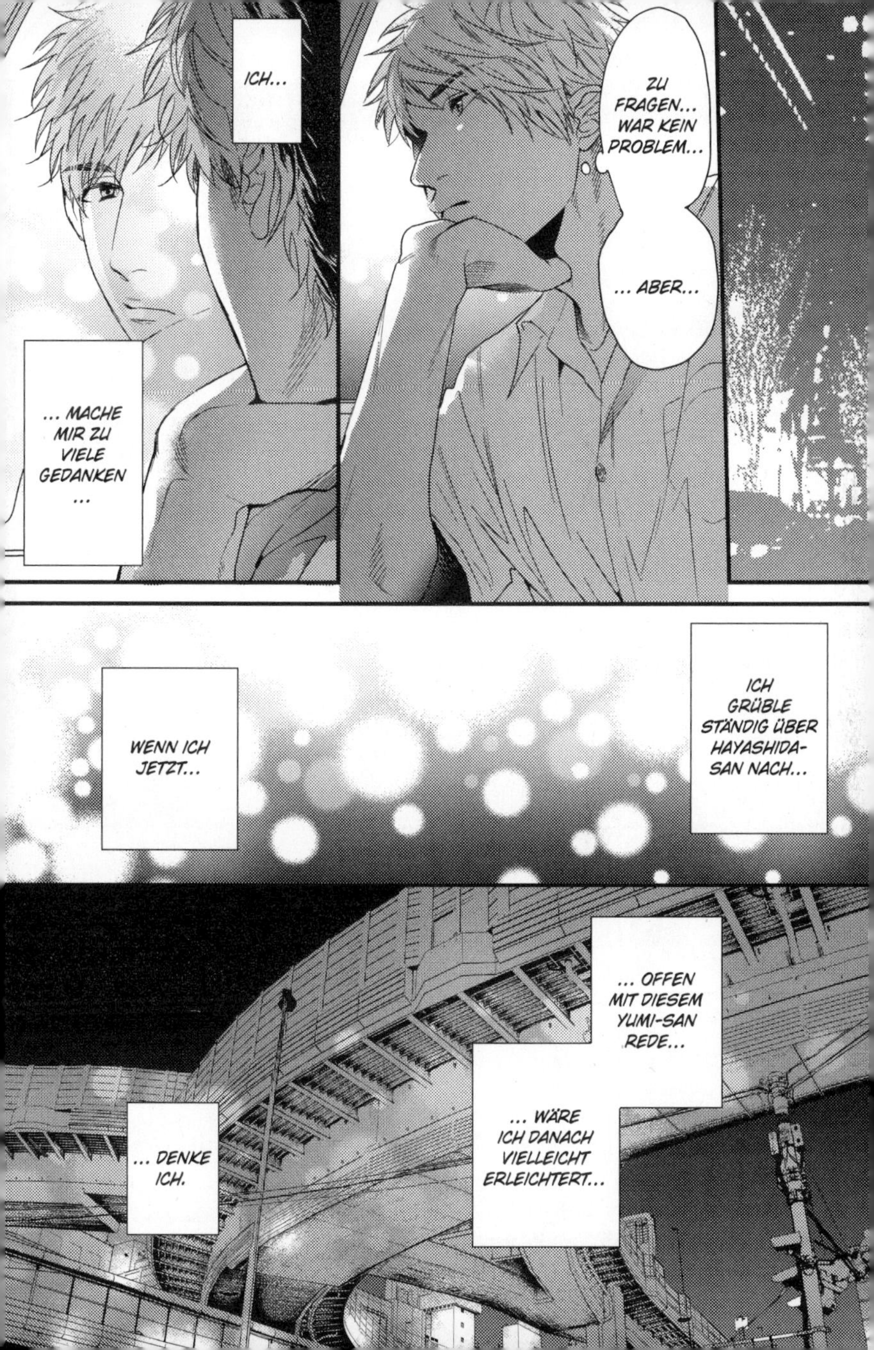
ZU FRAGEN... WAR KEIN PROBLEM...
... ABER...
ICH...
... MACHE MIR ZU VIELE GEDANKEN ...
ICH GRÜBLE STÄNDIG ÜBER HAYASHIDA-SAN NACH...
WENN ICH JETZT...
... OFFEN MIT DIESEM YUMI-SAN REDE...
... WÄRE ICH DANACH VIELLEICHT ERLEICHTERT...
... DENKE ICH.

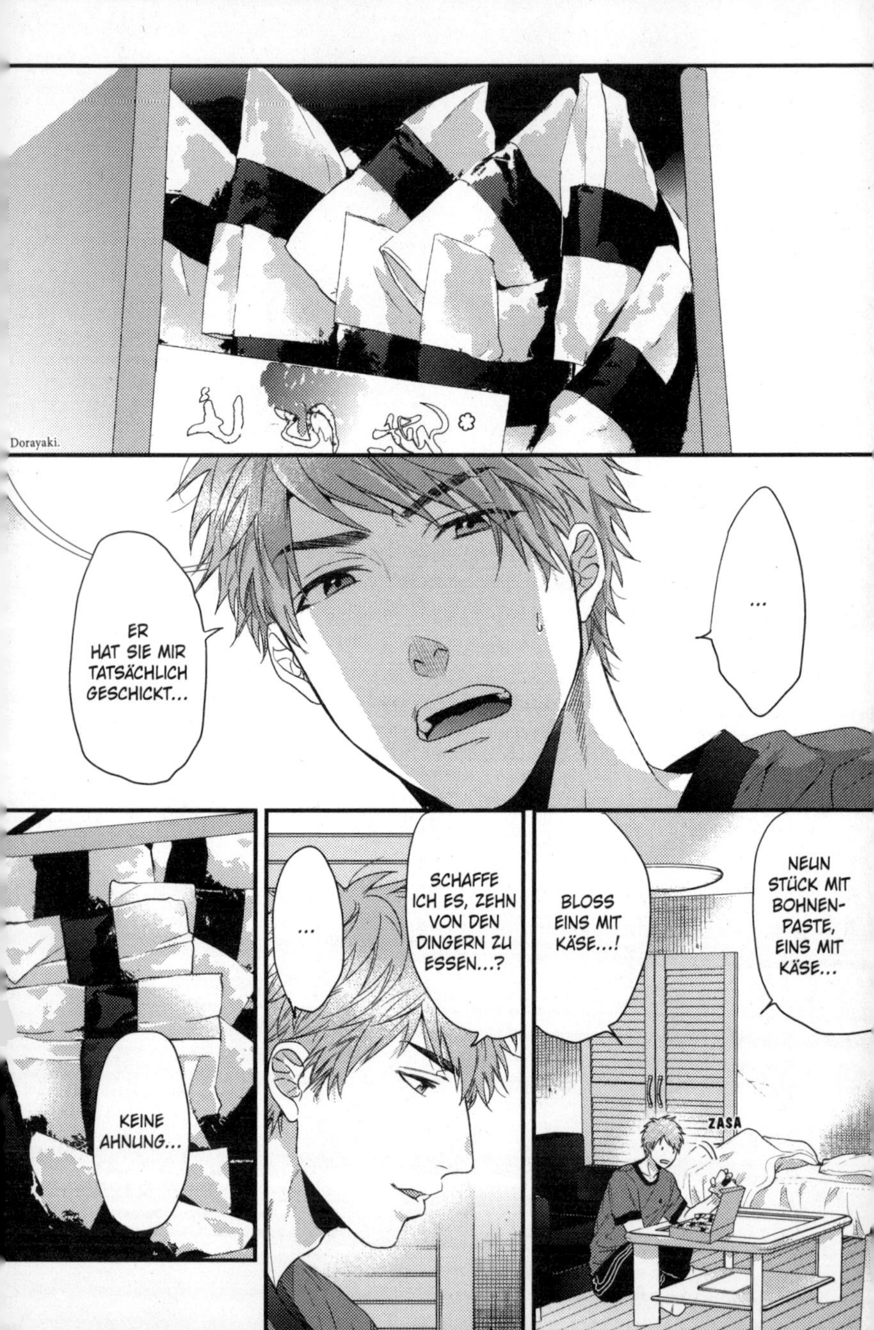
...
ER HAT SIE MIR TATSÄCHLICH GESCHICKT...
NEUN STÜCK MIT BOHNEN-PASTE, EINS MIT KÄSE...
BLOSS EINS MIT KÄSE...!
ZASA
SCHAFFE ICH ES, ZEHN VON DEN DINGERN ZU ESSEN...?
...
KEINE AHNUNG...
Dorayaki.

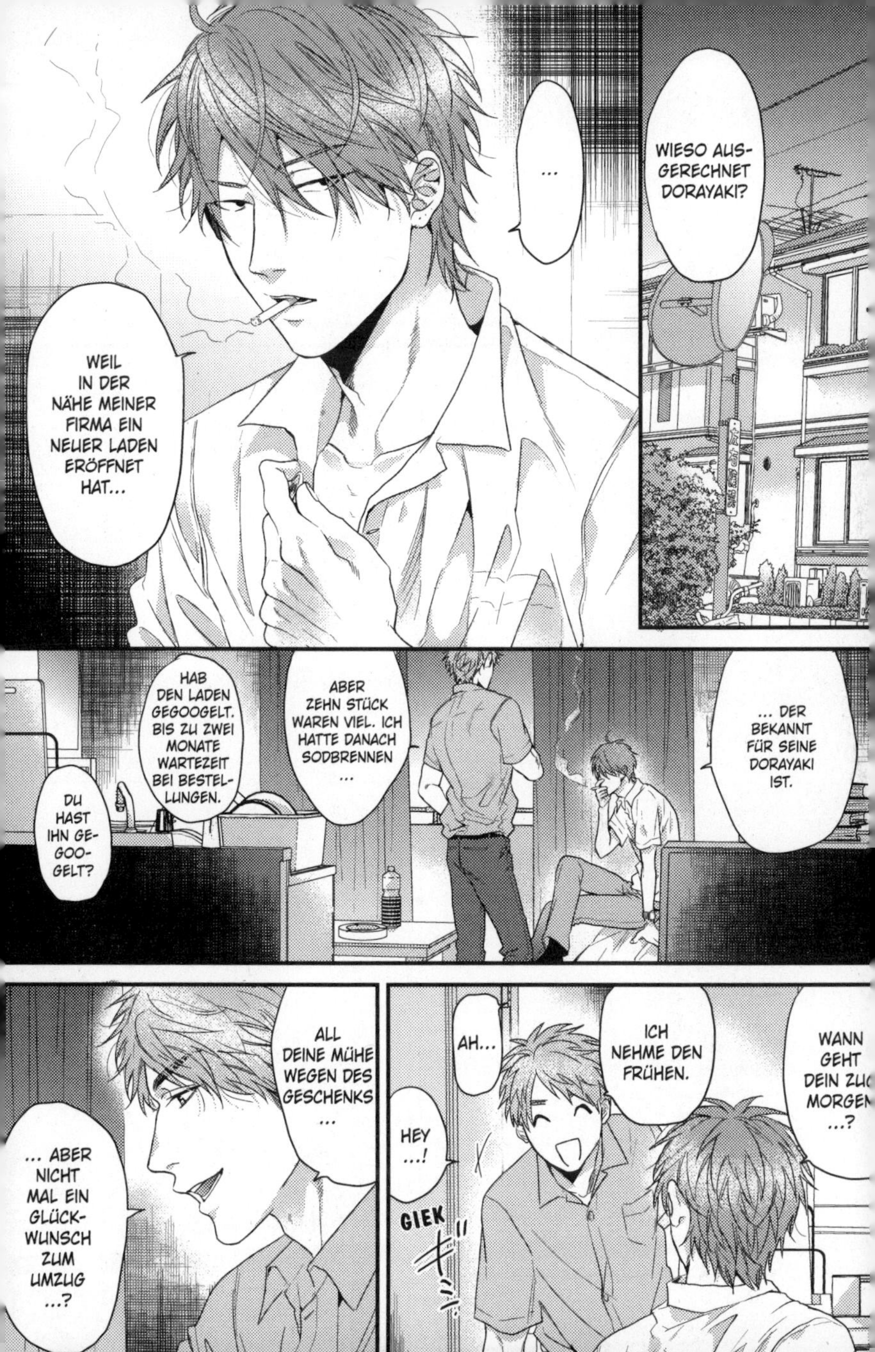
WIESO AUSGERECHNET DORAYAKI?
...
WEIL IN DER NÄHE MEINER FIRMA EIN NEUER LADEN ERÖFFNET HAT...
... DER BEKANNT FÜR SEINE DORAYAKI IST.
ABER ZEHN STÜCK WAREN VIEL. ICH HATTE DANACH SODBRENNEN ...
HAB DEN LADEN GEGOOGELT. BIS ZU ZWEI MONATE WARTEZEIT BEI BESTELLUNGEN.
DU HAST IHN GEGOOGELT?
WANN GEHT DEIN ZU
MORGEN ...?
ICH NEHME DEN FRÜHEN.
AH...
HEY ...!
GIEK
ALL DEINE MÜHE WEGEN DES GESCHENKS ...
... ABER NICHT MAL EIN GLÜCKWUNSCH ZUM UMZUG ...?

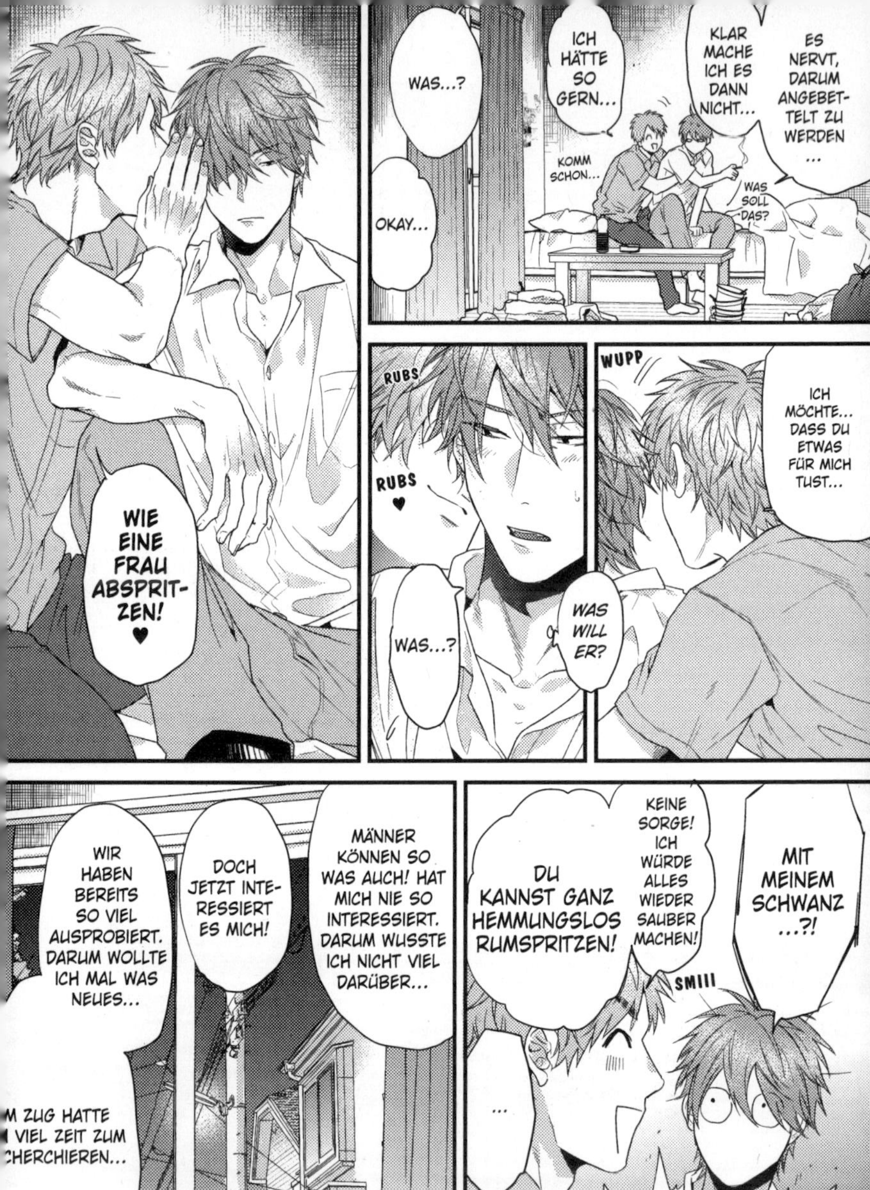
ES NERVT, DARUM ANGEBETTELT ZU WERDEN ...
KLAR MACHE ICH ES DANN NICHT...
WAS SOLL DAS?
ICH HÄTTE SO GERN...
KOMM SCHON...
WAS...?
OKAY...
ICH MÖCHTE... DASS DU ETWAS FÜR MICH TUST...
WUPP
RUBS
RUBS ♥
WAS WILL ER?
WAS...?
WIE EINE FRAU ABSPRITZEN! ♥
MIT MEINEM SCHWANZ ...?!
KEINE SORGE! ICH WÜRDE ALLES WIEDER SAUBER MACHEN!
DU KANNST GANZ HEMMUNGSLOS RUMSPRITZEN!
SMIII
...
DIIIRK
MÄNNER KÖNNEN SO WAS AUCH! HAT MICH NIE SO INTERESSIERT. DARUM WUSSTE ICH NICHT VIEL DARÜBER...
DOCH JETZT INTERESSIERT ES MICH!
WIR HABEN BEREITS SO VIEL AUSPROBIERT. DARUM WOLLTE ICH MAL WAS NEUES...
M ZUG HATTE
VIEL ZEIT ZUM
CHERCHIEREN...

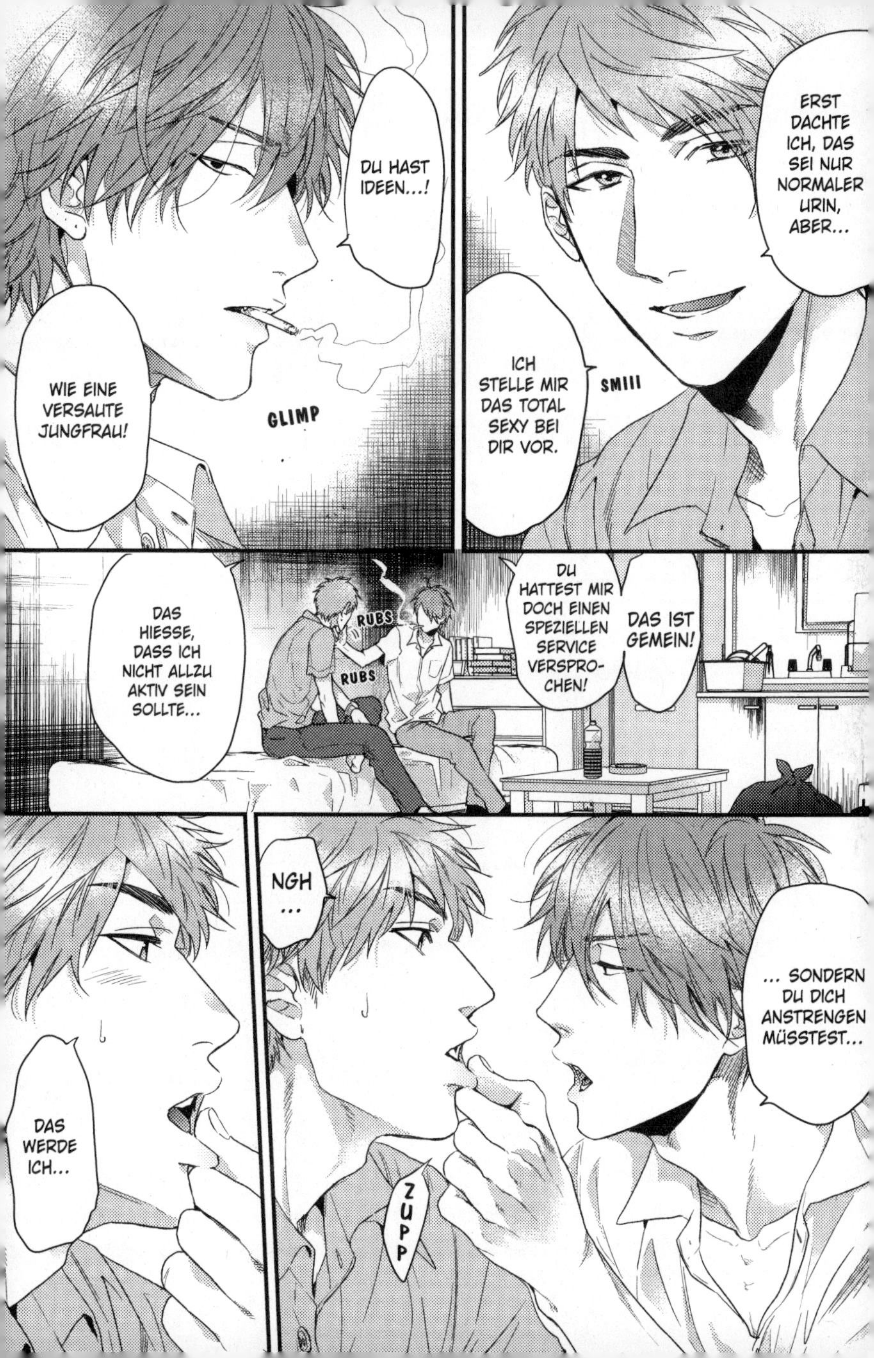
ERST DACHTE ICH, DAS SEI NUR NORMALER URIN, ABER...
ICH STELLE MIR DAS TOTAL SEXY BEI DIR VOR.
SMIII
DU HAST IDEEN...!
WIE EINE VERSAUTE JUNGFRAU!
GLIMP
DAS IST GEMEIN!
DU HATTEST MIR DOCH EINEN SPEZIELLEN SERVICE VERSPRO-CHEN!
RUBS
RUBS
DAS HIESSE, DASS ICH NICHT ALLZU AKTIV SEIN SOLLTE...
... SONDERN DU DICH ANSTRENGEN MÜSSTEST...
NGH ...
ZUPP
DAS WERDE ICH...

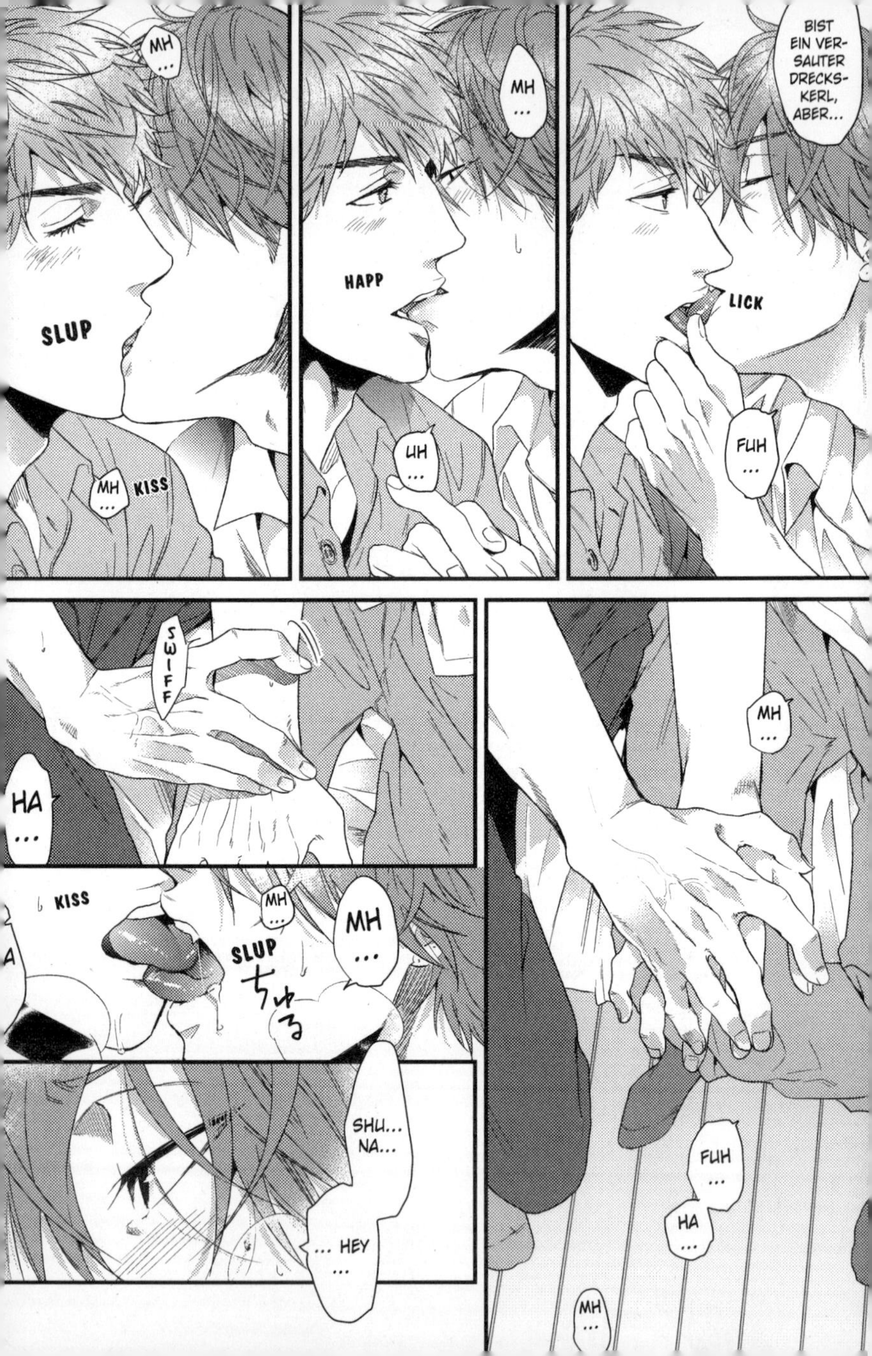
BIST EIN VERSAUTER DRECKSKERL, ABER...
LICK
FUH ...
MH ...
HAPP
UH ...
MH ...
SLUP
MH ... KISS
SWIFF
HA ...
MH ...
KISS
MH ...
SLUP
ちゅる
MH ...
SHU... NA...
... HEY ...
FUH ...
HA ...
MH ...

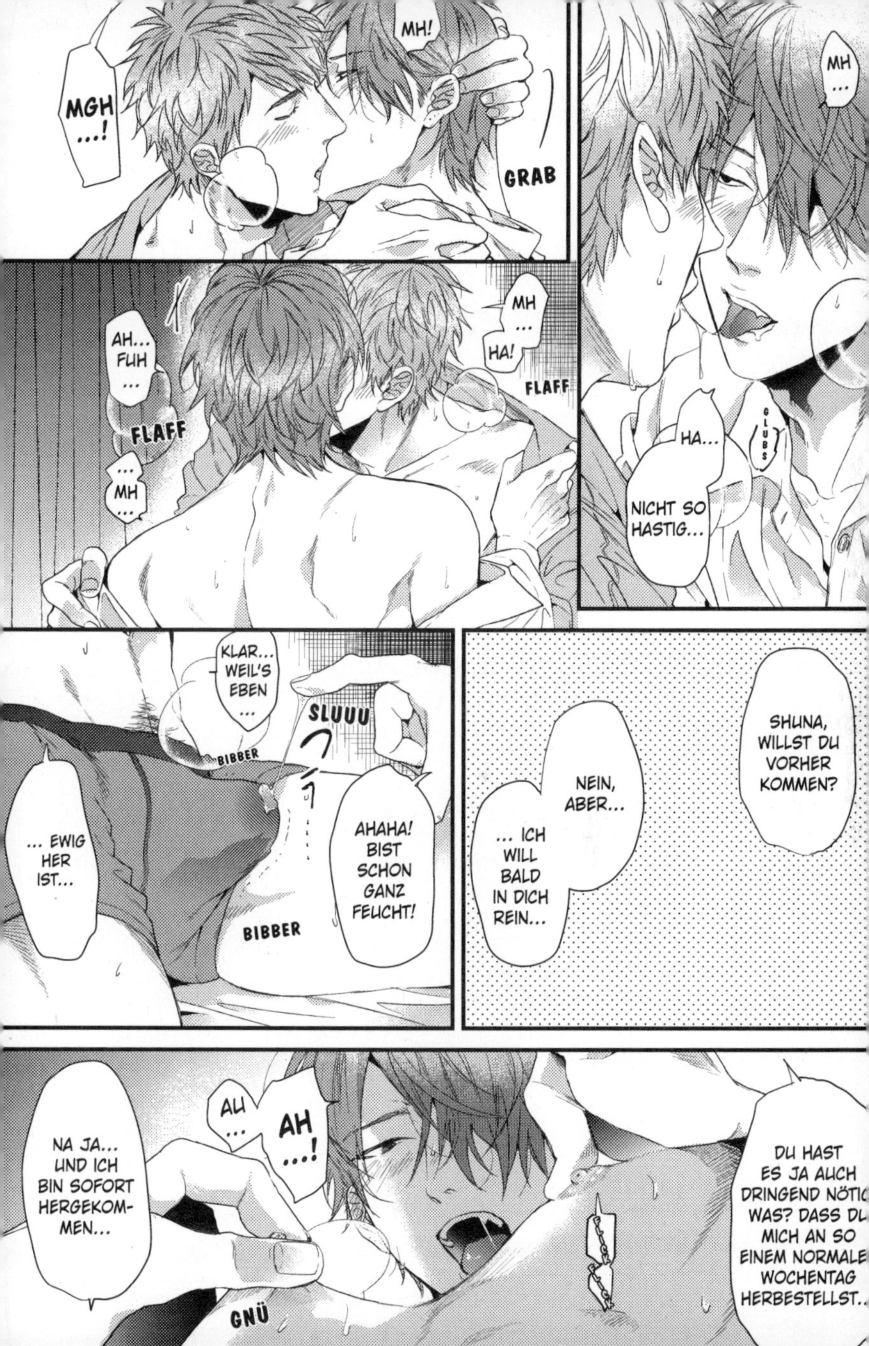

MH …
HA…
GLUBS
NICHT SO HASTIG…
MH!
GRAB
MGH …!
MH … HA!
FLAFF
AH… FUH …
FLAFF
… MH …
SHUNA, WILLST DU VORHER KOMMEN?
NEIN, ABER…
… ICH WILL BALD IN DICH REIN…
KLAR… WEIL'S EBEN …
SLUUU
BIBBER
AHAHA! BIST SCHON GANZ FEUCHT!
BIBBER
… EWIG HER IST…
DU HAST ES JA AUCH DRINGEND NÖTIG WAS? DASS DU MICH AN SO EINEM NORMALE WOCHENTAG HERBESTELLST..
AH …!
AU …
NA JA… UND ICH BIN SOFORT HERGEKOMMEN…
GNÜ

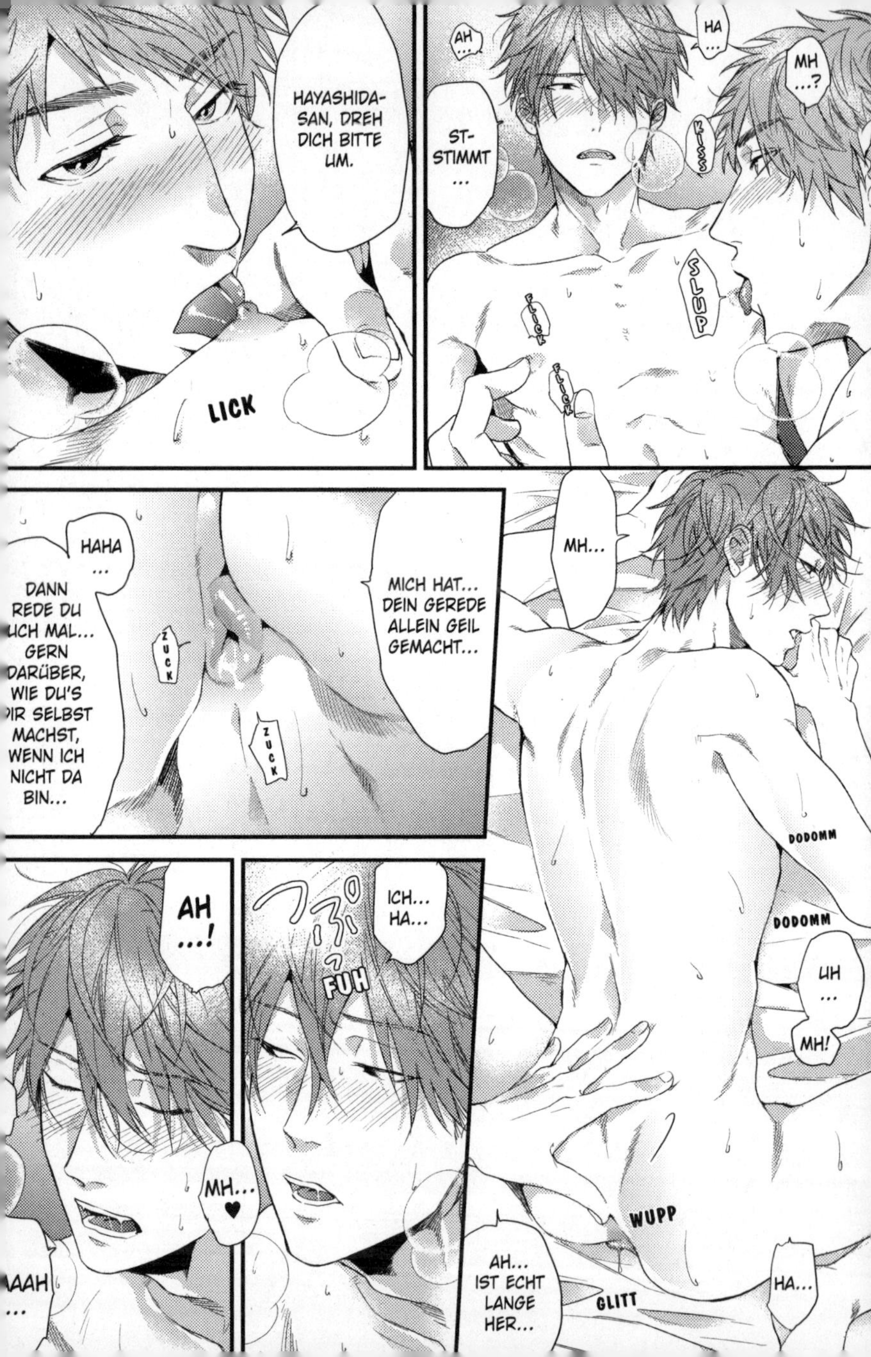
AH ...
HA ...
MH ...?
ST-STIMMT ...
KISS
SLUP
FLICK
FLICK
HAYASHIDA-SAN, DREH DICH BITTE UM.
LICK
MH...
DODOMM
DODOMM
UH ...
MH!
WUPP
HA...
AH... IST ECHT LANGE HER...
GLITT
MICH HAT... DEIN GEREDE ALLEIN GEIL GEMACHT...
HAHA ...
DANN REDE DU UCH MAL... GERN DARÜBER, WIE DU'S IR SELBST MACHST, WENN ICH NICHT DA BIN...
ZUCK
ZUCK
ICH... HA...
FUH
MH...♥
AH ...!
AAAH ...

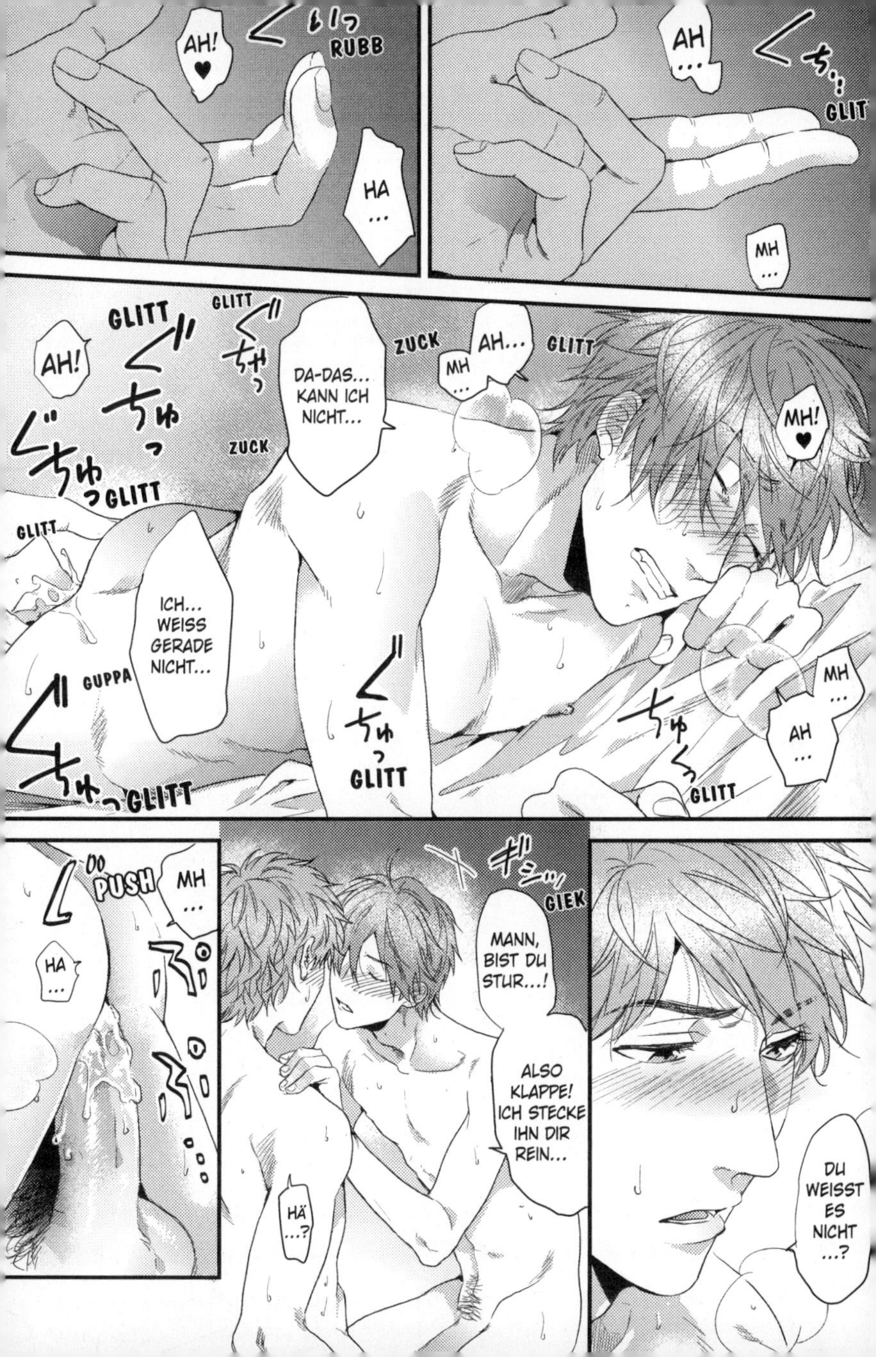
AH …
GLIT
MH …
AH! ♥
RUBB
HA …
MH! ♥
GLITT
AH…
MH …
ZUCK
DA-DAS… KANN ICH NICHT…
GLITT
GLITT
AH!
ZUCK
GLITT
GLITT
ICH… WEISS GERADE NICHT…
GUPPA
GLITT
MH …
AH …
GLITT
GLITT
DU WEISST ES NICHT …?
GIEK
MANN, BIST DU STUR…!
ALSO KLAPPE! ICH STECKE IHN DIR REIN…
HÄ …?
MH …
PUSH
HA …

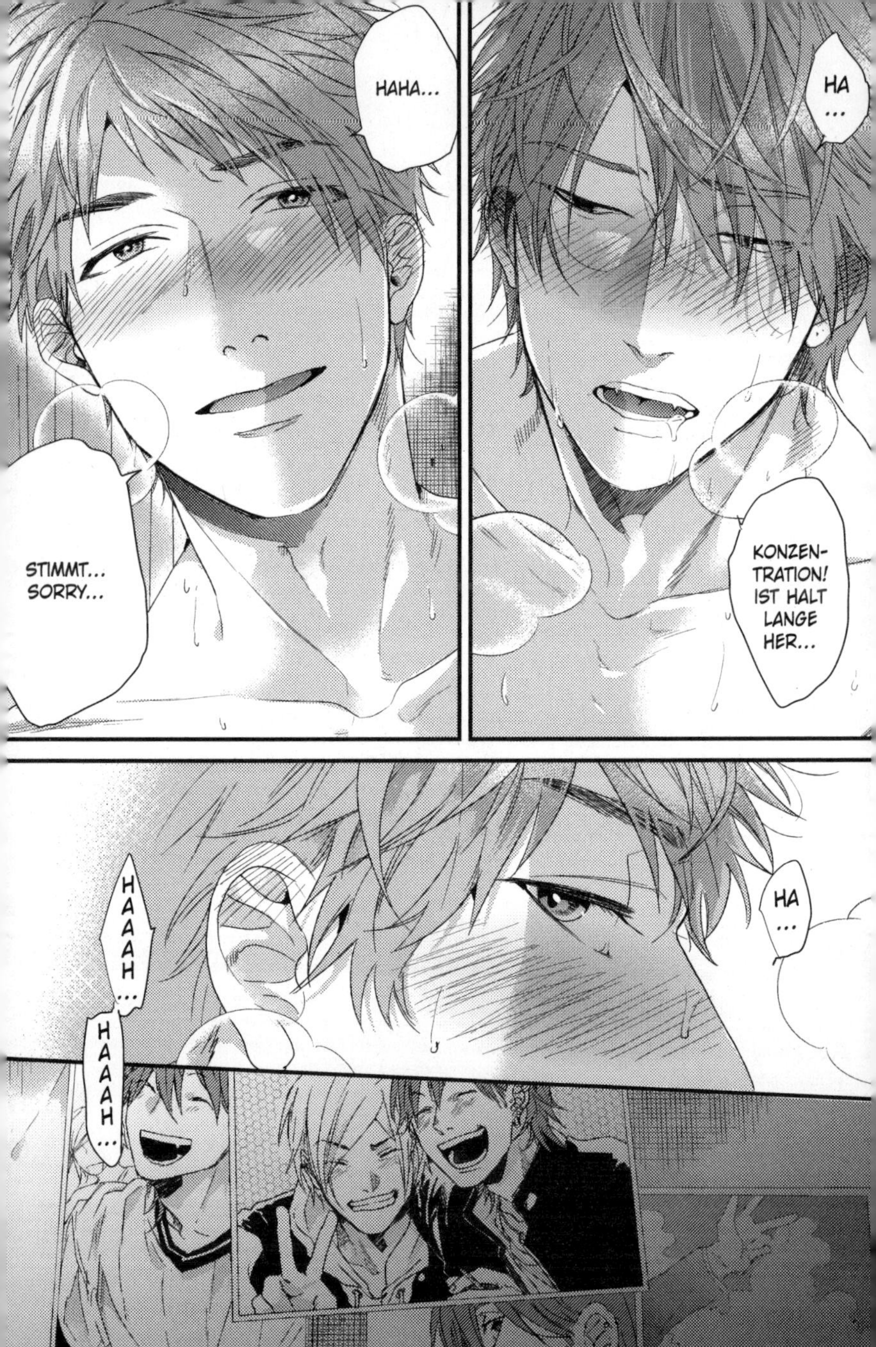
HA ...
HAHA...
KONZENTRATION! IST HALT LANGE HER...
STIMMT... SORRY...
HA ...
HAAAH ...
HAAAH ...

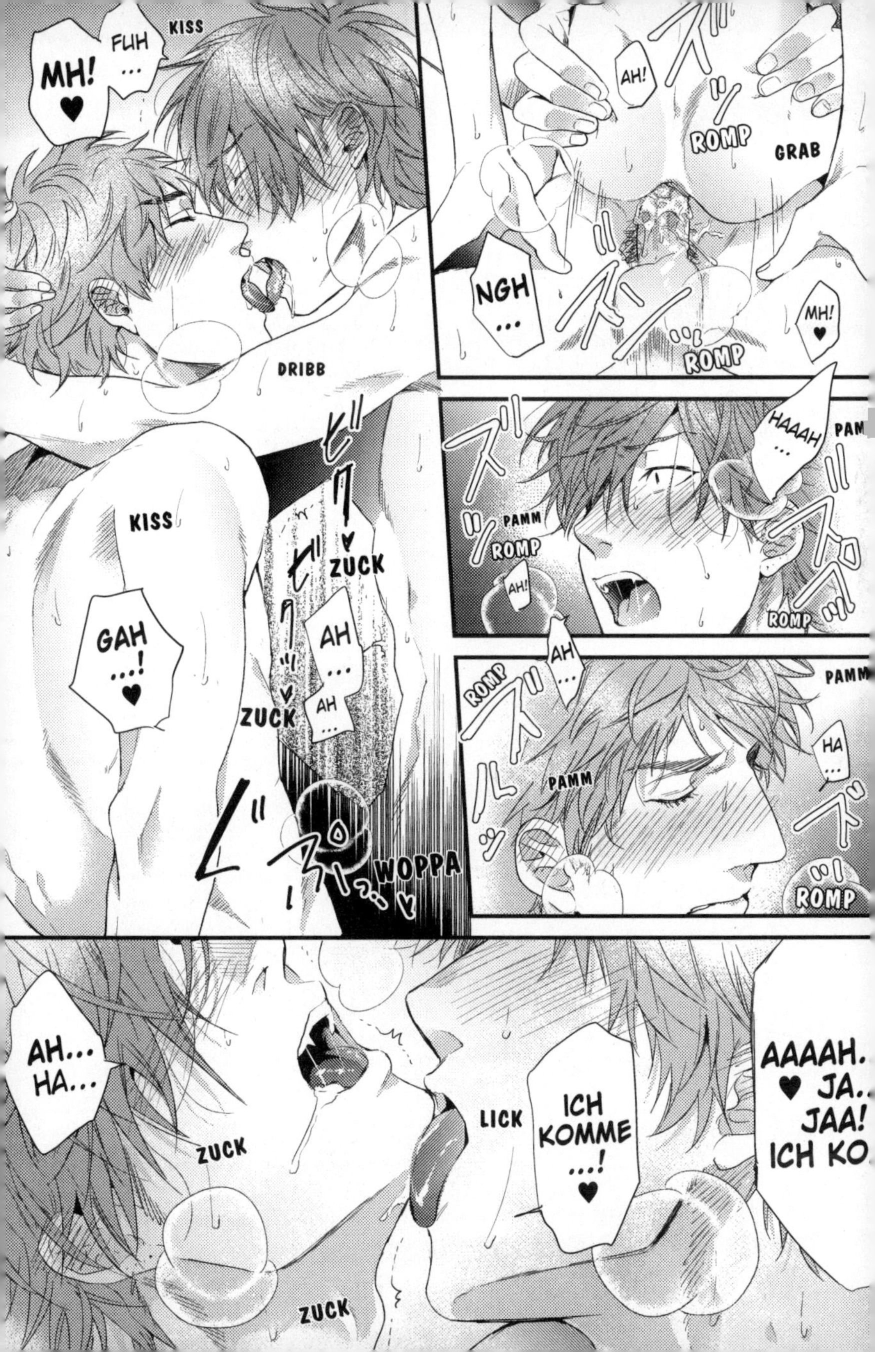
AH!
ROMP
GRAB
NGH ...
MH! ♥
ROMP
HAAAH ...
PAMM
PAMM
ROMP
AH!
ROMP
AH ...
ROMP
PAMM
HA ...
PAMM
ROMP
FUH ...
KISS
MH! ♥
DRIBB
KISS
ZUCK
AH ...
AH ...
GAH ...! ♥
ZUCK
WOPPA
AAAAH. ♥ JA.. JAA! ICH KO
ICH KOMME ...! ♥
LICK
AH... HA...
ZUCK
ZUCK

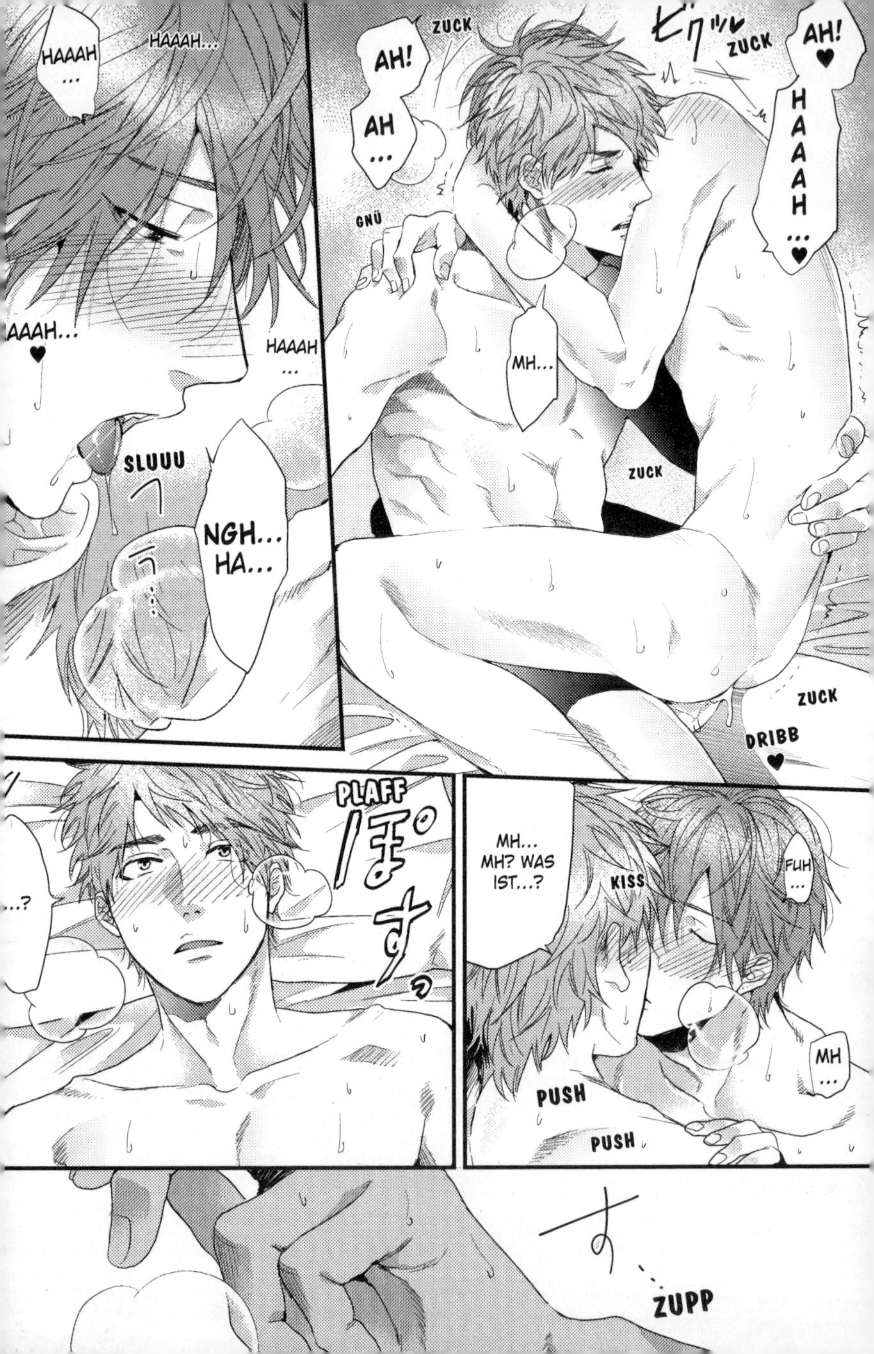

AH! ♥
HAAAAH ... ♥
ビクッ
ZUCK
ZUCK
AH!
AH ...
GNÜ
MH...
ZUCK
ZUCK
DRIBB ♥
HAAAH ...
HAAAH...
AAAH... ♥
HAAAH ...
SLUUU
NGH... HA...
MH... MH? WAS IST...?
FUH ...
KISS
MH ...
PUSH
PUSH
PLAFF
ぽすっ
...?
す…
ZUPP

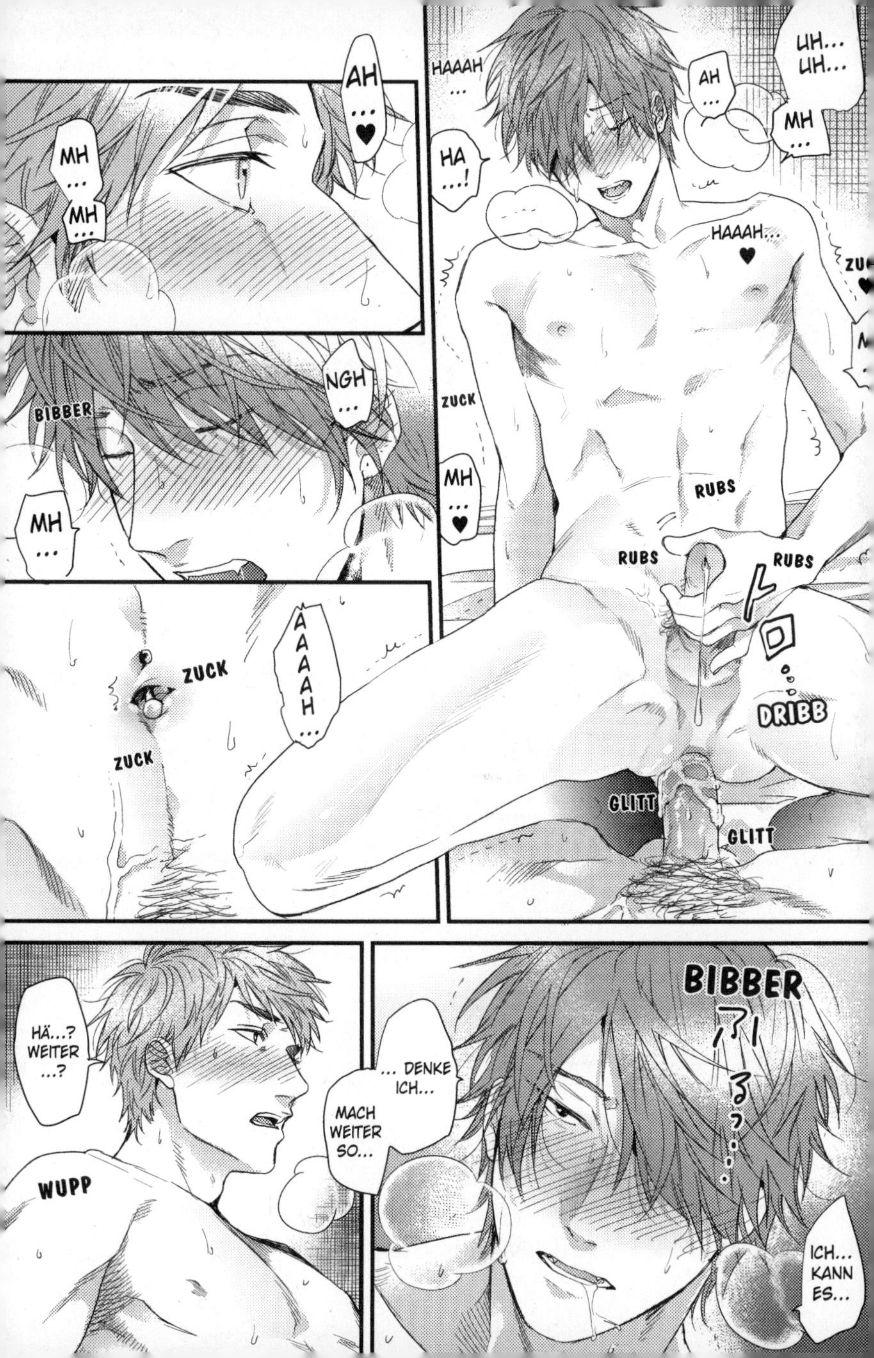
UH... UH...
MH ...
AH ...
HAAAH ...
HA ...!
HAAAH... ♥
AH ... ♥
MH ...
MH ...
NGH ...
BIBBER
MH ...
ZUCK
MH ... ♥
RUBS
RUBS
RUBS
DRIBB
GLITT
GLITT
AAAAAH ...
ZUCK
ZUCK
BIBBER
ICH... KANN ES...
... DENKE ICH...
MACH WEITER SO...
HÄ...? WEITER ...?
WUPP

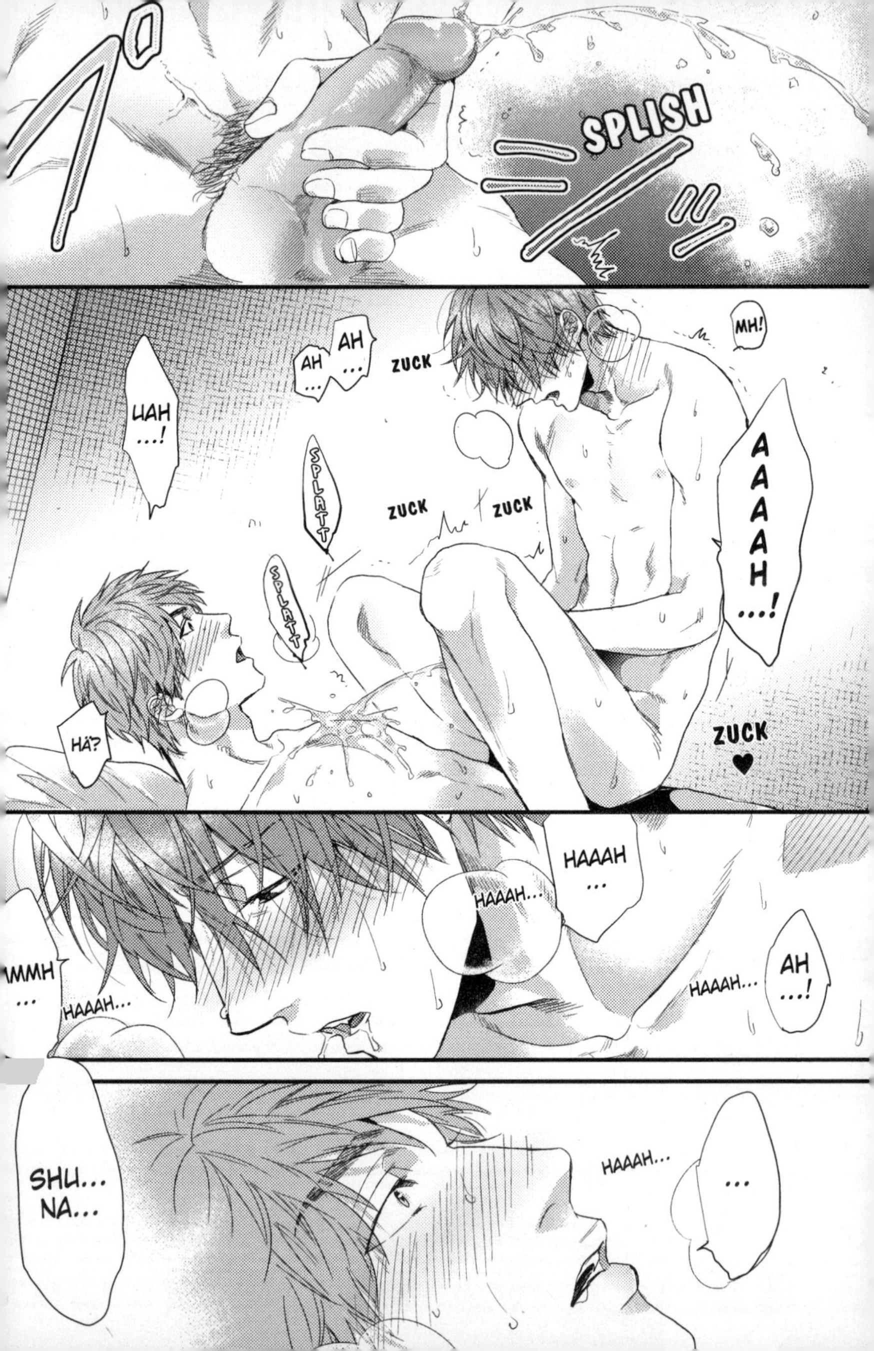
SPLISH
MH!
AAAAAH...!
ZUCK
AH...
AH...
UAH...!
ZUCK
ZUCK
SPLATT
SPLATT
ZUCK ♥
HÄ?
HAAAH...
HAAAH...
AH...!
HAAAH...
MMH...
HAAAH...
...
HAAAH...
SHU... NA...

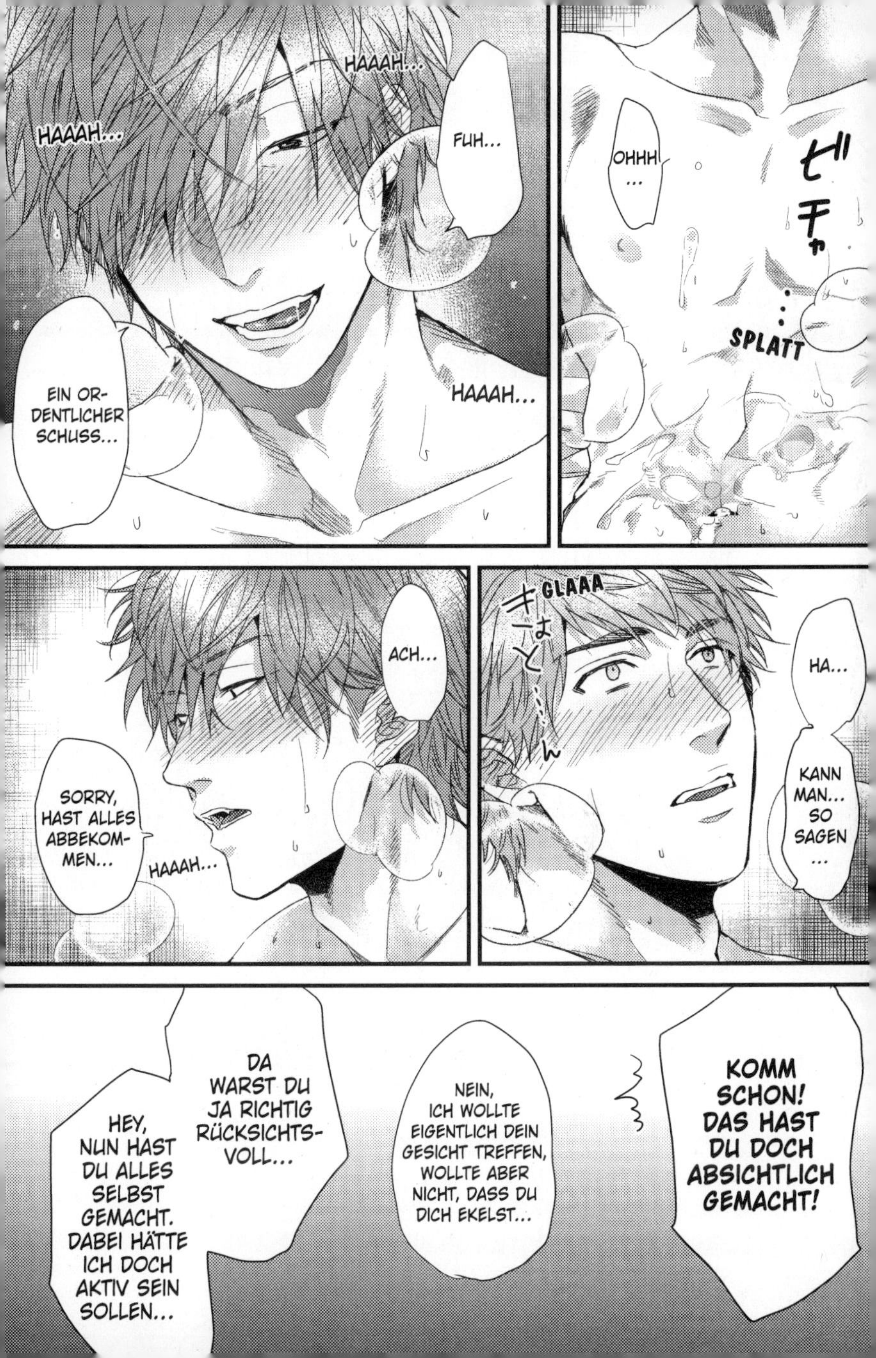

OHHH ...
SPLATT
HAAAH...
FUH...
HAAAH...
EIN ORDENTLICHER SCHUSS...
HAAAH...

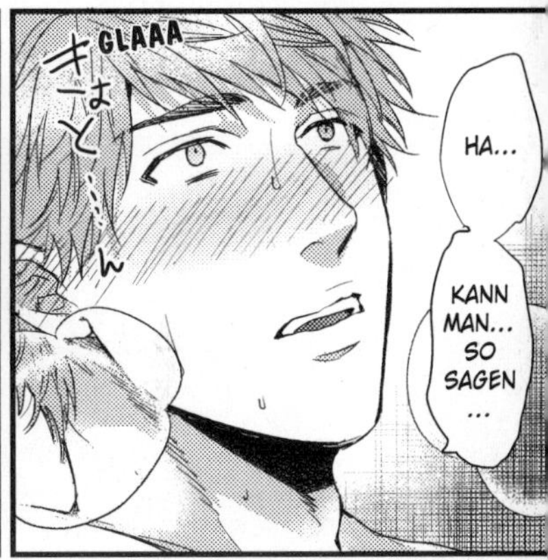

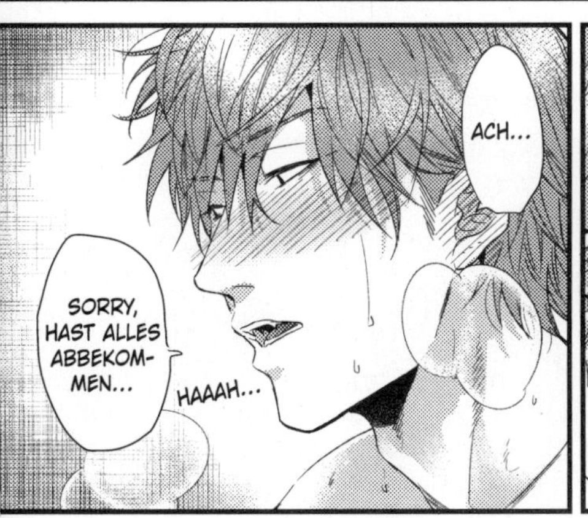

KOMM SCHON! DAS HAST DU DOCH ABSICHTLICH GEMACHT!
NEIN, ICH WOLLTE EIGENTLICH DEIN GESICHT TREFFEN, WOLLTE ABER NICHT, DASS DU DICH EKELST...
DA WARST DU JA RICHTIG RÜCKSICHTSVOLL...
HEY, NUN HAST DU ALLES SELBST GEMACHT. DABEI HÄTTE ICH DOCH AKTIV SEIN SOLLEN...

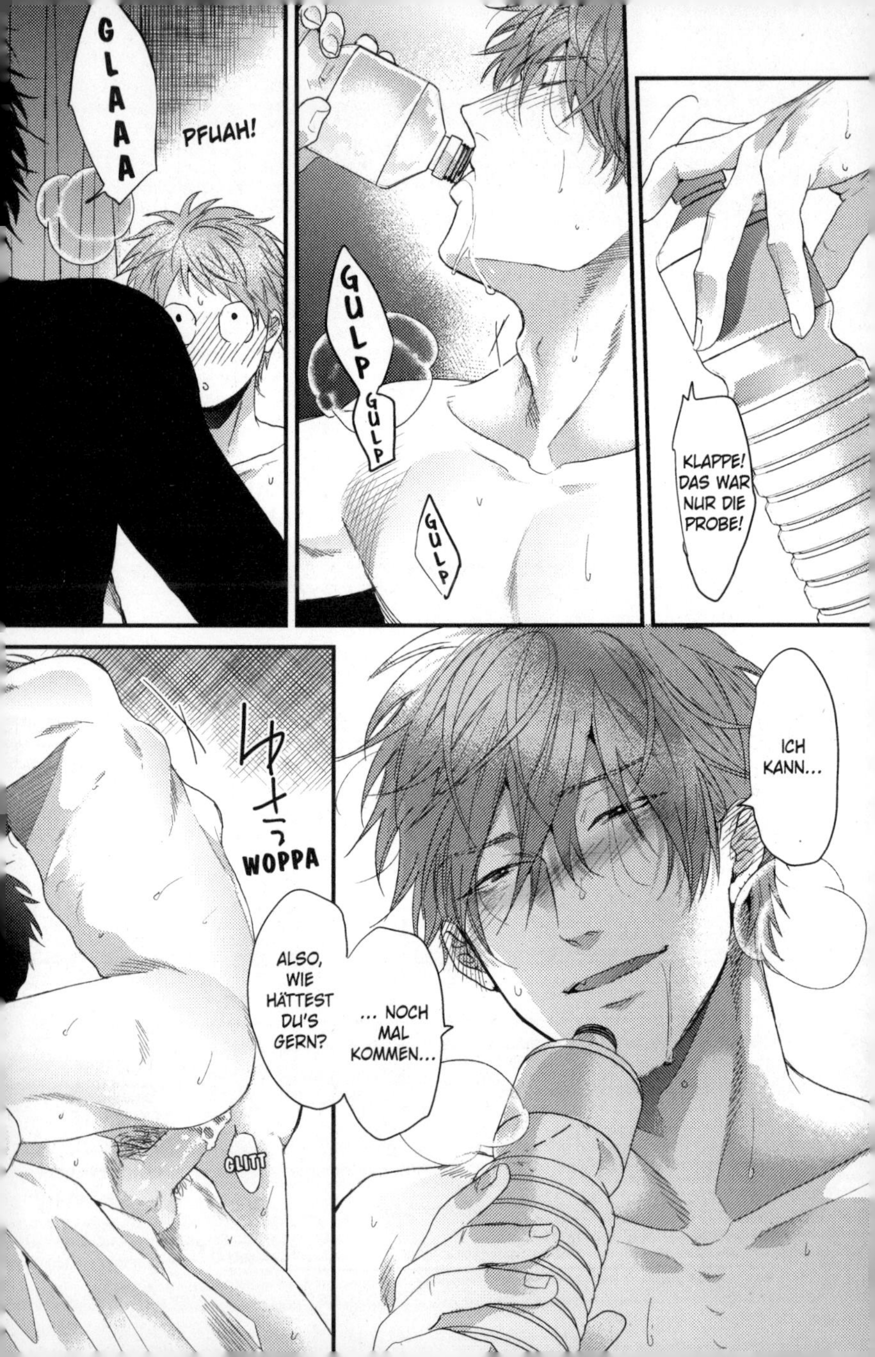
KLAPPE! DAS WAR NUR DIE PROBE!
GULP
GULP
GULP
GLAAA
PFUAH!
ICH KANN...
... NOCH MAL KOMMEN...
ALSO, WIE HÄTTEST DU'S GERN?
WOPPA
GLITT

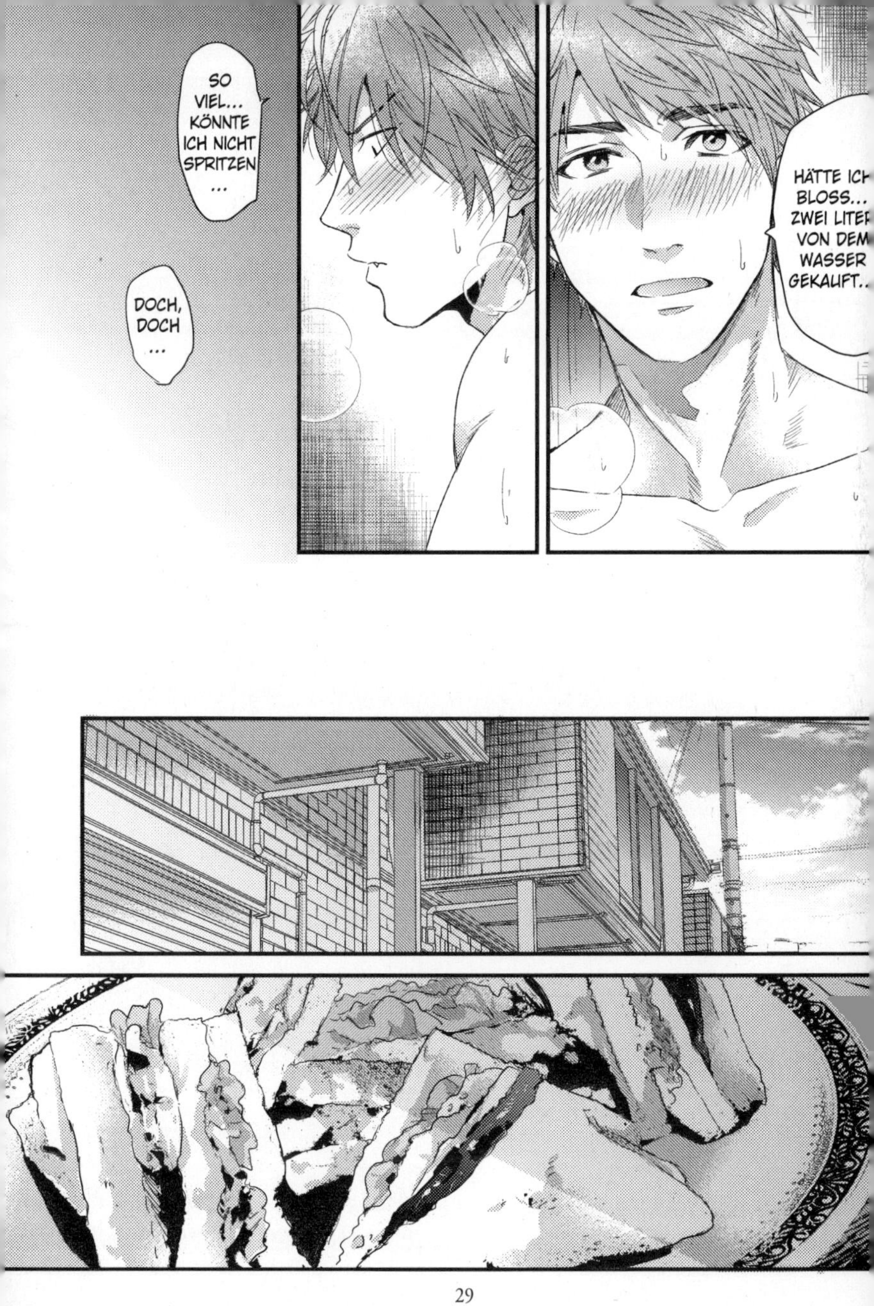

HÄTTE ICH BLOSS… ZWEI LITER VON DEM WASSER GEKAUFT…

SO VIEL… KÖNNTE ICH NICHT SPRITZEN …

DOCH, DOCH …

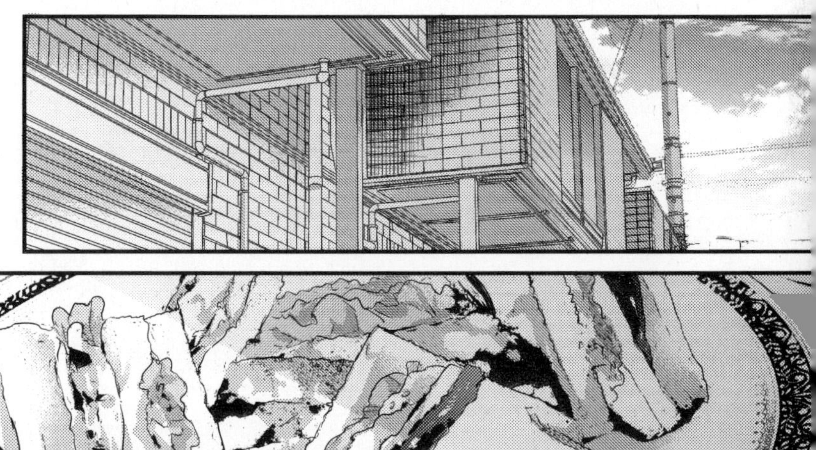

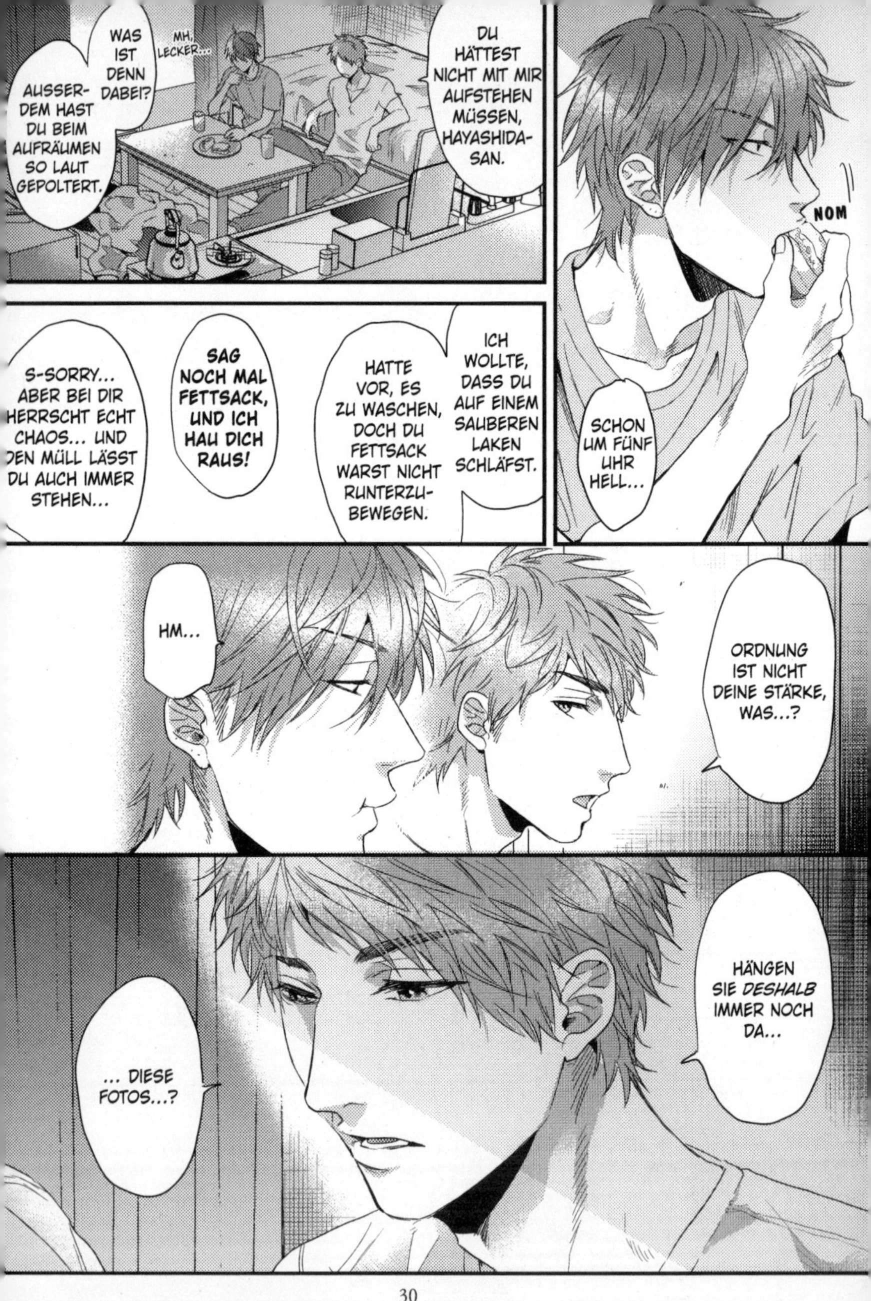

DU HÄTTEST NICHT MIT MIR AUFSTEHEN MÜSSEN, HAYASHIDA-SAN.
MH, LECKER…
WAS IST DENN DABEI!?
AUSSER-DEM HAST DU BEIM AUFRÄUMEN SO LAUT GEPOLTERT.
NOM
SCHON UM FÜNF UHR HELL…
ICH WOLLTE, DASS DU AUF EINEM SAUBEREN LAKEN SCHLÄFST.
HATTE VOR, ES ZU WASCHEN, DOCH DU FETTSACK WARST NICHT RUNTERZU-BEWEGEN.
SAG NOCH MAL FETTSACK, UND ICH HAU DICH RAUS!
S-SORRY… ABER BEI DIR HERRSCHT ECHT CHAOS… UND DEN MÜLL LÄSST DU AUCH IMMER STEHEN…
ORDNUNG IST NICHT DEINE STÄRKE, WAS…?
HM…
HÄNGEN SIE *DESHALB* IMMER NOCH DA…
… DIESE FOTOS…?

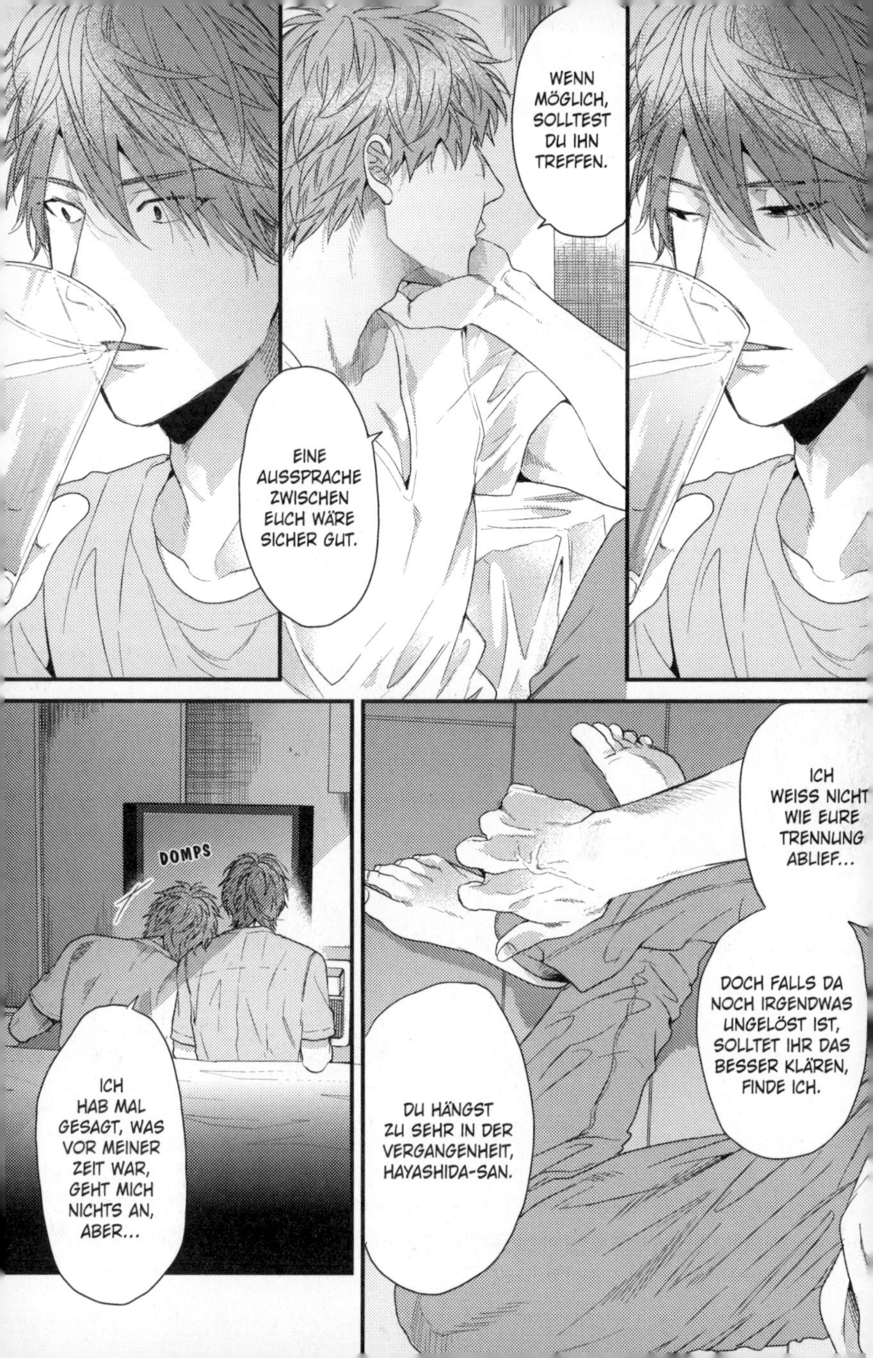
WENN MÖGLICH, SOLLTEST DU IHN TREFFEN.
EINE AUSSPRACHE ZWISCHEN EUCH WÄRE SICHER GUT.
ICH WEISS NICHT WIE EURE TRENNUNG ABLIEF…
DOCH FALLS DA NOCH IRGENDWAS UNGELÖST IST, SOLLTET IHR DAS BESSER KLÄREN, FINDE ICH.
DU HÄNGST ZU SEHR IN DER VERGANGENHEIT, HAYASHIDA-SAN.
DOMPS
ICH HAB MAL GESAGT, WAS VOR MEINER ZEIT WAR, GEHT MICH NICHTS AN, ABER…

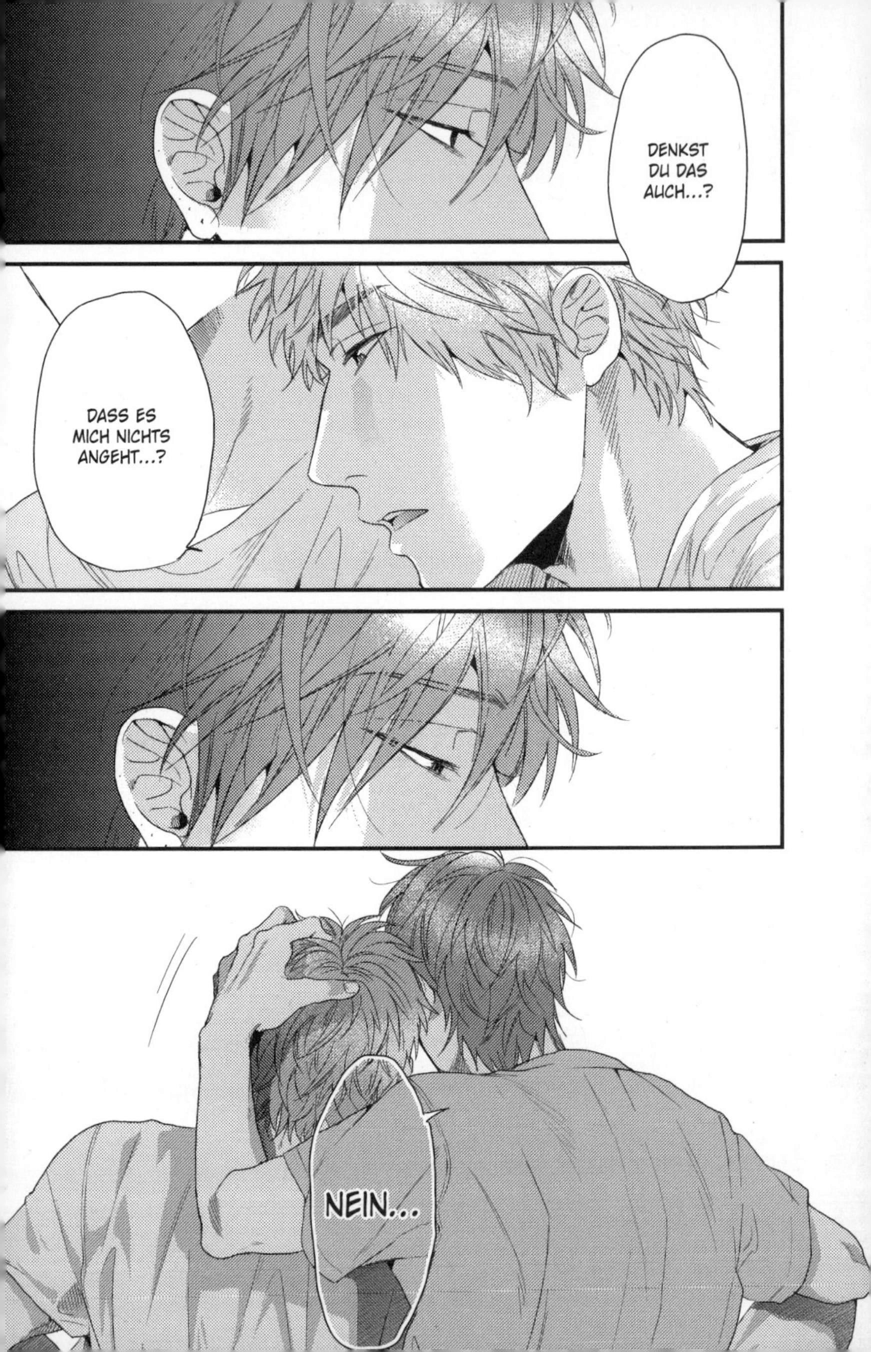
DENKST DU DAS AUCH...?
DASS ES MICH NICHTS ANGEHT...?
NEIN...

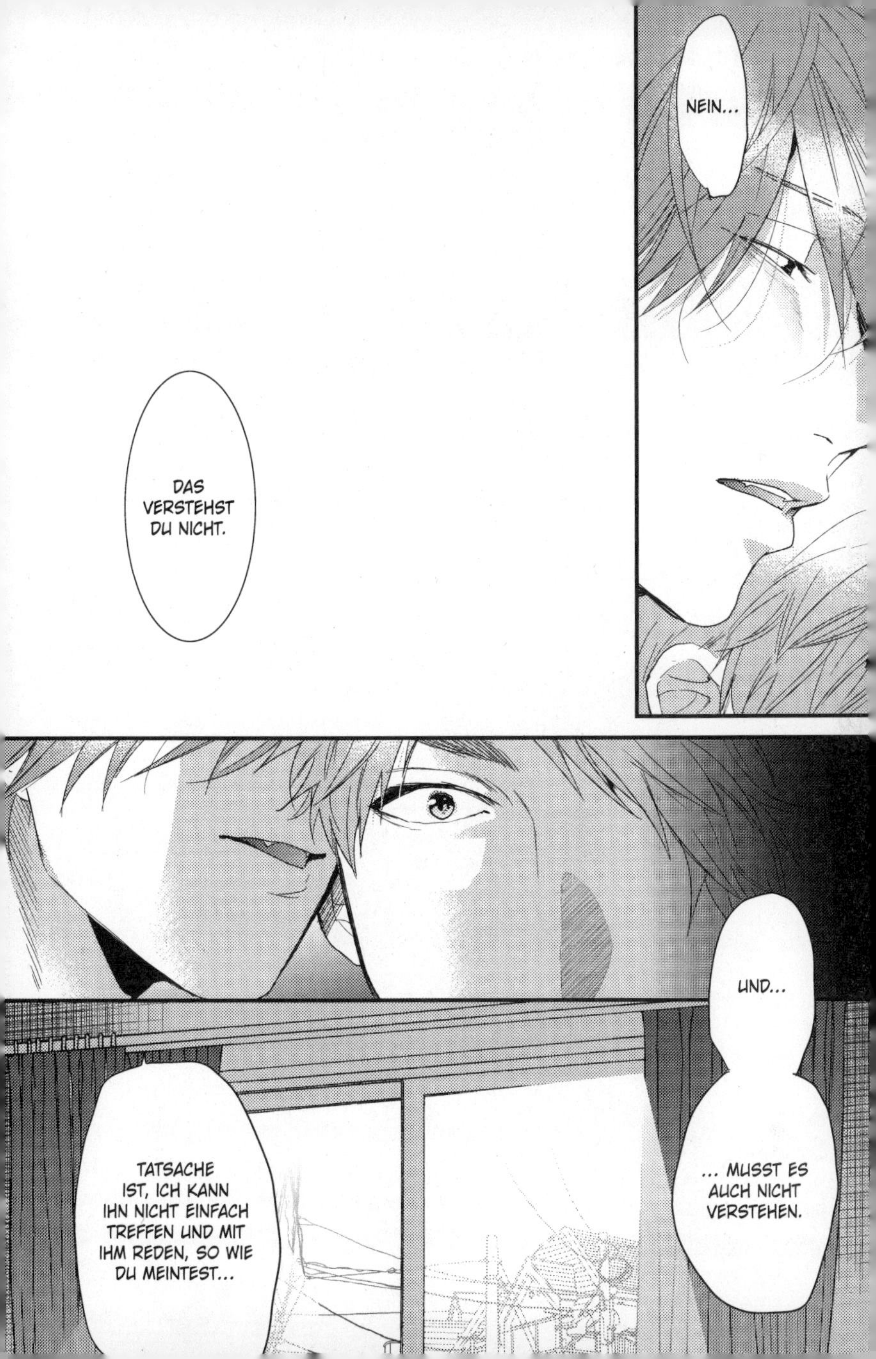

NEIN...

DAS VERSTEHST DU NICHT.

UND...

... MUSST ES AUCH NICHT VERSTEHEN.

TATSACHE IST, ICH KANN IHN NICHT EINFACH TREFFEN UND MIT IHM REDEN, SO WIE DU MEINTEST...

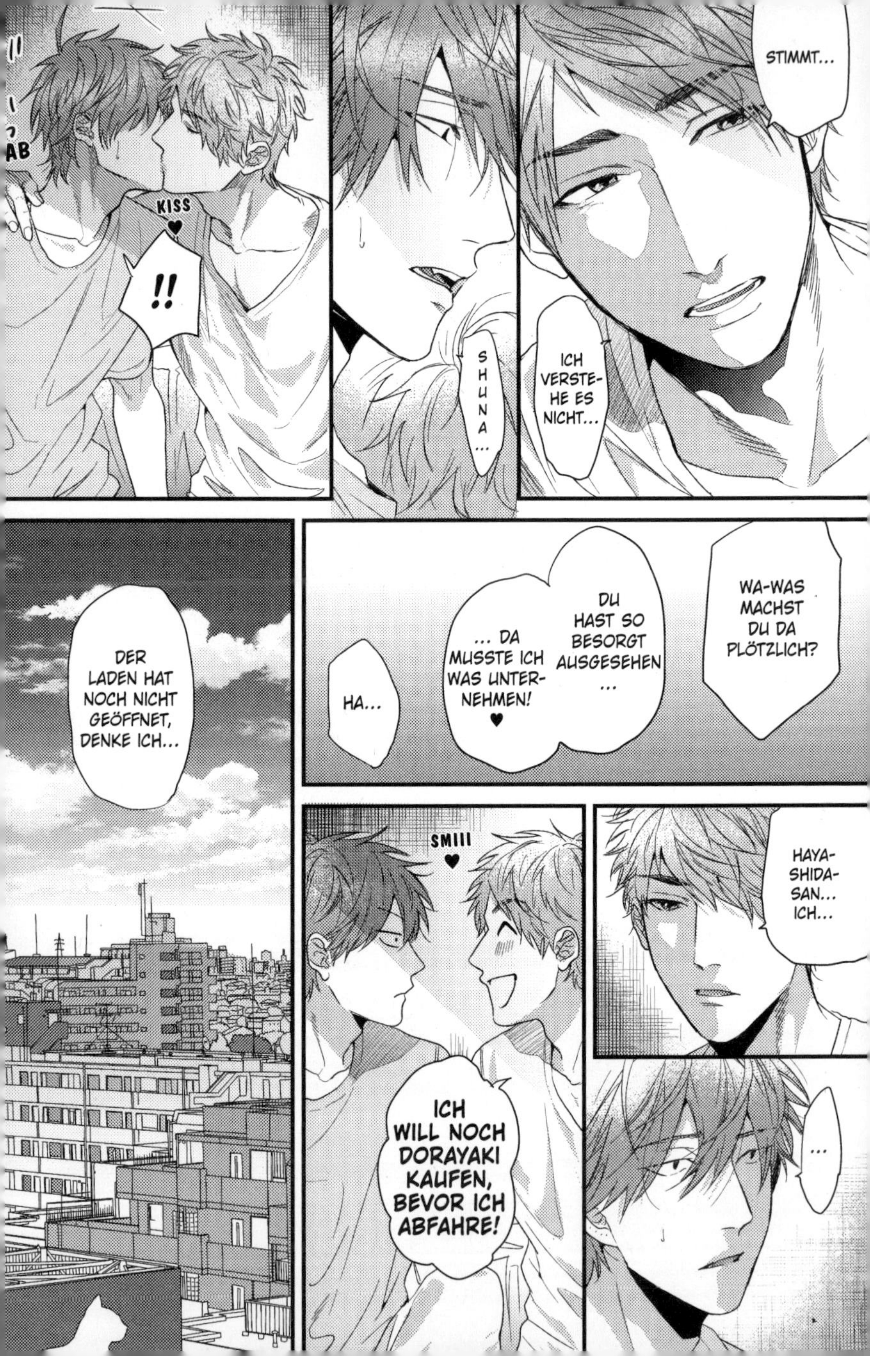
STIMMT…
ICH VERSTEHE ES NICHT…
SHUNA…
KISS ♥
!!
WA-WAS MACHST DU DA PLÖTZLICH?
DU HAST SO BESORGT AUSGESEHEN…
… DA MUSSTE ICH WAS UNTERNEHMEN! ♥
HA…
HAYASHIDA-SAN… ICH…
SMIII ♥
ICH WILL NOCH DORAYAKI KAUFEN, BEVOR ICH ABFAHRE!
…
DER LADEN HAT NOCH NICHT GEÖFFNET, DENKE ICH…

Obsessed with a Naked Monster

OGERETSU TANAKA

Obsessed with a Naked Monster

OGERETSU TANAKA

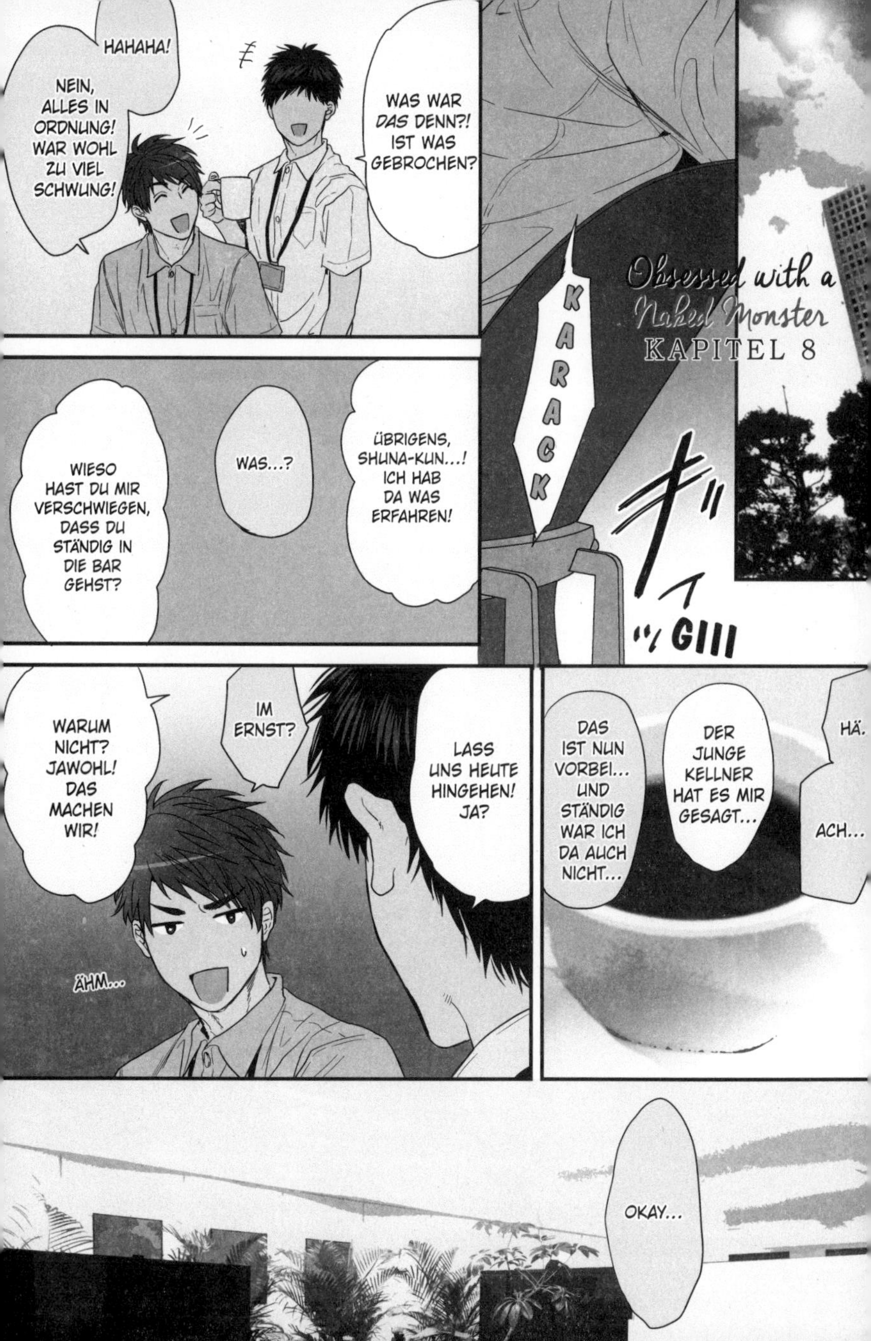
Obsessed with a Naked Monster
KAPITEL 8
KARACK
GIII
WAS WAR DAS DENN?! IST WAS GEBROCHEN?
HAHAHA!
NEIN, ALLES IN ORDNUNG! WAR WOHL ZU VIEL SCHWUNG!
ÜBRIGENS, SHUNA-KUN…! ICH HAB DA WAS ERFAHREN!
WAS…?
WIESO HAST DU MIR VERSCHWIEGEN, DASS DU STÄNDIG IN DIE BAR GEHST?
HÄ.
ACH…
DER JUNGE KELLNER HAT ES MIR GESAGT…
DAS IST NUN VORBEI… UND STÄNDIG WAR ICH DA AUCH NICHT…
LASS UNS HEUTE HINGEHEN! JA?
IM ERNST?
WARUM NICHT? JAWOHL! DAS MACHEN WIR!
ÄHM…
OKAY…

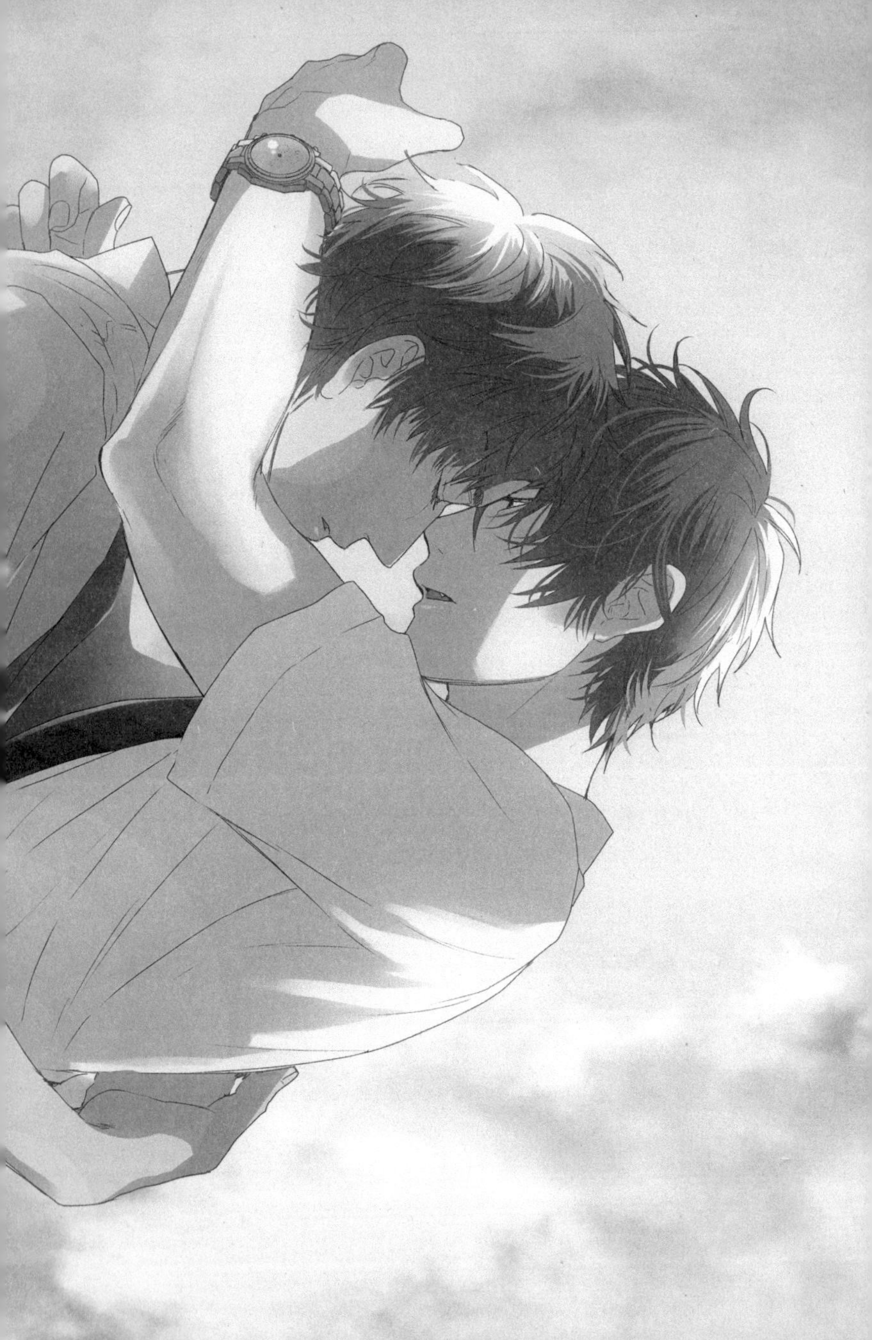

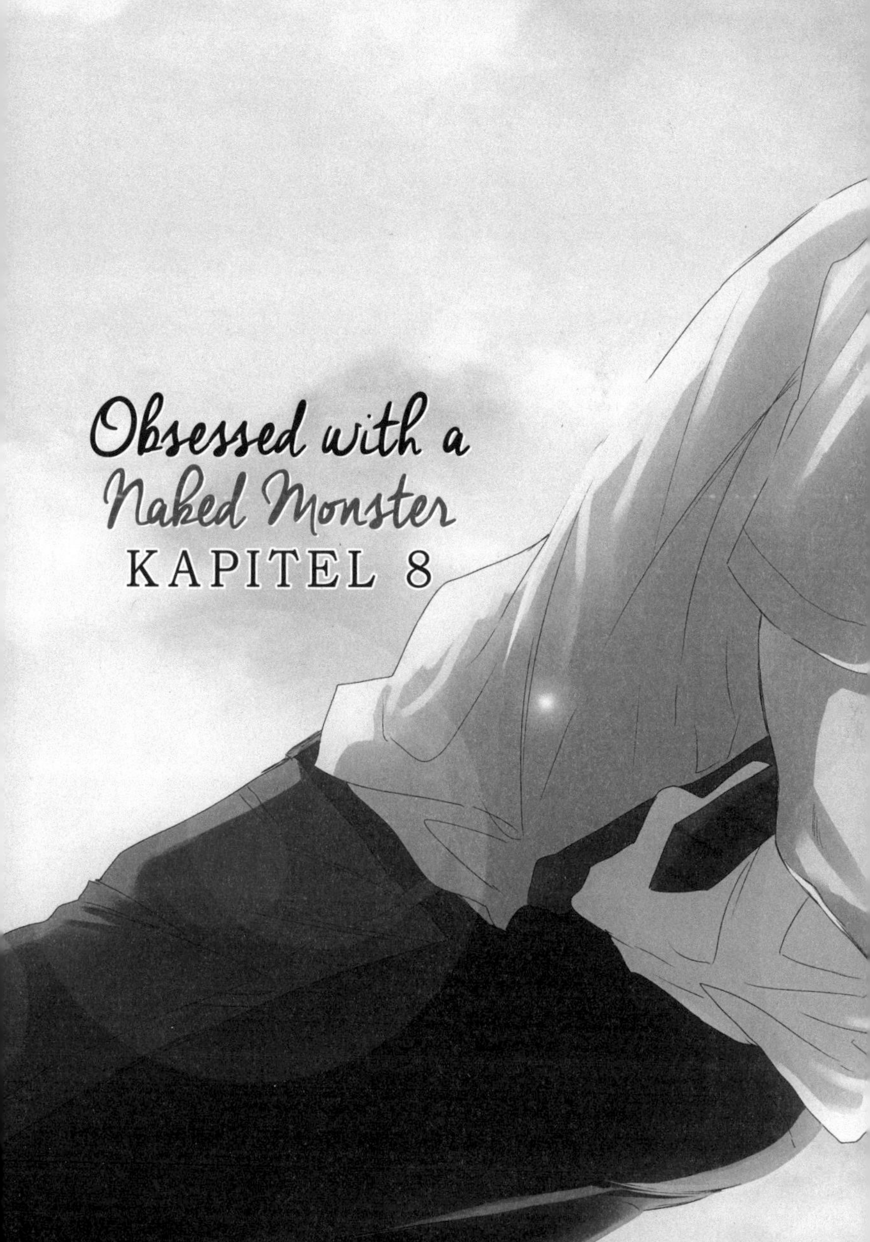
Obsessed with a
Naked Monster
KAPITEL 8

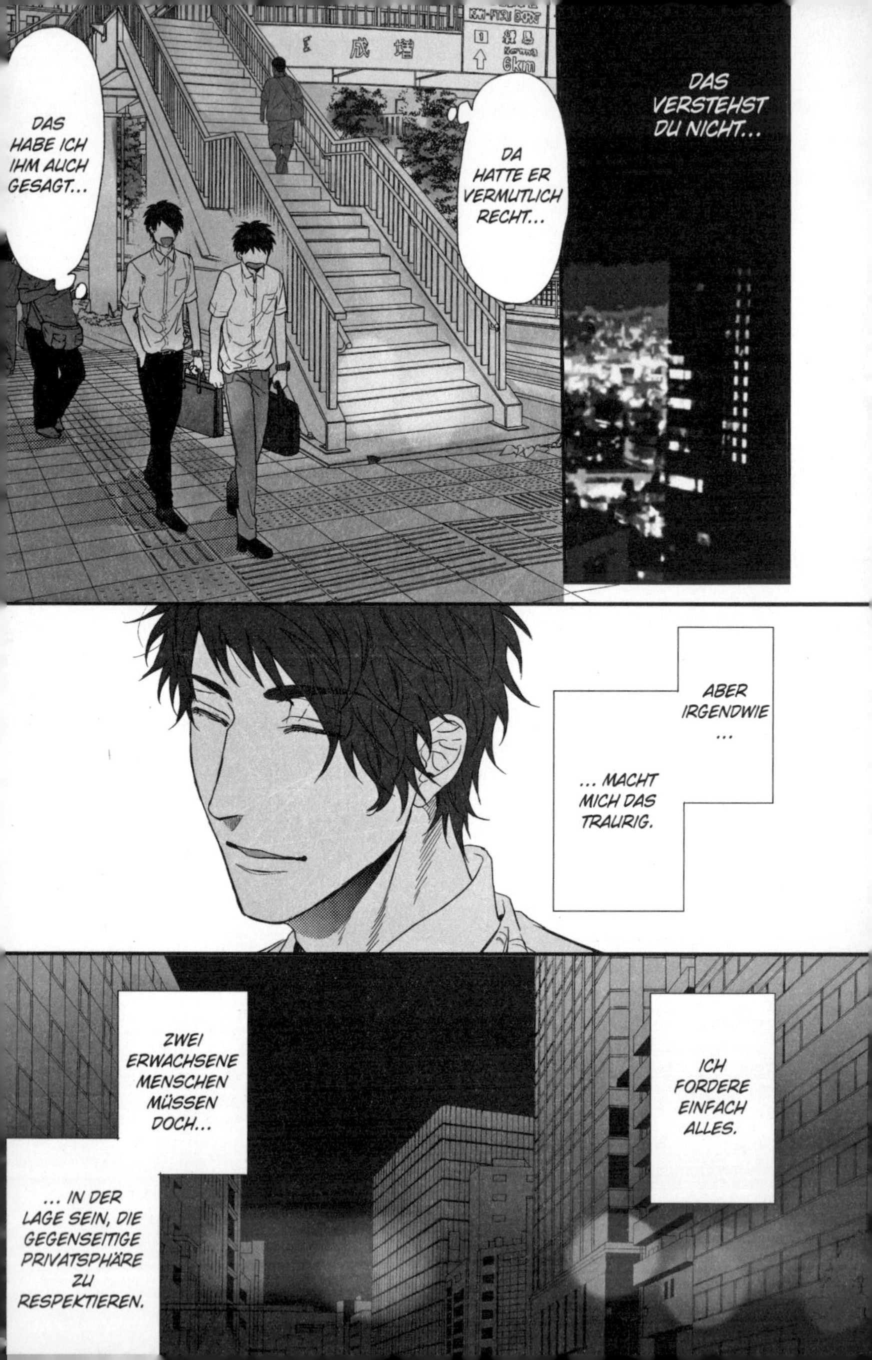
DAS VERSTEHST DU NICHT…
DA HATTE ER VERMUTLICH RECHT…
DAS HABE ICH IHM AUCH GESAGT…
ABER IRGENDWIE …
… MACHT MICH DAS TRAURIG.
ICH FORDERE EINFACH ALLES.
ZWEI ERWACHSENE MENSCHEN MÜSSEN DOCH…
… IN DER LAGE SEIN, DIE GEGENSEITIGE PRIVATSPHÄRE ZU RESPEKTIEREN.

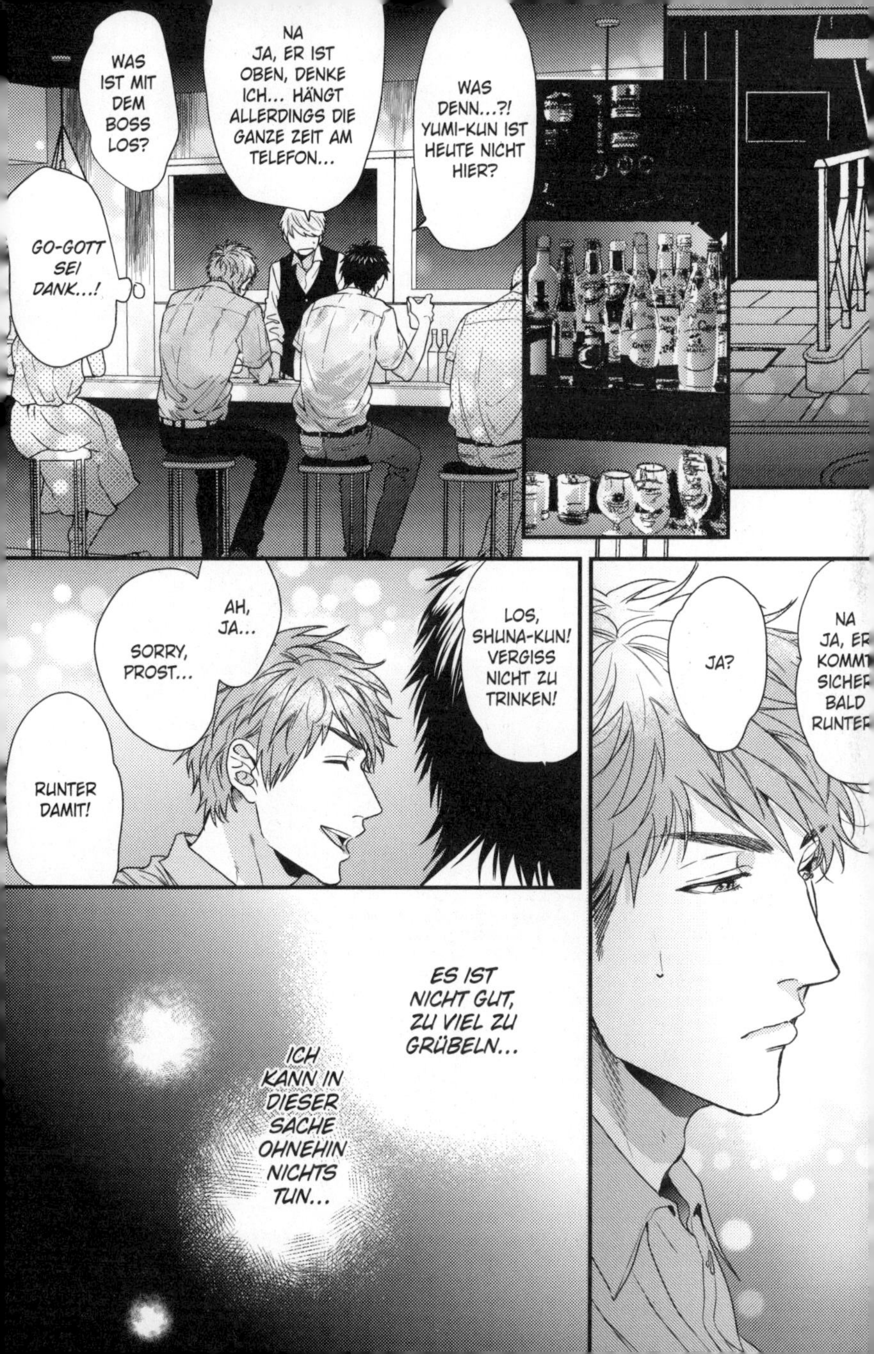
WAS DENN...?! YUMI-KUN IST HEUTE NICHT HIER?
NA JA, ER IST OBEN, DENKE ICH... HÄNGT ALLERDINGS DIE GANZE ZEIT AM TELEFON...
WAS IST MIT DEM BOSS LOS?
GO-GOTT SEI DANK...!
NA JA, ER KOMMT SICHER BALD RUNTER
JA?
LOS, SHUNA-KUN! VERGISS NICHT ZU TRINKEN!
AH, JA... SORRY, PROST...
RUNTER DAMIT!
ES IST NICHT GUT, ZU VIEL ZU GRÜBELN...
ICH KANN IN DIESER SACHE OHNEHIN NICHTS TUN...

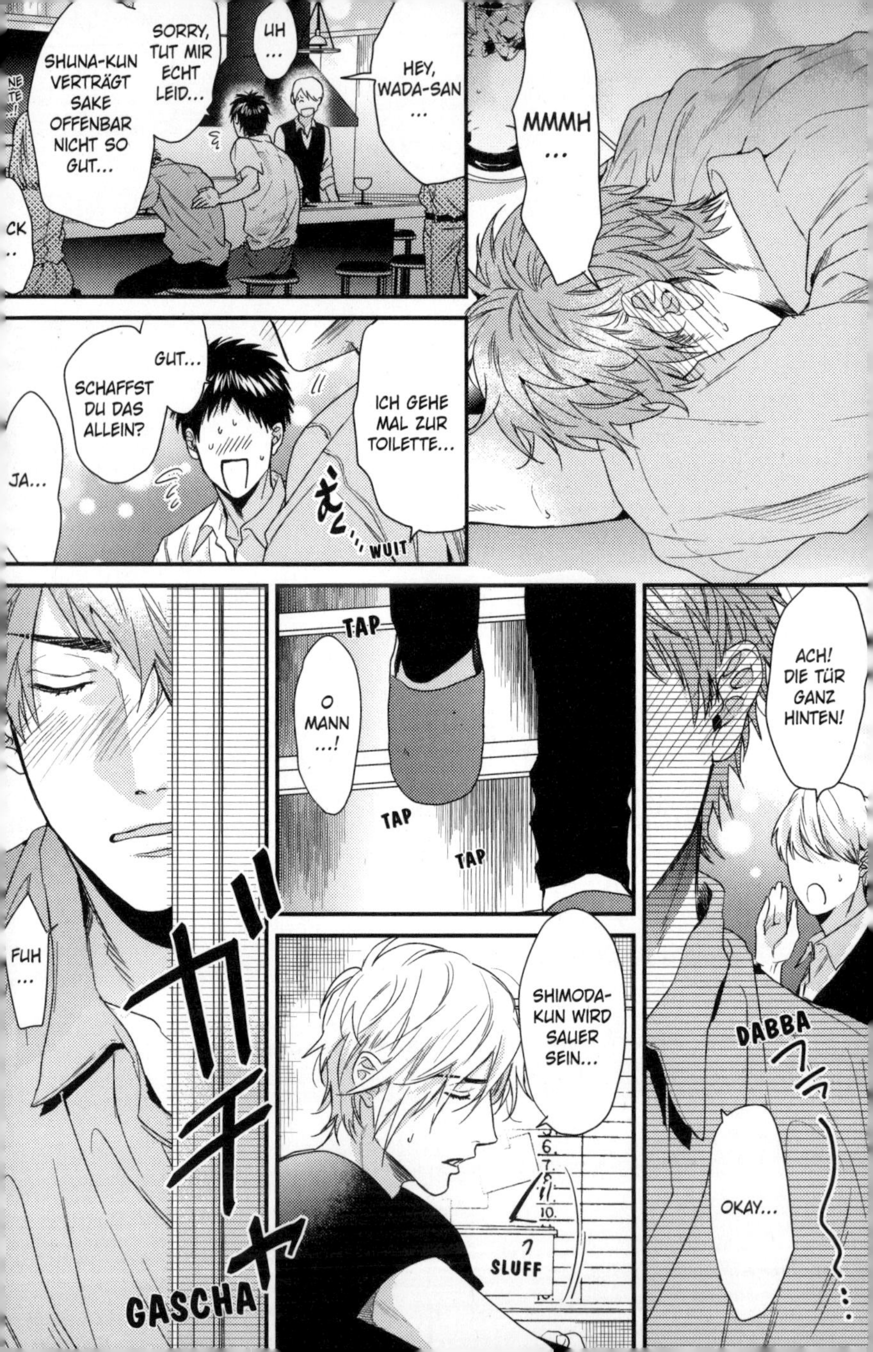
MMMH ...
HEY, WADA-SAN ...
UH ...
SORRY, TUT MIR ECHT LEID...
SHUNA-KUN VERTRÄGT SAKE OFFENBAR NICHT SO GUT...
ICH GEHE MAL ZUR TOILETTE...
GUT... SCHAFFST DU DAS ALLEIN?
JA...
WUIT
ACH! DIE TÜR GANZ HINTEN!
DABBA
OKAY...
TAP
O MANN ...!
TAP
TAP
SHIMODA-KUN WIRD SAUER SEIN...
SLUFF
FUH ...
GASCHA

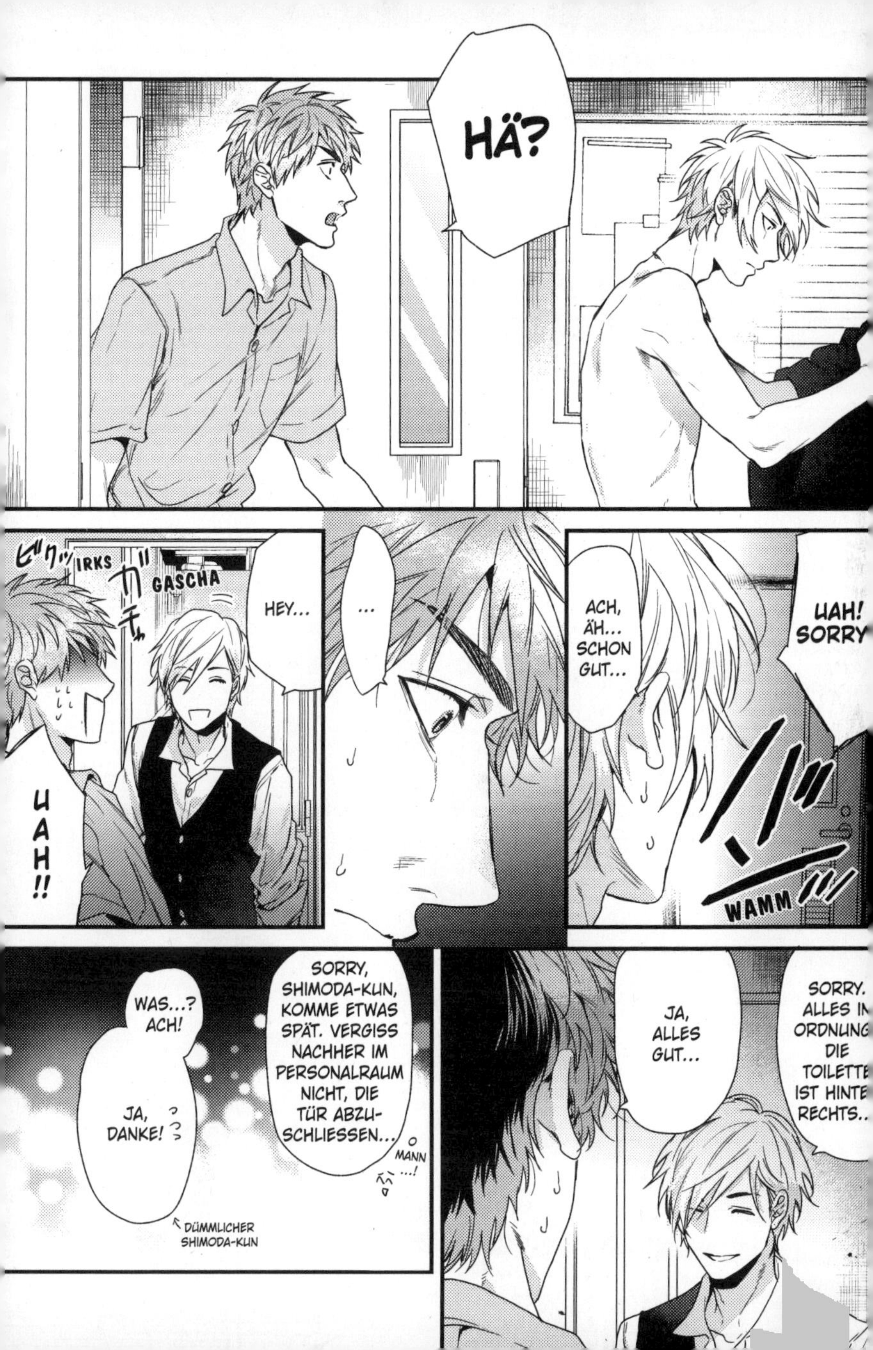

HÄ?
UAH! SORRY
ACH, ÄH… SCHON GUT…
WAMM
…
HEY…
IRKS
GASCHA
UAH!!
SORRY. ALLES IN ORDNUNG DIE TOILETTE IST HINTE RECHTS…
JA, ALLES GUT…
SORRY, SHIMODA-KUN, KOMME ETWAS SPÄT. VERGISS NACHHER IM PERSONALRAUM NICHT, DIE TÜR ABZU-SCHLIESSEN…
MANN …!
WAS…? ACH!
JA, DANKE!
DÜMMLICHER SHIMODA-KUN

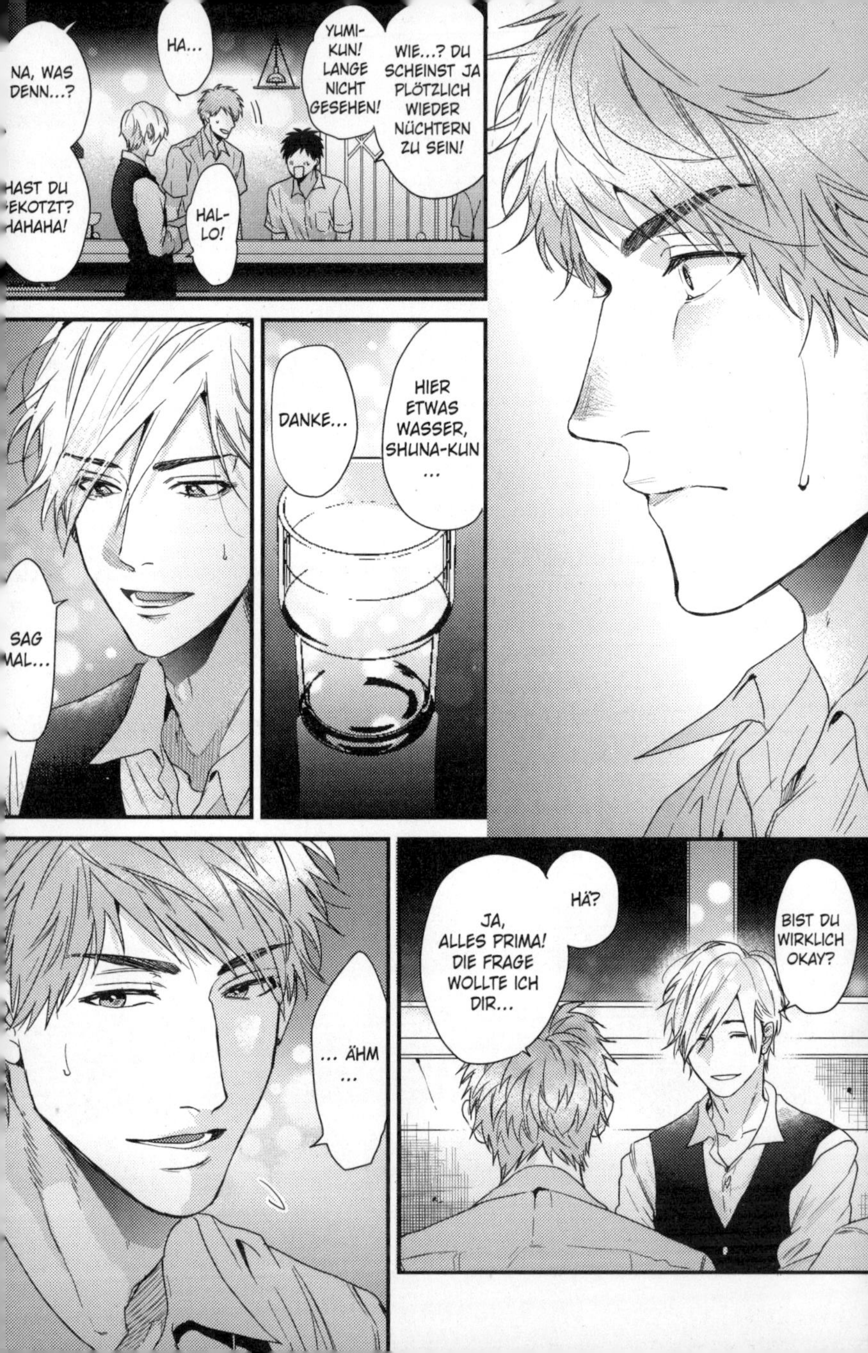
WIE...? DU SCHEINST JA PLÖTZLICH WIEDER NÜCHTERN ZU SEIN!
YUMI-KUN! LANGE NICHT GESEHEN!
HA...
NA, WAS DENN...?
HAL-LO!
HAST DU EKOTZT? HAHAHA!
HIER ETWAS WASSER, SHUNA-KUN ...
DANKE...
SAG MAL...
BIST DU WIRKLICH OKAY?
HÄ?
JA, ALLES PRIMA! DIE FRAGE WOLLTE ICH DIR...
... ÄHM ...

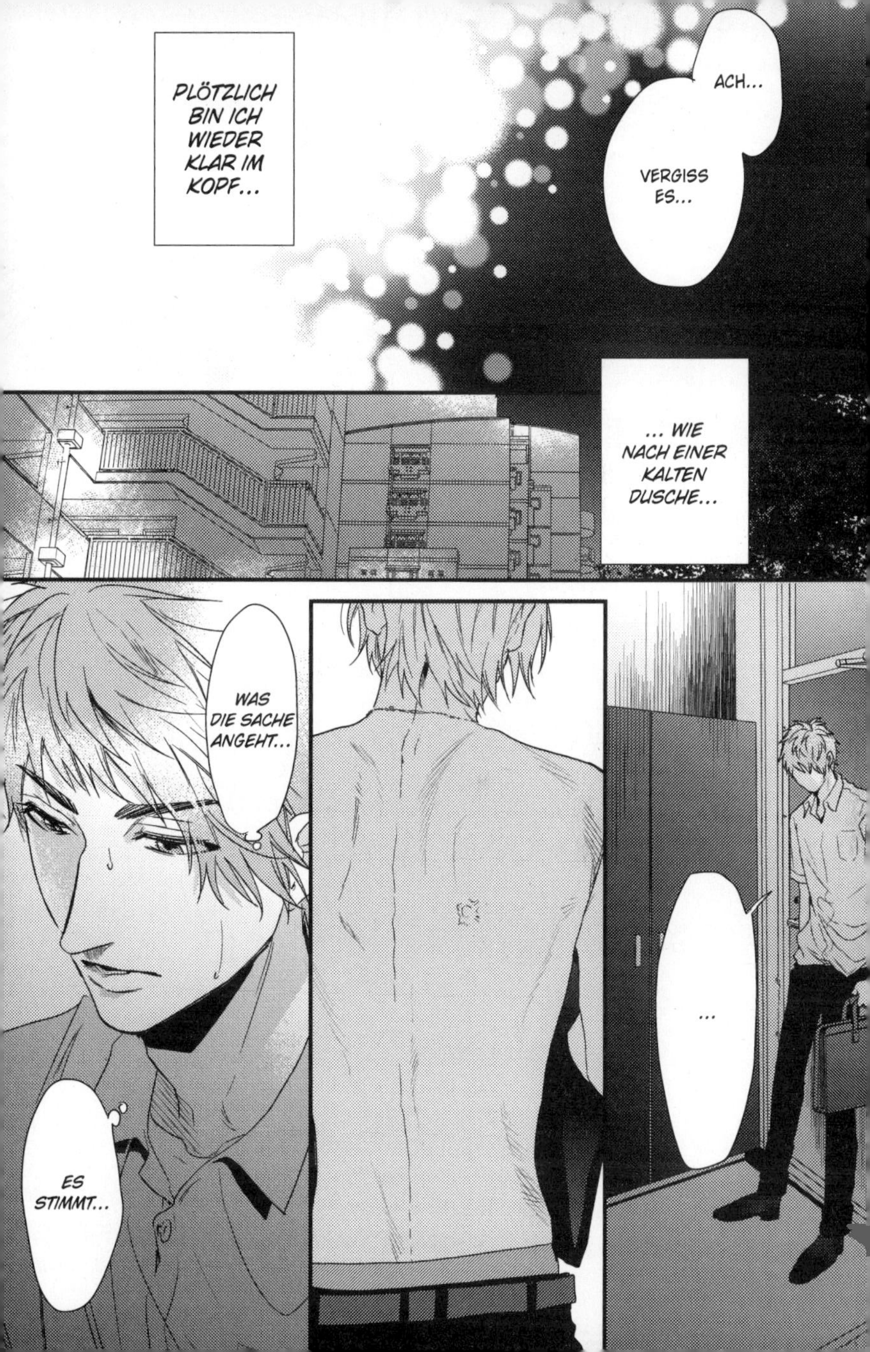
ACH…
VERGISS ES…
PLÖTZLICH BIN ICH WIEDER KLAR IM KOPF…
… WIE NACH EINER KALTEN DUSCHE…
…
WAS DIE SACHE ANGEHT…
ES STIMMT…

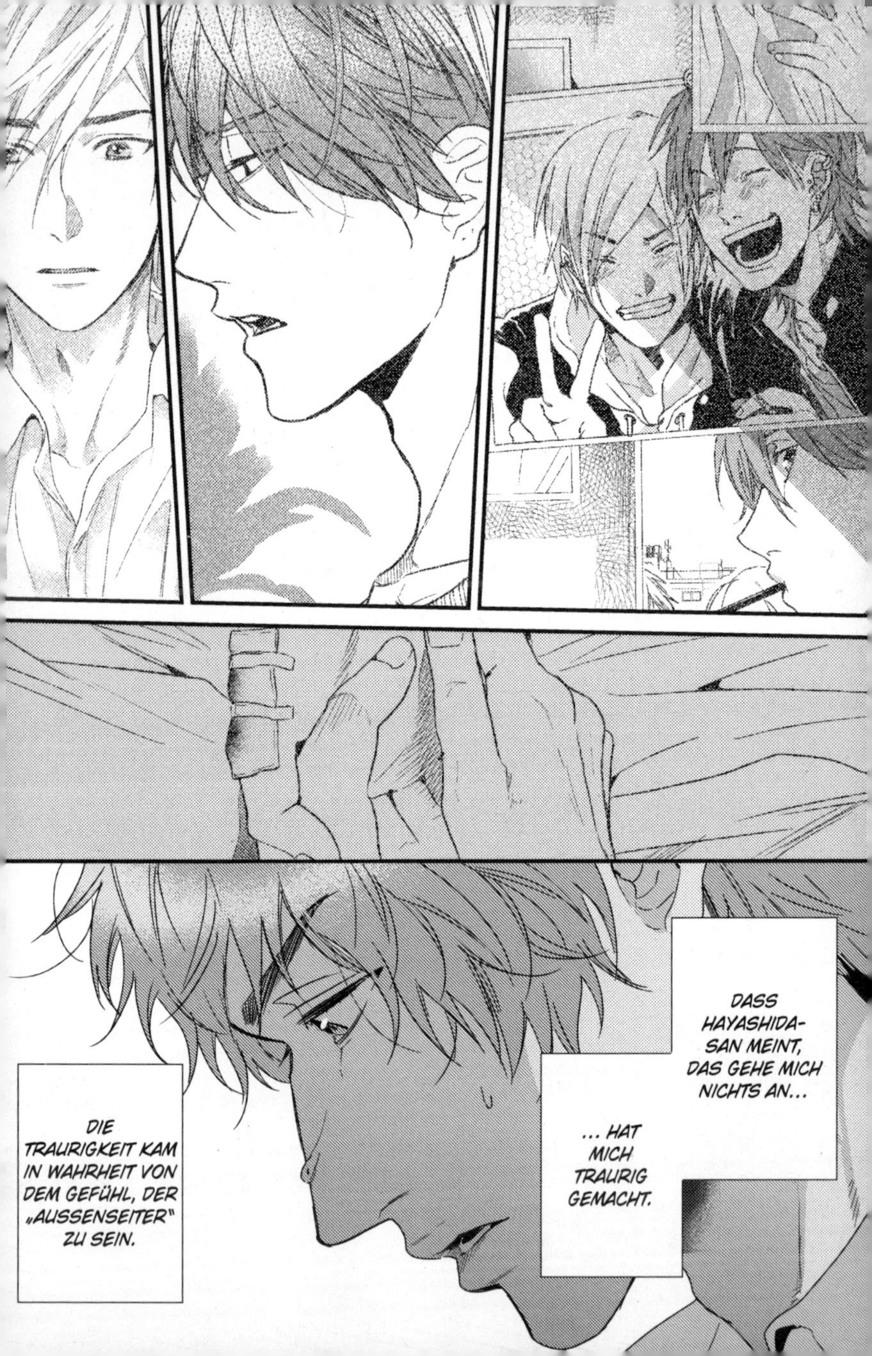
DASS HAYASHIDA-SAN MEINT, DAS GEHE MICH NICHTS AN…
… HAT MICH TRAURIG GEMACHT.
DIE TRAURIGKEIT KAM IN WAHRHEIT VON DEM GEFÜHL, DER „AUSSENSEITER“ ZU SEIN.

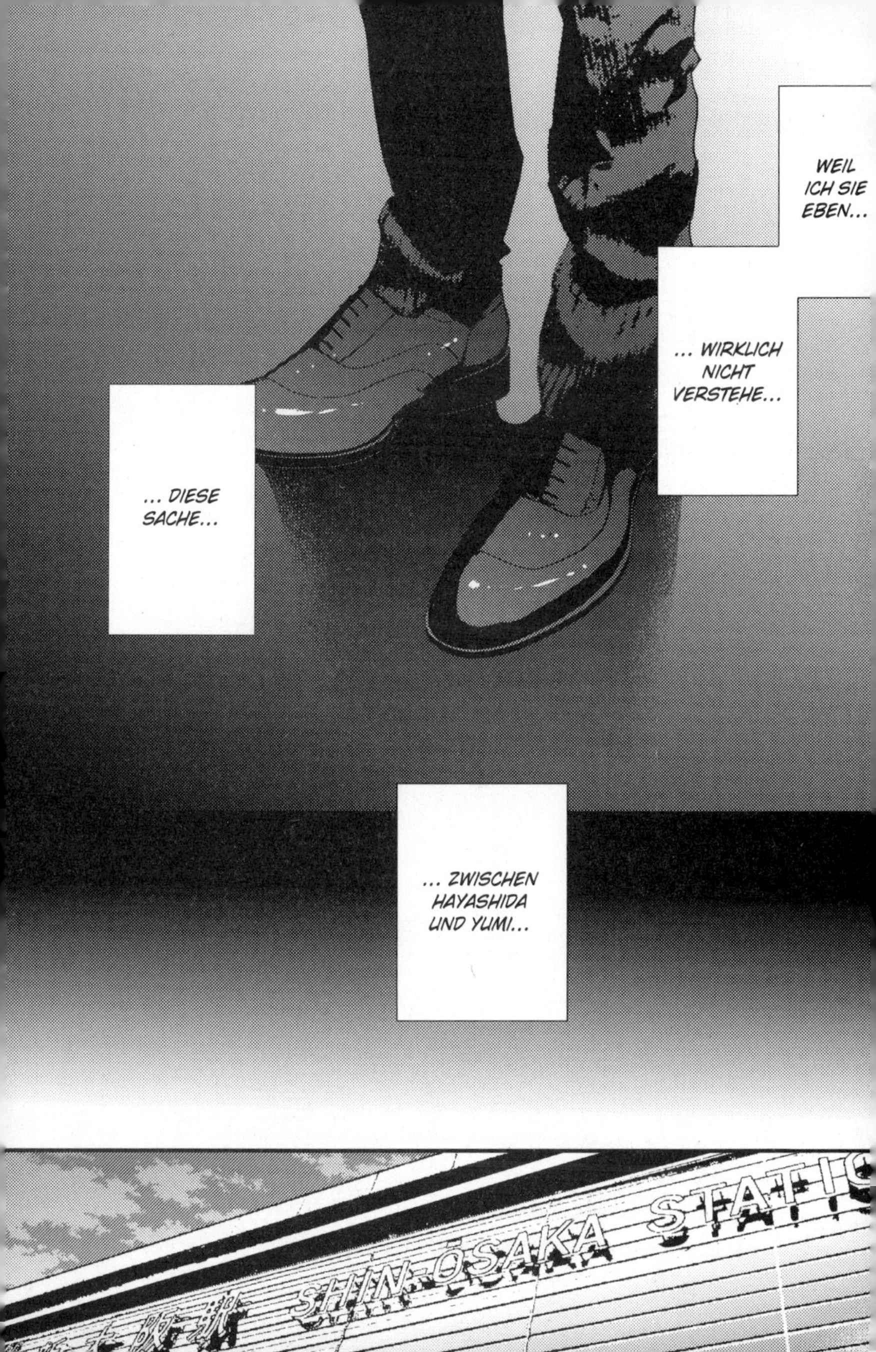
WEIL ICH SIE EBEN…
… WIRKLICH NICHT VERSTEHE…
… DIESE SACHE…
… ZWISCHEN HAYASHIDA UND YUMI…
SHIN-OSAKA STATI

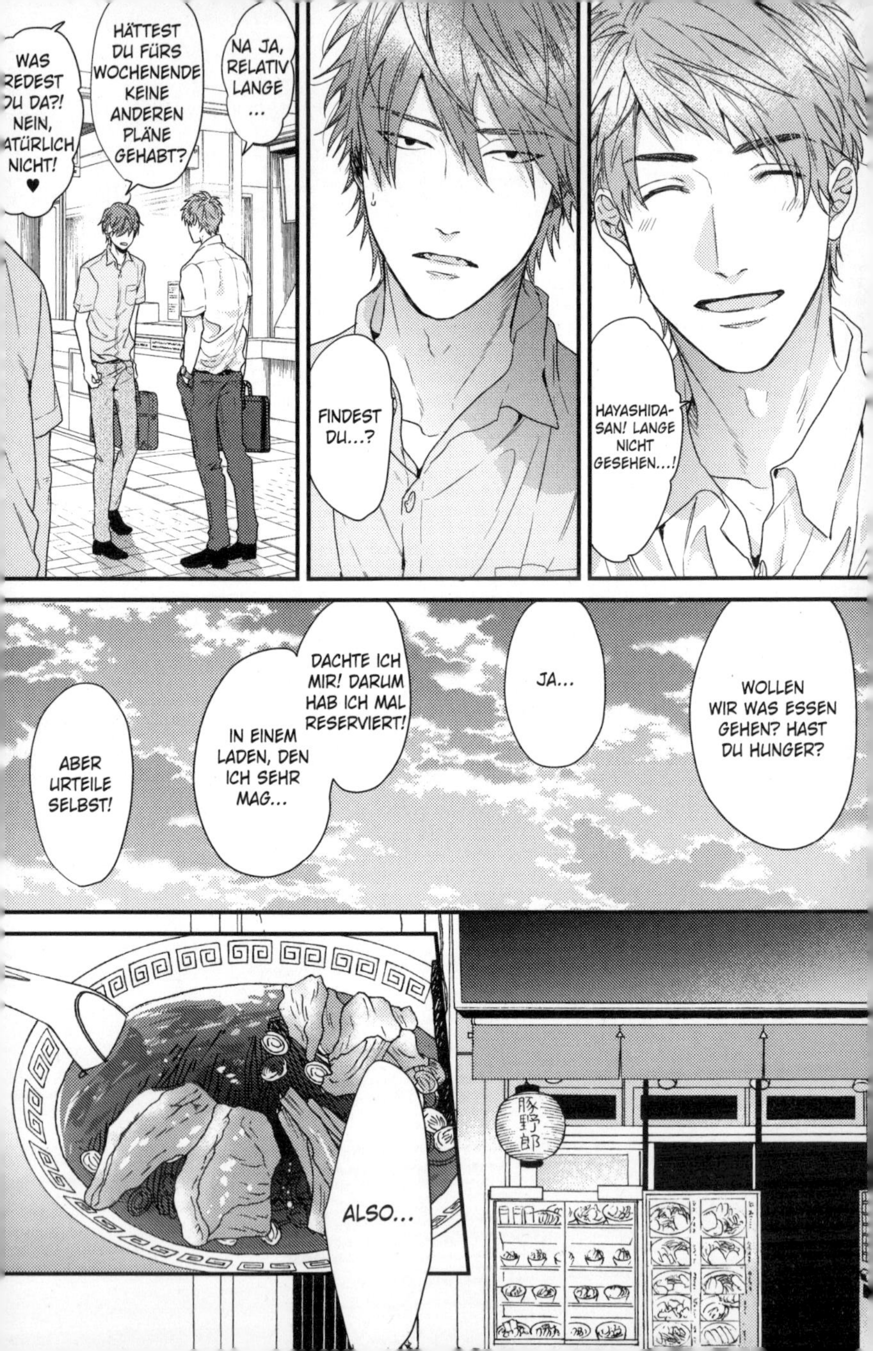
HAYASHIDA-SAN! LANGE NICHT GESEHEN...!
FINDEST DU...?
NA JA, RELATIV LANGE ...
HÄTTEST DU FÜRS WOCHENENDE KEINE ANDEREN PLÄNE GEHABT?
WAS REDEST DU DA?! NEIN, ATÜRLICH NICHT! ♥
WOLLEN WIR WAS ESSEN GEHEN? HAST DU HUNGER?
JA...
DACHTE ICH MIR! DARUM HAB ICH MAL RESERVIERT!
IN EINEM LADEN, DEN ICH SEHR MAG...
ABER URTEILE SELBST!
豚野郎
ALSO...

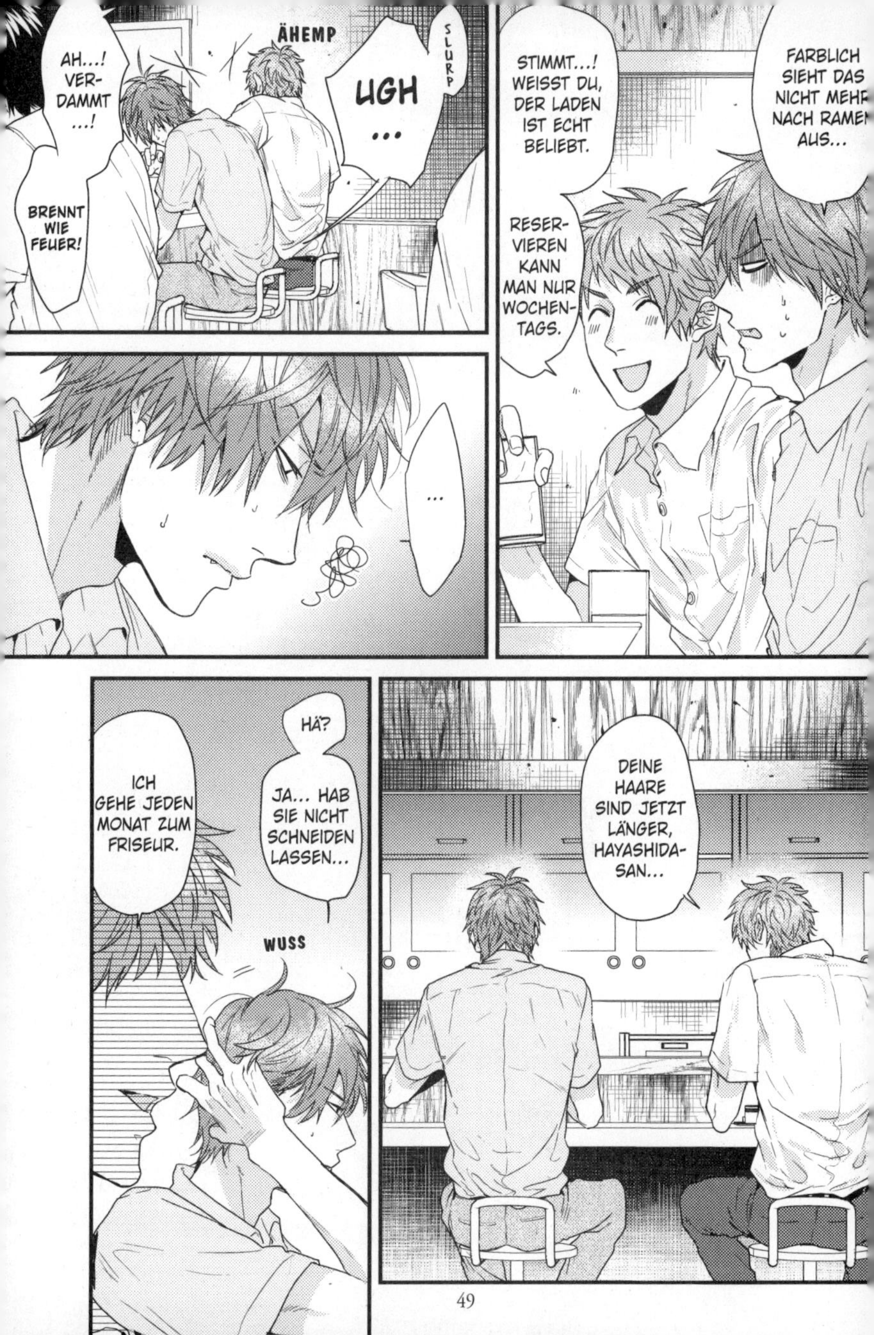
FARBLICH SIEHT DAS NICHT MEHR NACH RAMEN AUS...
STIMMT...! WEISST DU, DER LADEN IST ECHT BELIEBT.
RESER-VIEREN KANN MAN NUR WOCHEN-TAGS.
ÄHEMP
SLURP
UGH ...
AH...! VER-DAMMT ...!
BRENNT WIE FEUER!
...
DEINE HAARE SIND JETZT LÄNGER, HAYASHIDA-SAN...
HÄ?
JA... HAB SIE NICHT SCHNEIDEN LASSEN...
ICH GEHE JEDEN MONAT ZUM FRISEUR.
WUSS

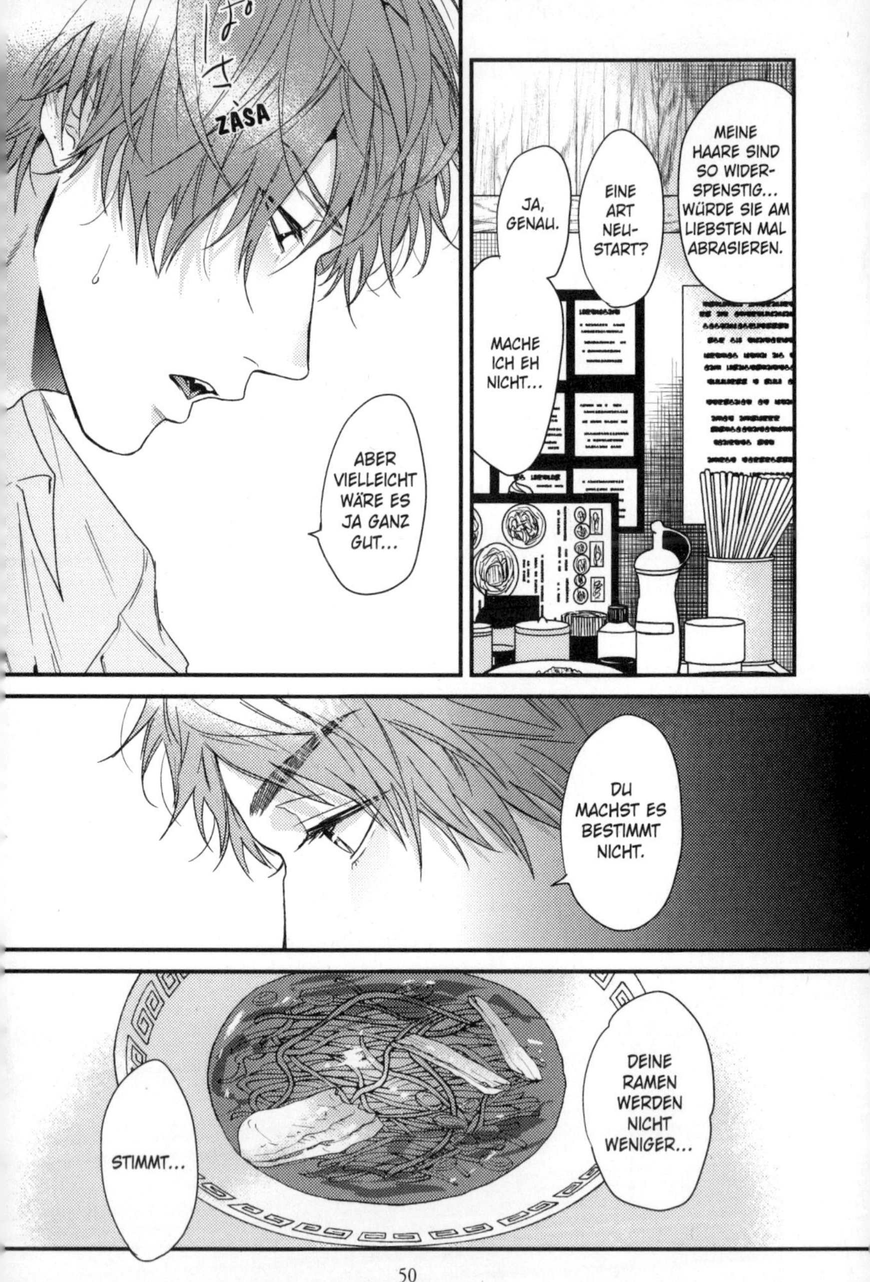
ぱさ
ZASA
MEINE HAARE SIND SO WIDERSPENSTIG… WÜRDE SIE AM LIEBSTEN MAL ABRASIEREN.
EINE ART NEUSTART?
JA, GENAU.
MACHE ICH EH NICHT…
ABER VIELLEICHT WÄRE ES JA GANZ GUT…
DU MACHST ES BESTIMMT NICHT.
DEINE RAMEN WERDEN NICHT WENIGER…
STIMMT…

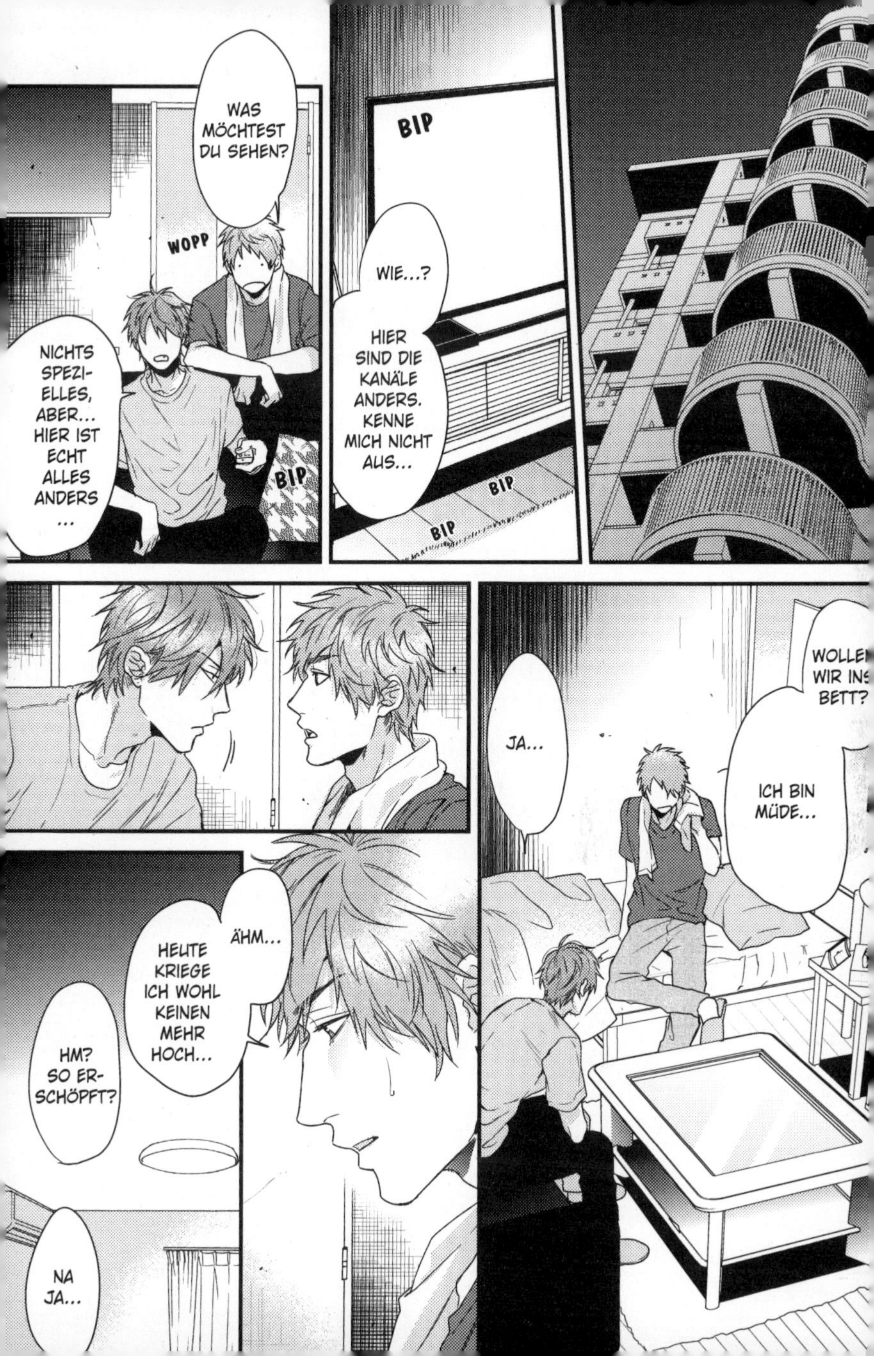

BIP
WIE…?
HIER SIND DIE KANÄLE ANDERS. KENNE MICH NICHT AUS…
BIP
BIP
WAS MÖCHTEST DU SEHEN?
WOPP
BIP
NICHTS SPEZI-ELLES, ABER… HIER IST ECHT ALLES ANDERS …
WOLLEN WIR INS BETT?
ICH BIN MÜDE…
JA…
ÄHM…
HEUTE KRIEGE ICH WOHL KEINEN MEHR HOCH…
HM? SO ER-SCHÖPFT?
NA JA…

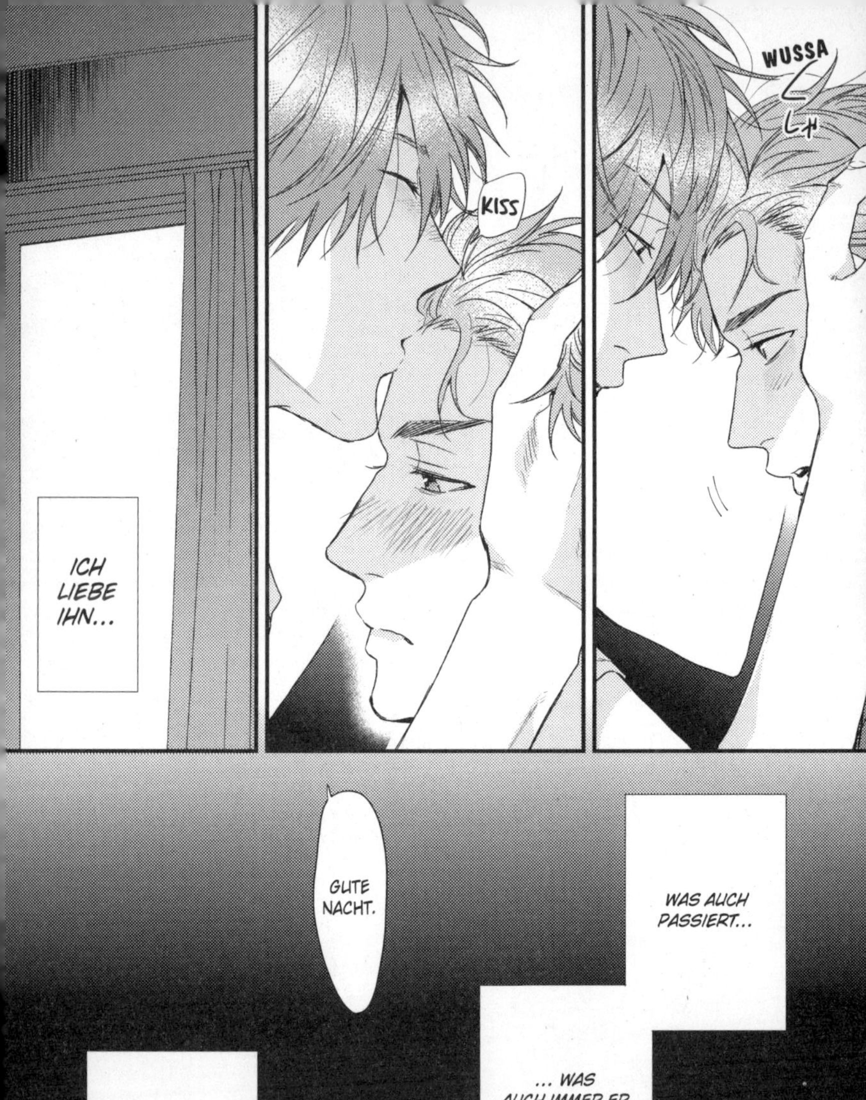
WUSSA
KISS
ICH LIEBE IHN...
WAS AUCH PASSIERT...
GUTE NACHT.
... WAS AUCH IMMER ER TUT... ICH LIEBE HAYASHIDA-SAN...
ER HAT ES VIELLEICHT VERGESSEN, ABER ICH WEISS NOCH...

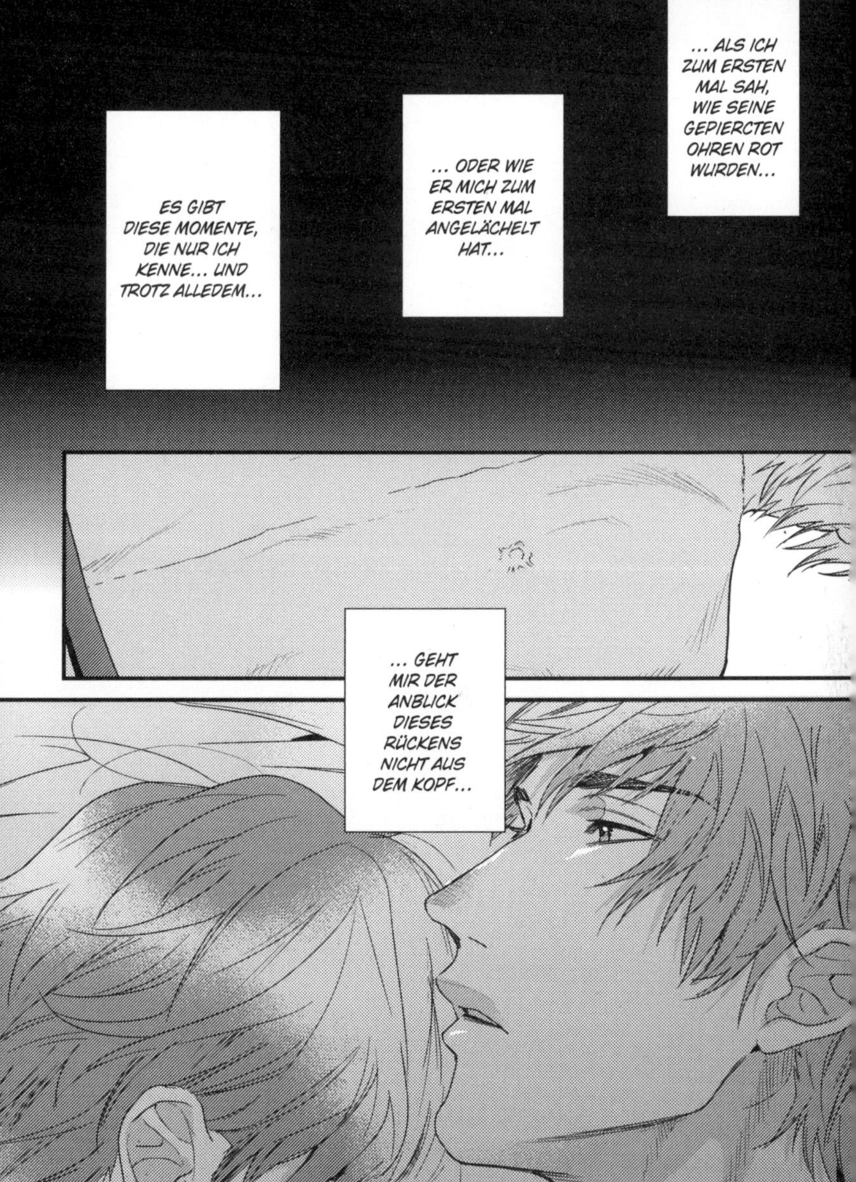
… ALS ICH ZUM ERSTEN MAL SAH, WIE SEINE GEPIERCTEN OHREN ROT WURDEN…
… ODER WIE ER MICH ZUM ERSTEN MAL ANGELÄCHELT HAT…
ES GIBT DIESE MOMENTE, DIE NUR ICH KENNE… UND TROTZ ALLEDEM…
… GEHT MIR DER ANBLICK DIESES RÜCKENS NICHT AUS DEM KOPF…

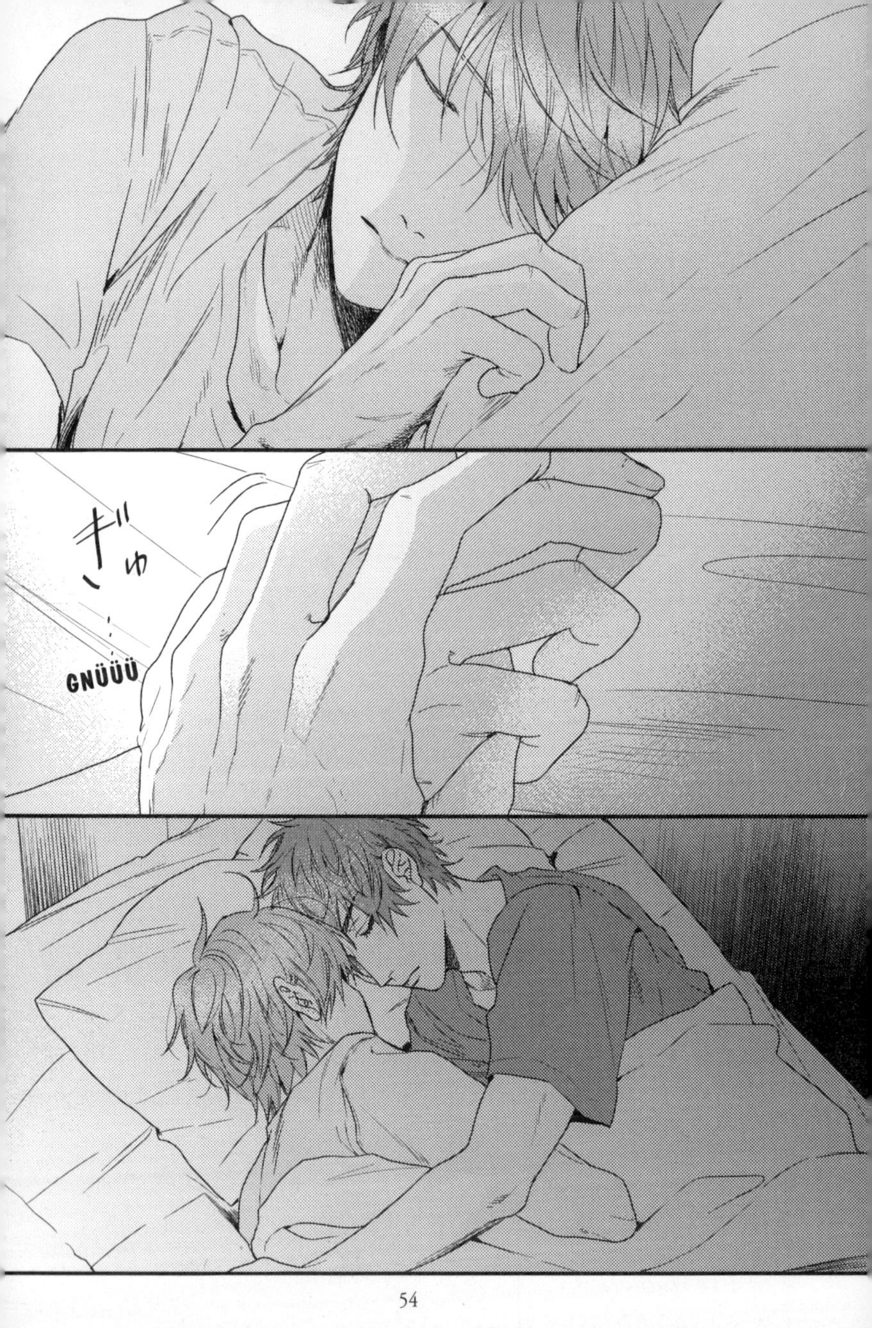
ぎゅ…
GNÜÜÜ

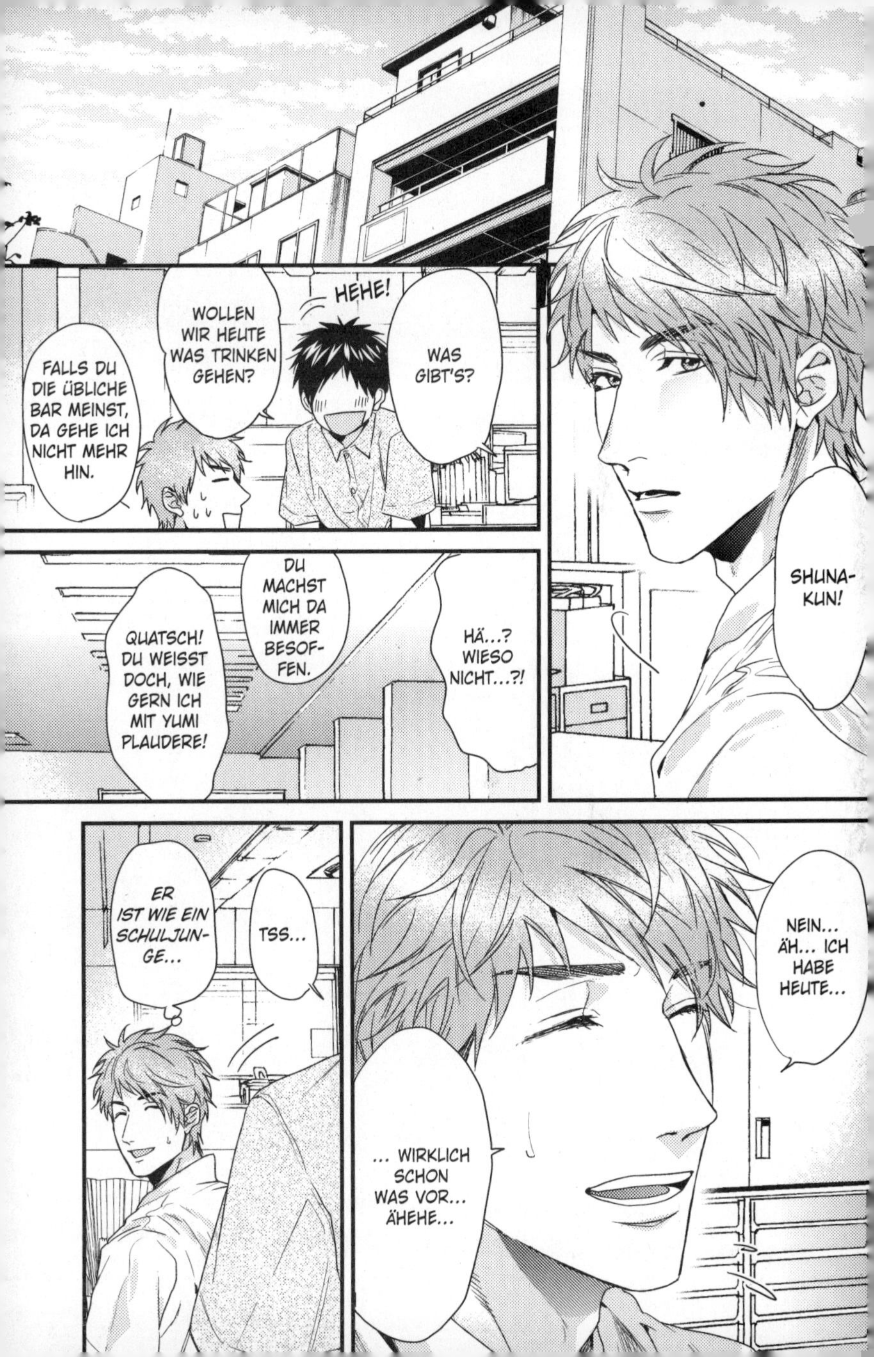
SHUNA-KUN!
WAS GIBT'S?
HEHE!
WOLLEN WIR HEUTE WAS TRINKEN GEHEN?
FALLS DU DIE ÜBLICHE BAR MEINST, DA GEHE ICH NICHT MEHR HIN.
HÄ...? WIESO NICHT...?!
DU MACHST MICH DA IMMER BESOFFEN.
QUATSCH! DU WEISST DOCH, WIE GERN ICH MIT YUMI PLAUDERE!
NEIN... ÄH... ICH HABE HEUTE...
... WIRKLICH SCHON WAS VOR... ÄHEHE...
TSS...
ER IST WIE EIN SCHULJUNGE...

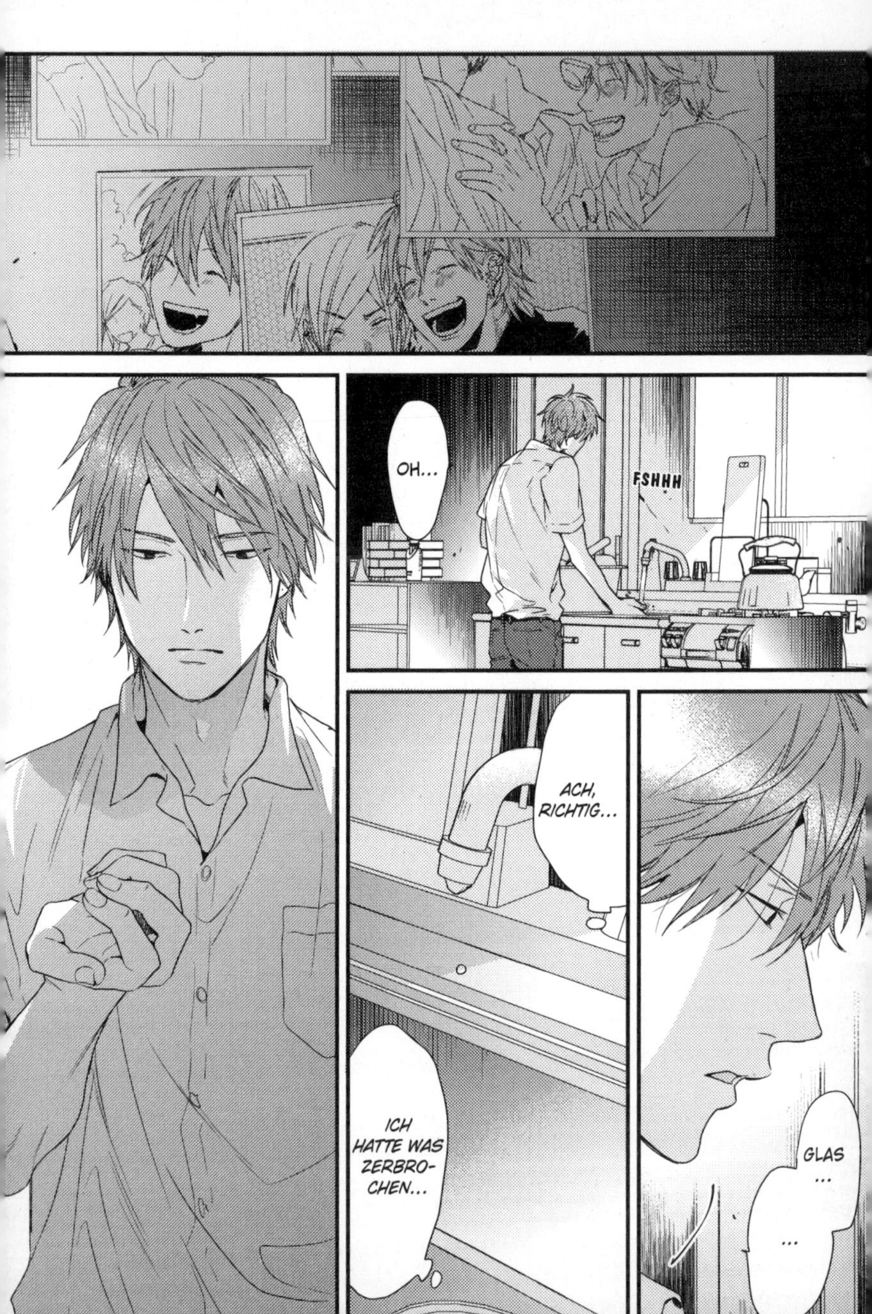
OH…
FSHHH
GLAS …
…
ACH, RICHTIG…
ICH HATTE WAS ZERBRO-CHEN…

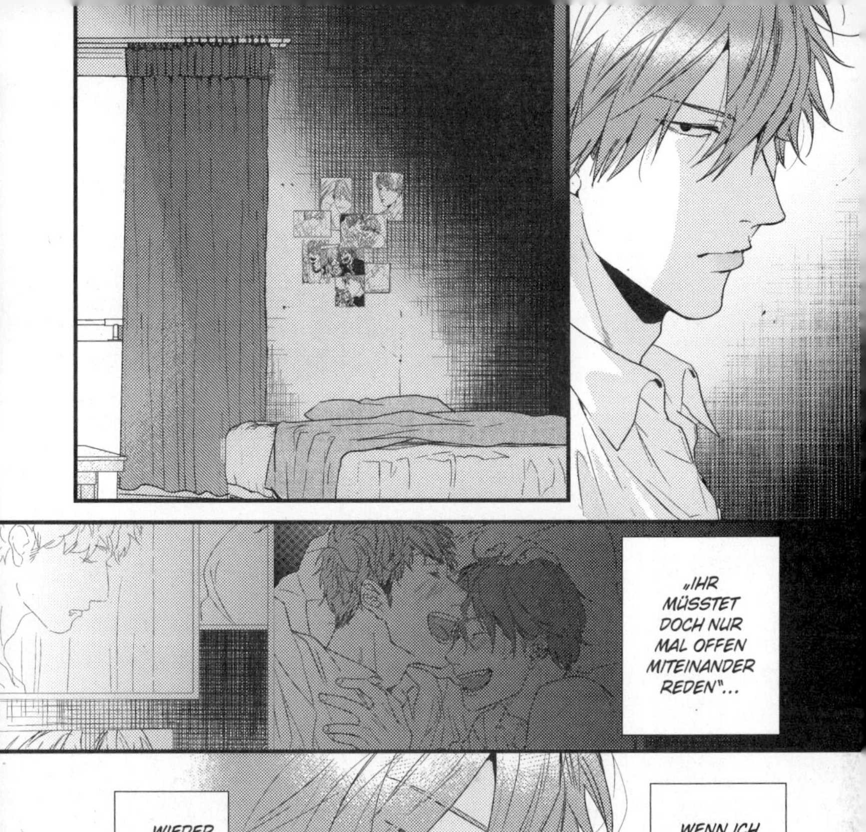

DER KERL, DER EINEN GELIEBTEN MENSCHEN SCHLÄGT…

… DER KERL, DER DAS VERGESSEN UND LACHEN KONNTE WIE VORHER…

DIE GRÖSSTE ERLEICHTERUNG WAR, ALS ALLES AUS UND VORBEI WAR.

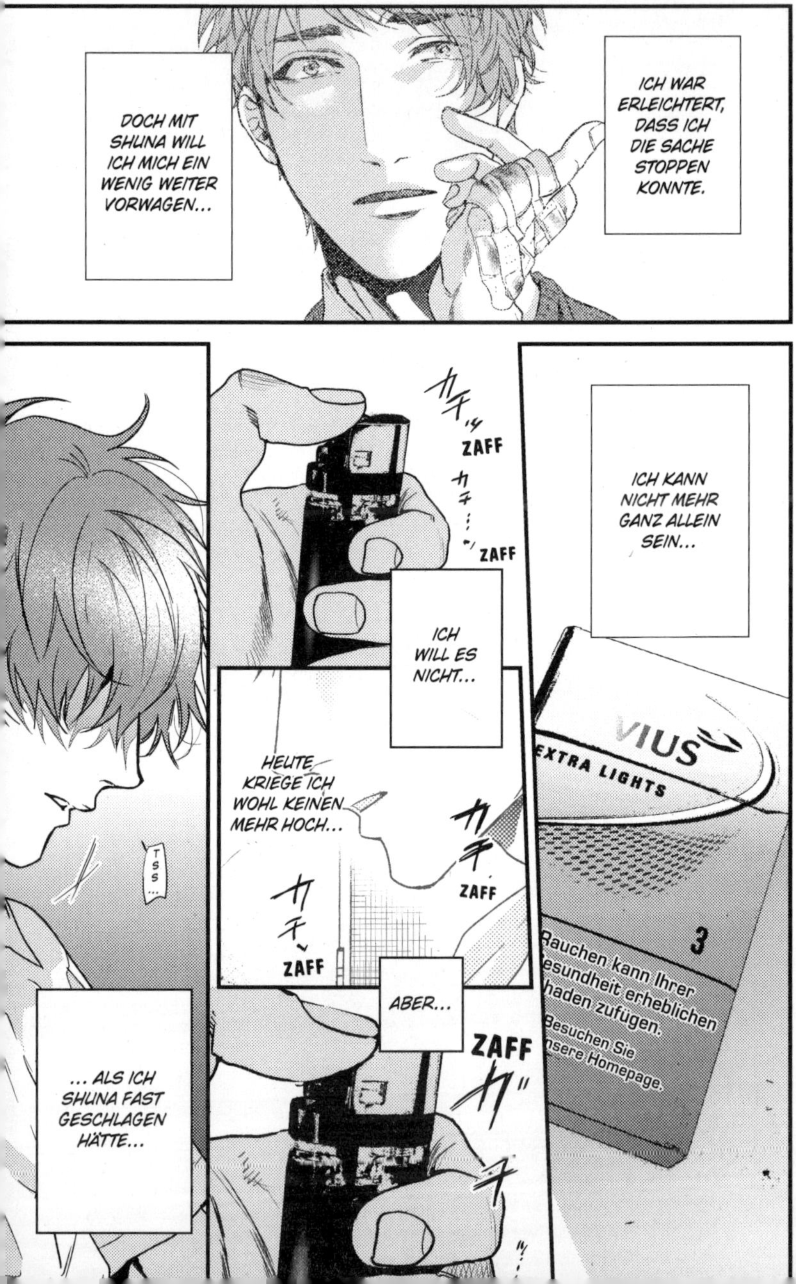

ICH WAR ERLEICHTERT, DASS ICH DIE SACHE STOPPEN KONNTE.

DOCH MIT SHUNA WILL ICH MICH EIN WENIG WEITER VORWAGEN…

ICH KANN NICHT MEHR GANZ ALLEIN SEIN…

VIUS

EXTRA LIGHTS

3

auchen kann Ihrer
esundheit erheblichen
haden zufügen.
Besuchen Sie
nsere Homepage.

ZAFF

ZAFF

ICH WILL ES NICHT…

HEUTE KRIEGE ICH WOHL KEINEN MEHR HOCH…

ZAFF

ZAFF

ABER…

ZAFF

TSS…

… ALS ICH SHUNA FAST GESCHLAGEN HÄTTE…

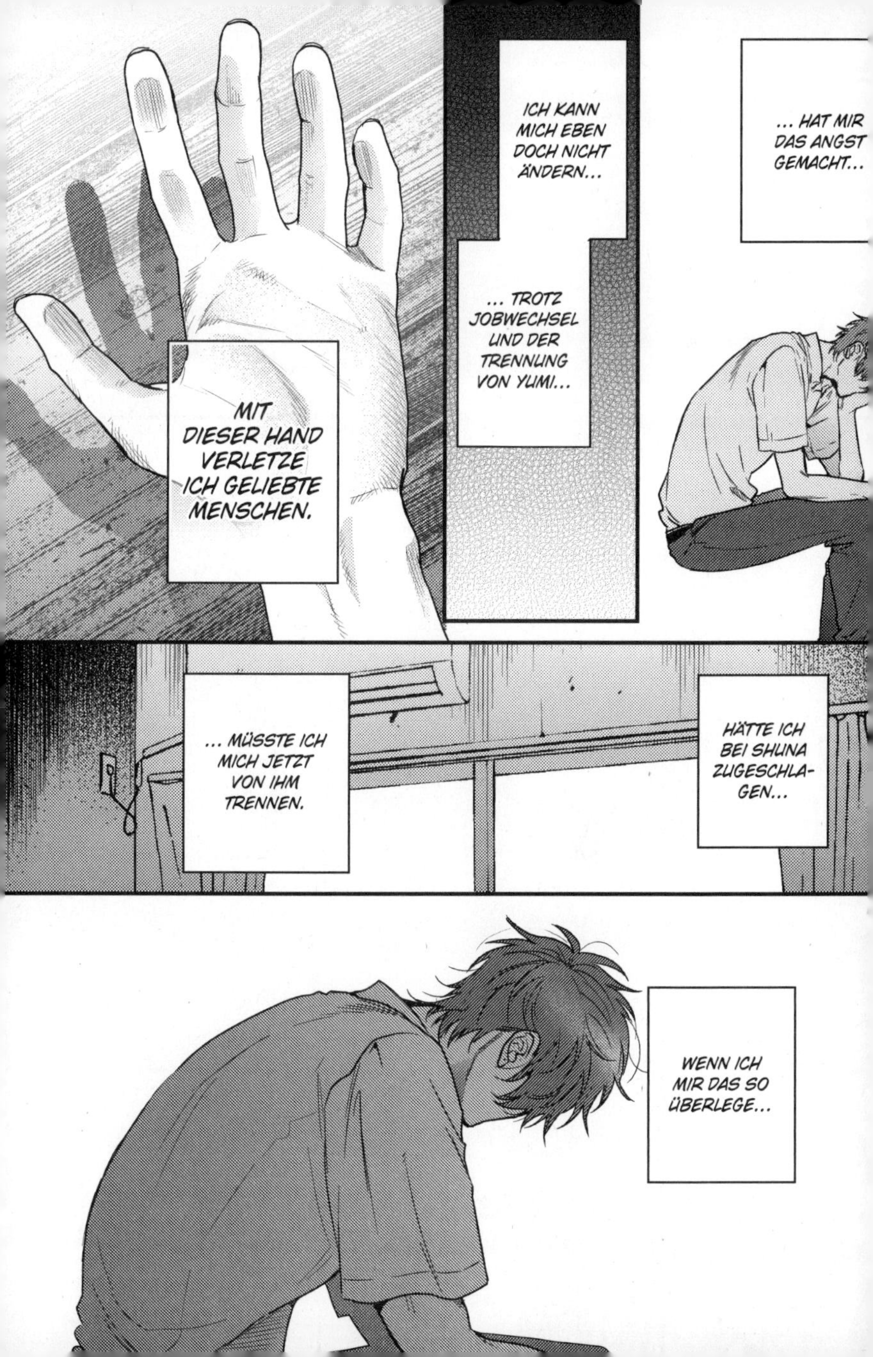
… HAT MIR DAS ANGST GEMACHT…
ICH KANN MICH EBEN DOCH NICHT ÄNDERN…
… TROTZ JOBWECHSEL UND DER TRENNUNG VON YUMI…
MIT DIESER HAND VERLETZE ICH GELIEBTE MENSCHEN.
HÄTTE ICH BEI SHUNA ZUGESCHLAGEN…
… MÜSSTE ICH MICH JETZT VON IHM TRENNEN.
WENN ICH MIR DAS SO ÜBERLEGE…

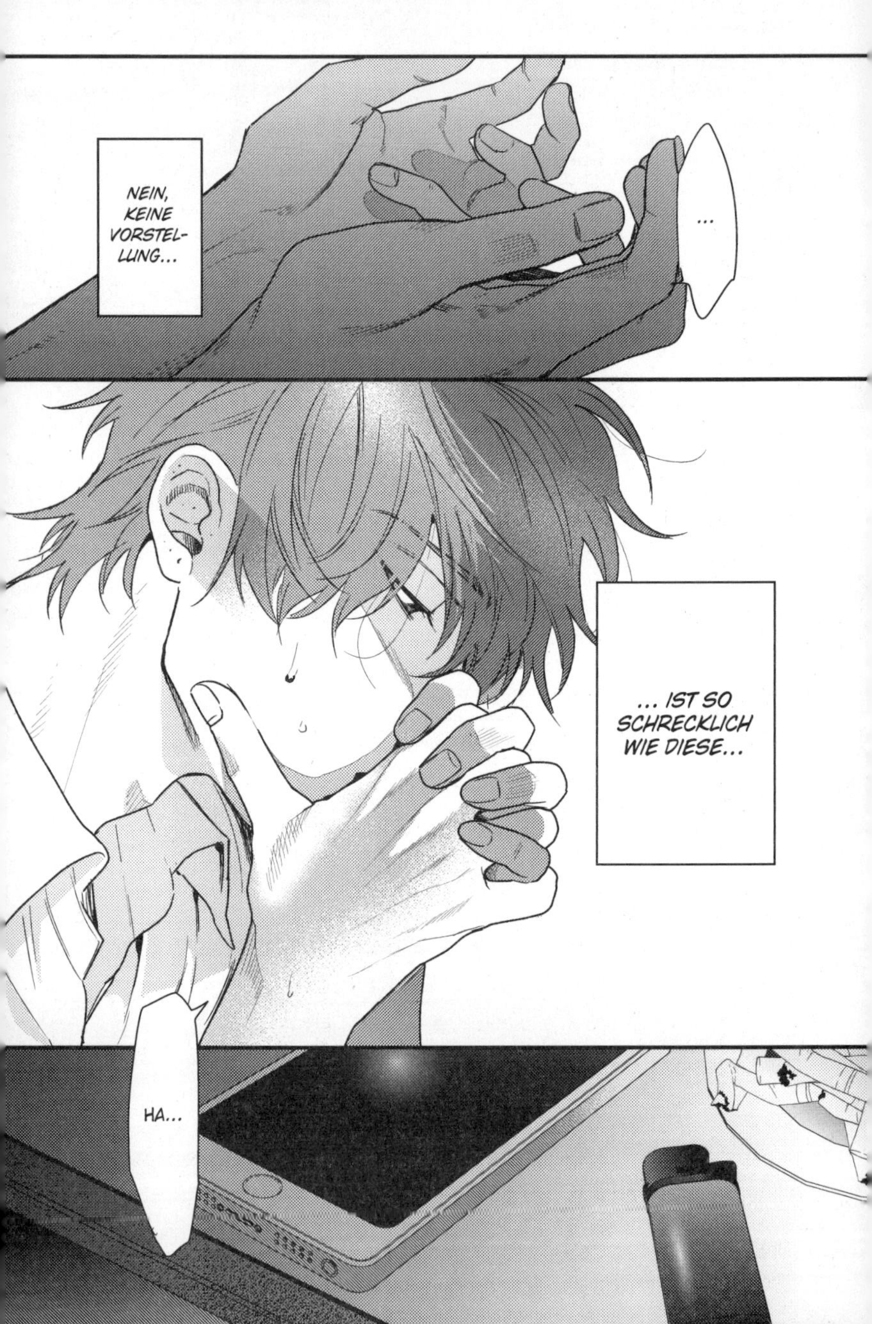
...
NEIN, KEINE VORSTEL-LUNG...
... IST SO SCHRECKLICH WIE DIESE...
HA...

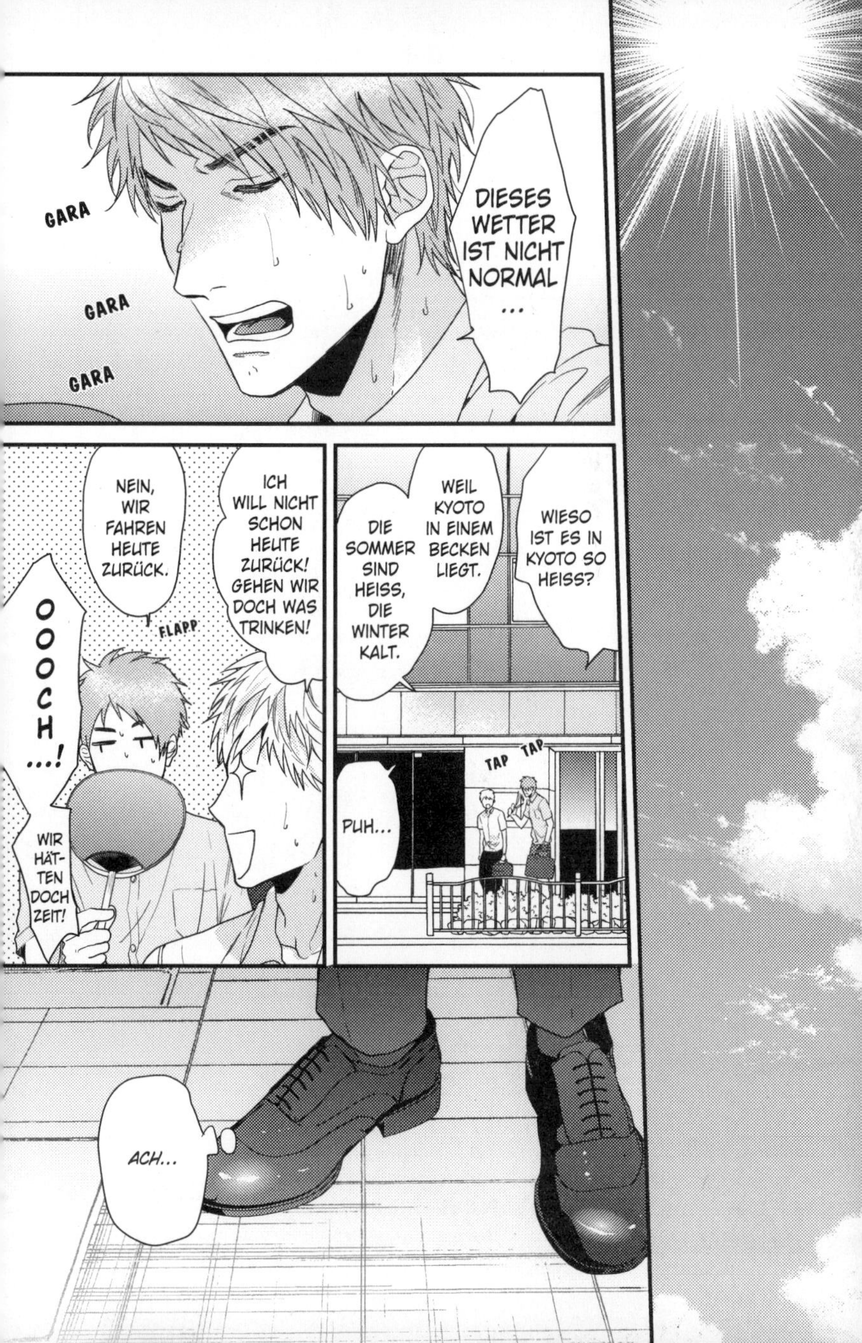
DIESES WETTER IST NICHT NORMAL ...
GARA
GARA
GARA
WIESO IST ES IN KYOTO SO HEISS?
WEIL KYOTO IN EINEM BECKEN LIEGT.
DIE SOMMER SIND HEISS, DIE WINTER KALT.
TAP TAP
PUH...
ICH WILL NICHT SCHON HEUTE ZURÜCK! GEHEN WIR DOCH WAS TRINKEN!
NEIN, WIR FAHREN HEUTE ZURÜCK.
FLAPP
OOOCH ...!
WIR HÄT-TEN DOCH ZEIT!
ACH...

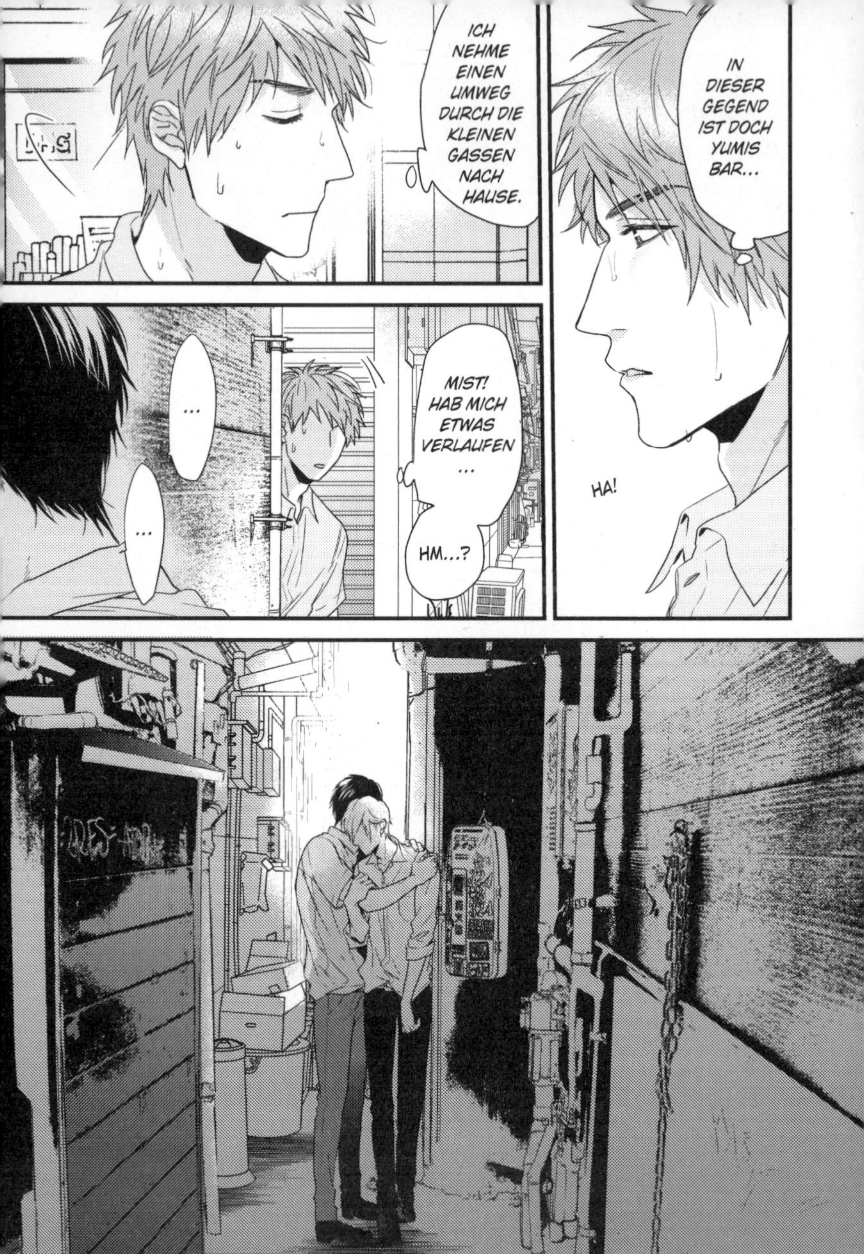

IN DIESER GEGEND IST DOCH YUMIS BAR...
HA!
ICH NEHME EINEN UMWEG DURCH DIE KLEINEN GASSEN NACH HAUSE.
MIST! HAB MICH ETWAS VERLAUFEN ...
HM...?
...
...

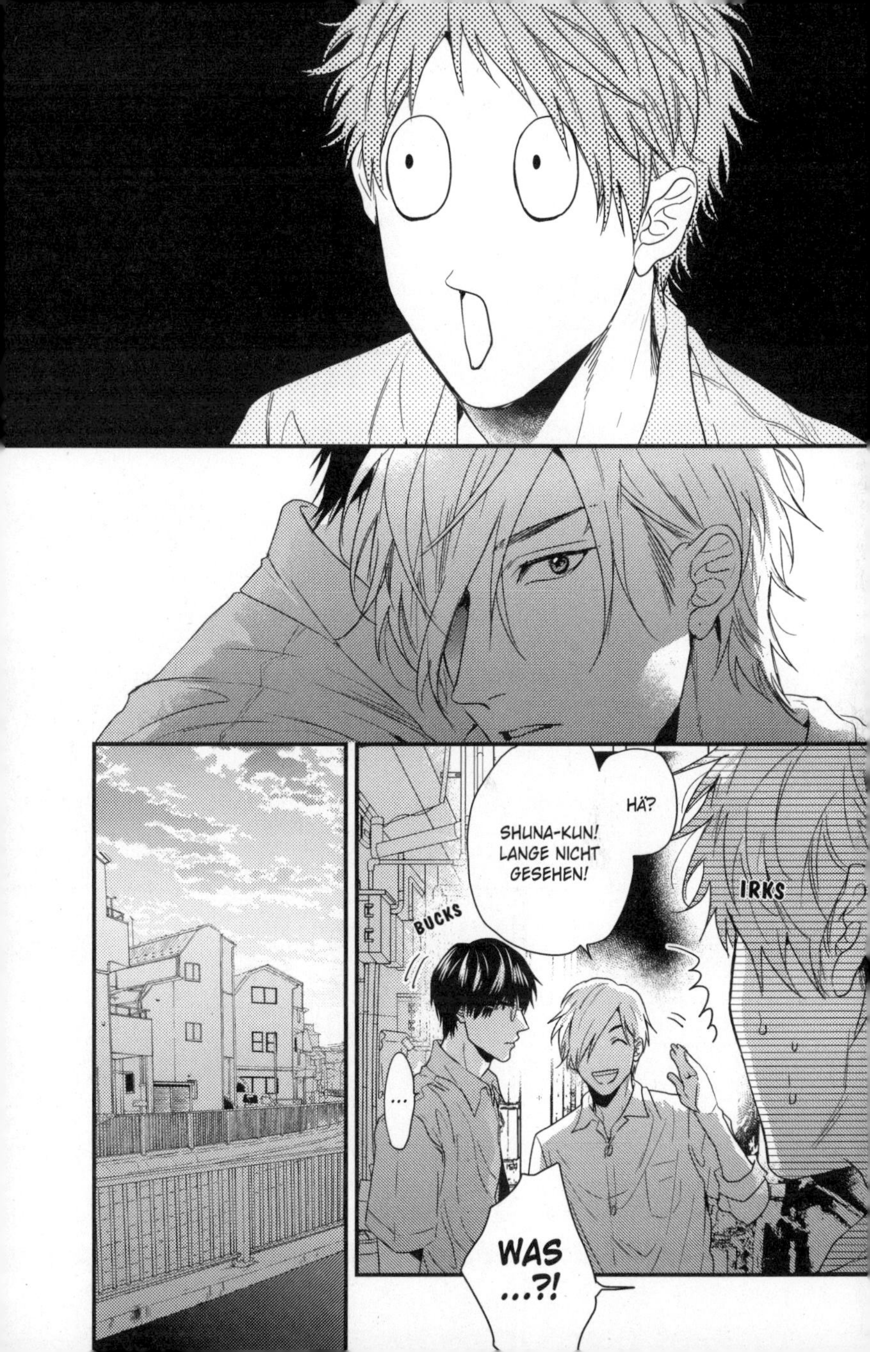
HÄ?
SHUNA-KUN! LANGE NICHT GESEHEN!
IRKS
BUCKS
...
WAS ...?!

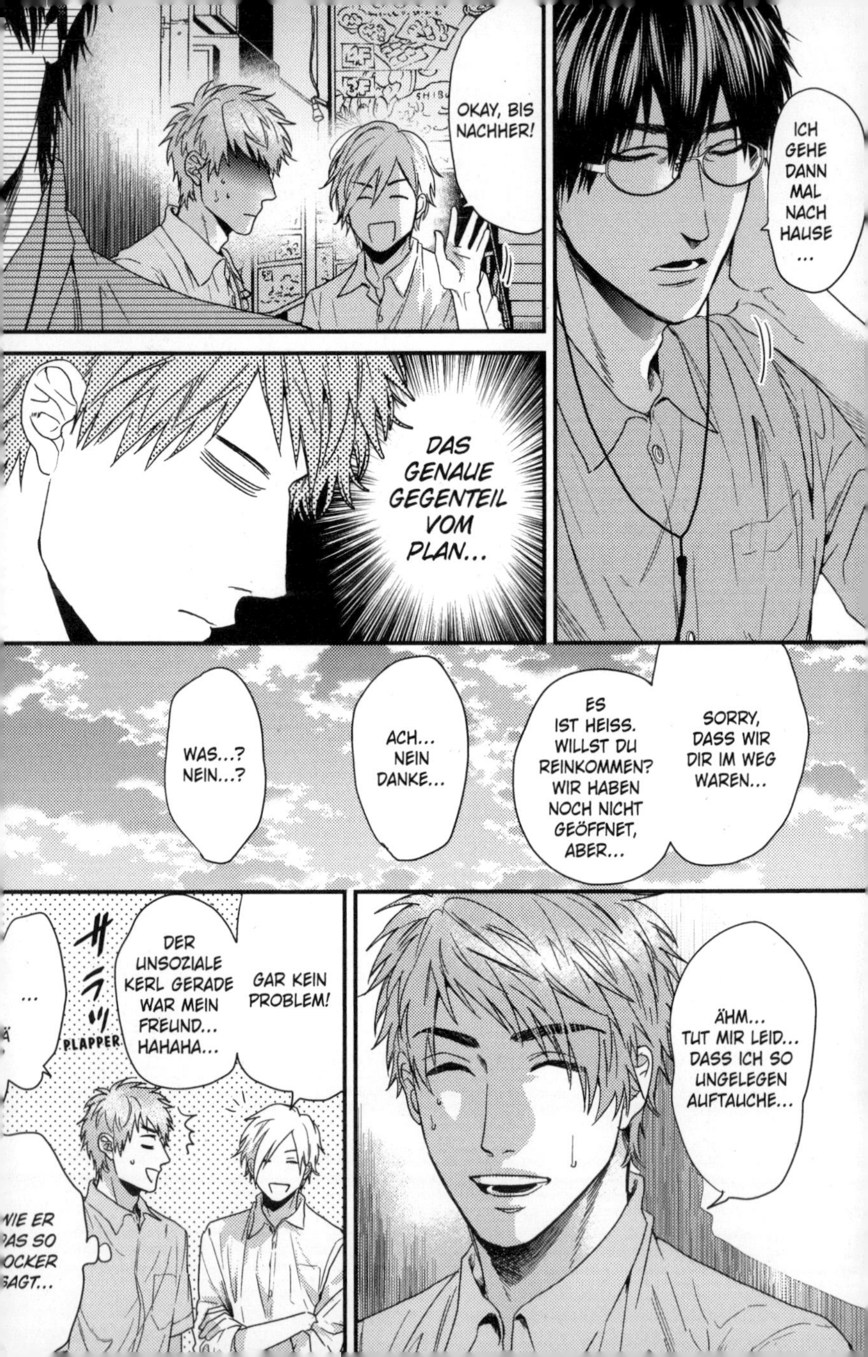
ICH GEHE DANN MAL NACH HAUSE...
OKAY, BIS NACHHER!
DAS GENAUE GEGENTEIL VOM PLAN...
SORRY, DASS WIR DIR IM WEG WAREN...
ES IST HEISS. WILLST DU REINKOMMEN? WIR HABEN NOCH NICHT GEÖFFNET, ABER...
ACH... NEIN DANKE...
WAS...? NEIN...?
ÄHM... TUT MIR LEID... DASS ICH SO UNGELEGEN AUFTAUCHE...
GAR KEIN PROBLEM!
DER UNSOZIALE KERL GERADE WAR MEIN FREUND... HAHAHA...
PLAPPER
...

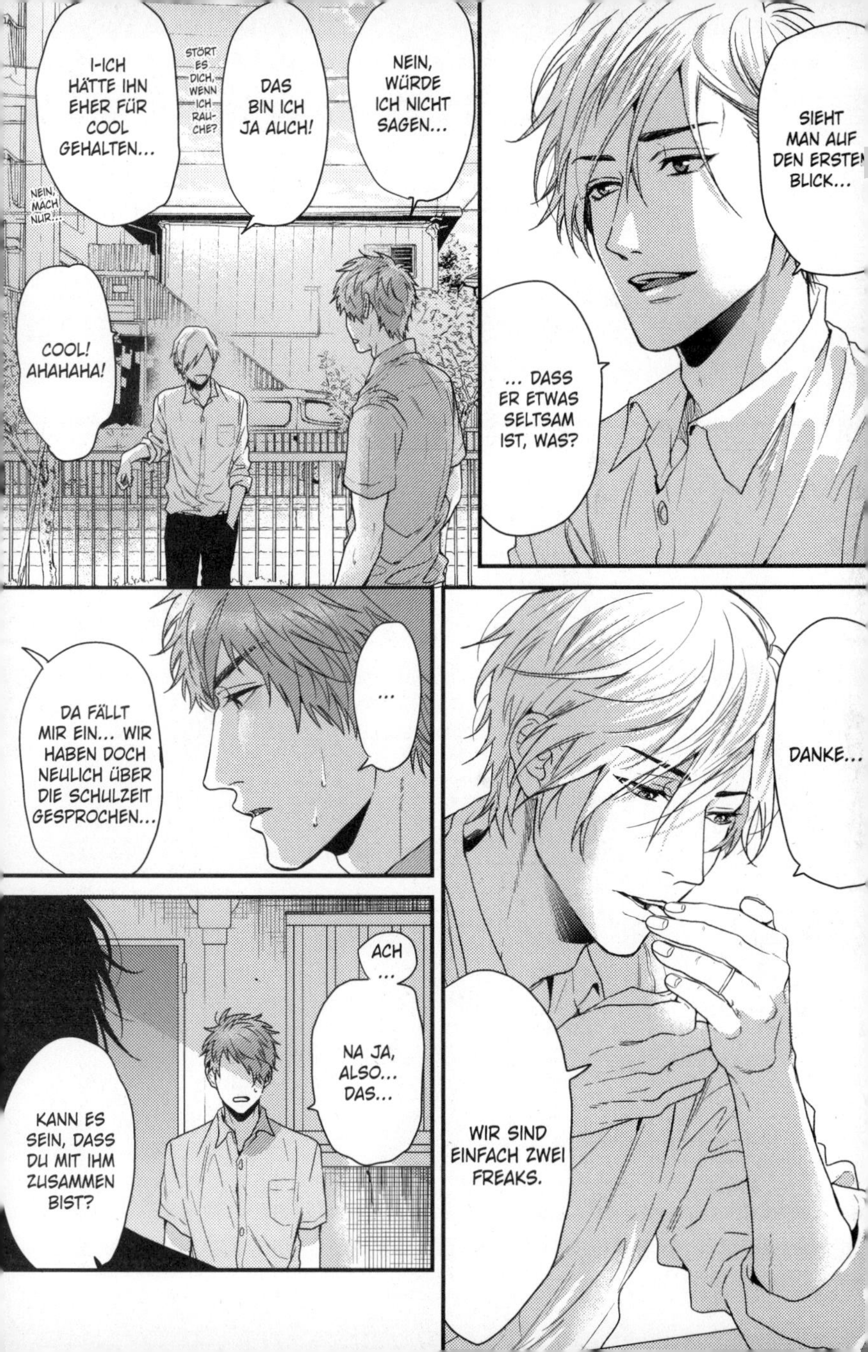
SIEHT MAN AUF DEN ERSTEN BLICK…
… DASS ER ETWAS SELTSAM IST, WAS?
NEIN, WÜRDE ICH NICHT SAGEN…
DAS BIN ICH JA AUCH!
STÖRT ES DICH, WENN ICH RAUCHE?
I-ICH HÄTTE IHN EHER FÜR COOL GEHALTEN…
NEIN, MACH NUR…
COOL! AHAHAHA!
DANKE…
WIR SIND EINFACH ZWEI FREAKS.
…
DA FÄLLT MIR EIN… WIR HABEN DOCH NEULICH ÜBER DIE SCHULZEIT GESPROCHEN…
ACH …
NA JA, ALSO… DAS…
KANN ES SEIN, DASS DU MIT IHM ZUSAMMEN BIST?

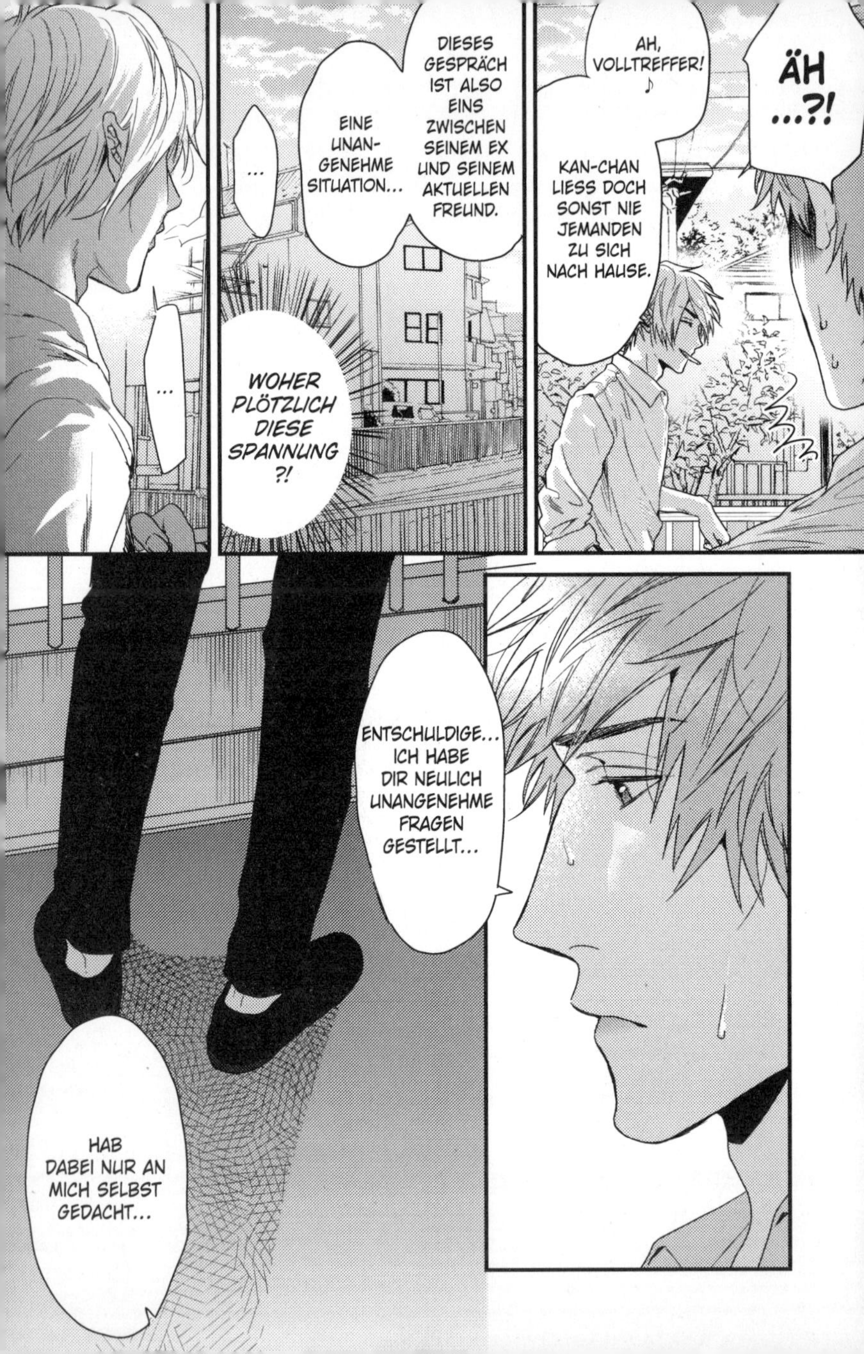
ÄH ...?!
AH, VOLLTREFFER! ♪
KAN-CHAN LIESS DOCH SONST NIE JEMANDEN ZU SICH NACH HAUSE.
DIESES GESPRÄCH IST ALSO EINS ZWISCHEN SEINEM EX UND SEINEM AKTUELLEN FREUND.
EINE UNAN-GENEHME SITUATION...
...
WOHER PLÖTZLICH DIESE SPANNUNG ?!
...
ENTSCHULDIGE... ICH HABE DIR NEULICH UNANGENEHME FRAGEN GESTELLT...
HAB DABEI NUR AN MICH SELBST GEDACHT...

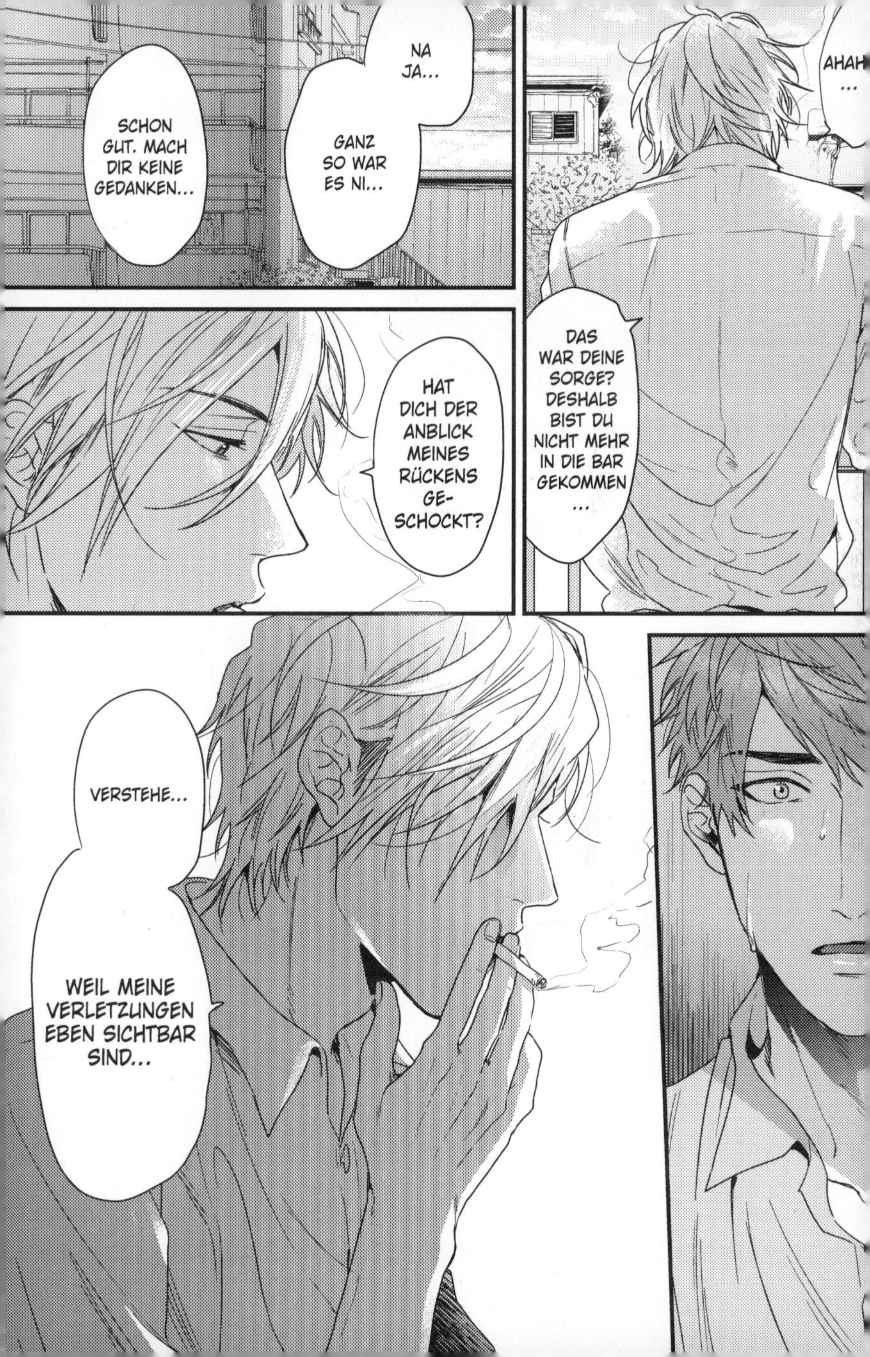
AHAH …
DAS WAR DEINE SORGE? DESHALB BIST DU NICHT MEHR IN DIE BAR GEKOMMEN …
NA JA…
GANZ SO WAR ES NI…
SCHON GUT. MACH DIR KEINE GEDANKEN…
HAT DICH DER ANBLICK MEINES RÜCKENS GE-SCHOCKT?
VERSTEHE…
WEIL MEINE VERLETZUNGEN EBEN SICHTBAR SIND…

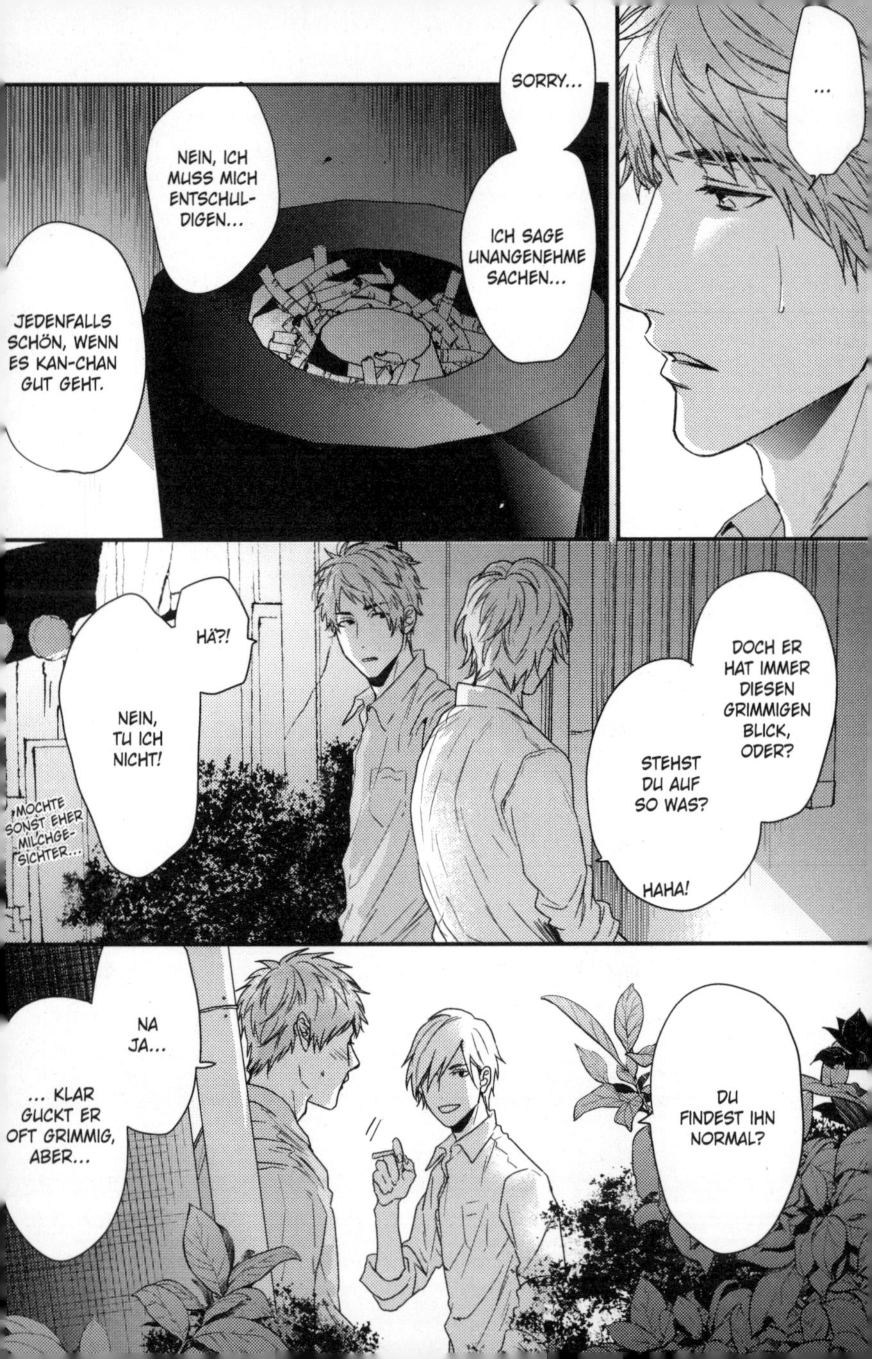
...
SORRY...
ICH SAGE UNANGENEHME SACHEN...
NEIN, ICH MUSS MICH ENTSCHUL-DIGEN...
JEDENFALLS SCHÖN, WENN ES KAN-CHAN GUT GEHT.
DOCH ER HAT IMMER DIESEN GRIMMIGEN BLICK, ODER?
STEHST DU AUF SO WAS?
HAHA!
HÄ?!
NEIN, TU ICH NICHT!
MOCHTE SONST EHER MILCHGE-SICHTER...
DU FINDEST IHN NORMAL?
NA JA...
... KLAR GUCKT ER OFT GRIMMIG, ABER...

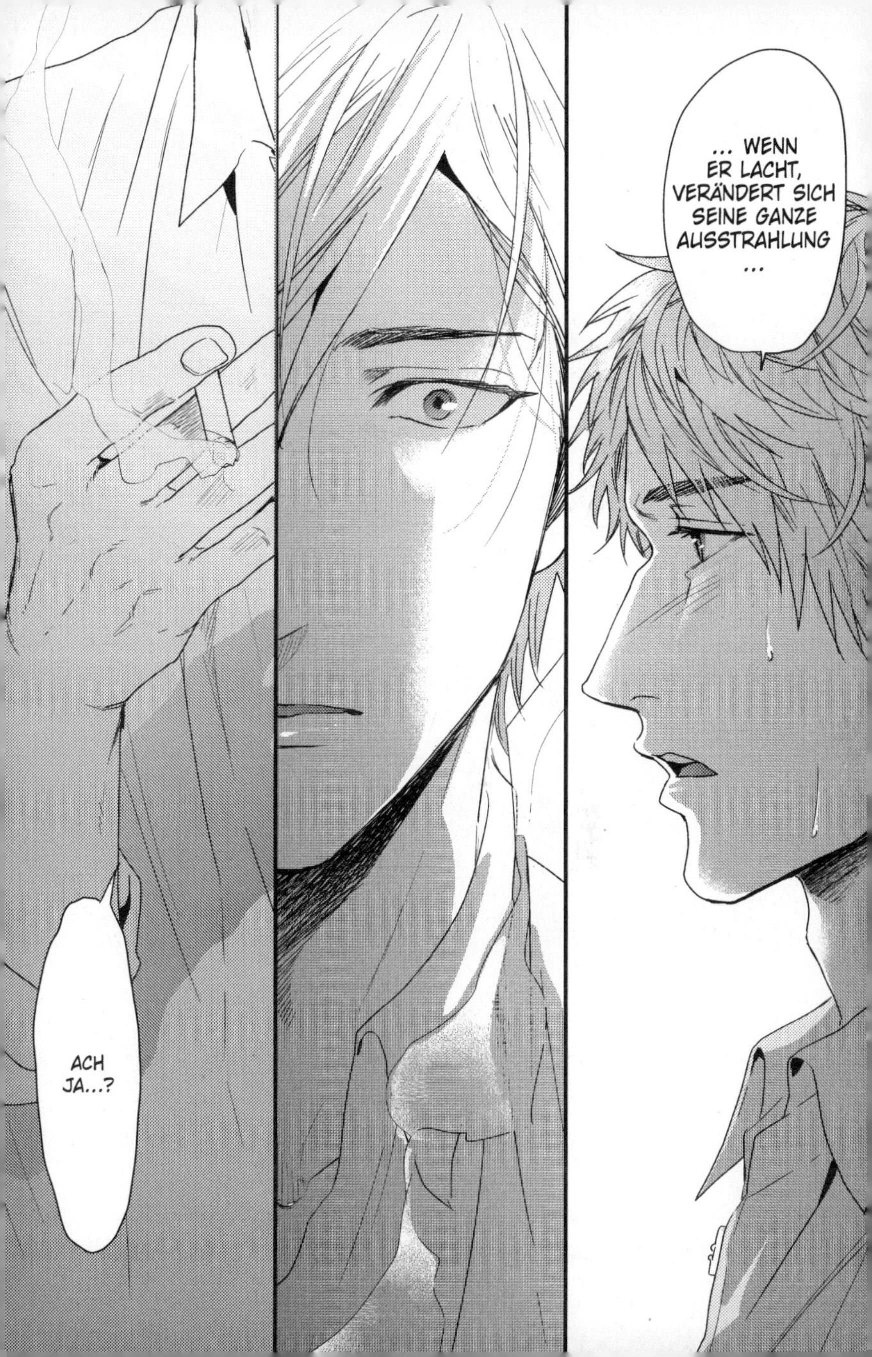
... WENN ER LACHT, VERÄNDERT SICH SEINE GANZE AUSSTRAHLUNG ...
ACH JA...?

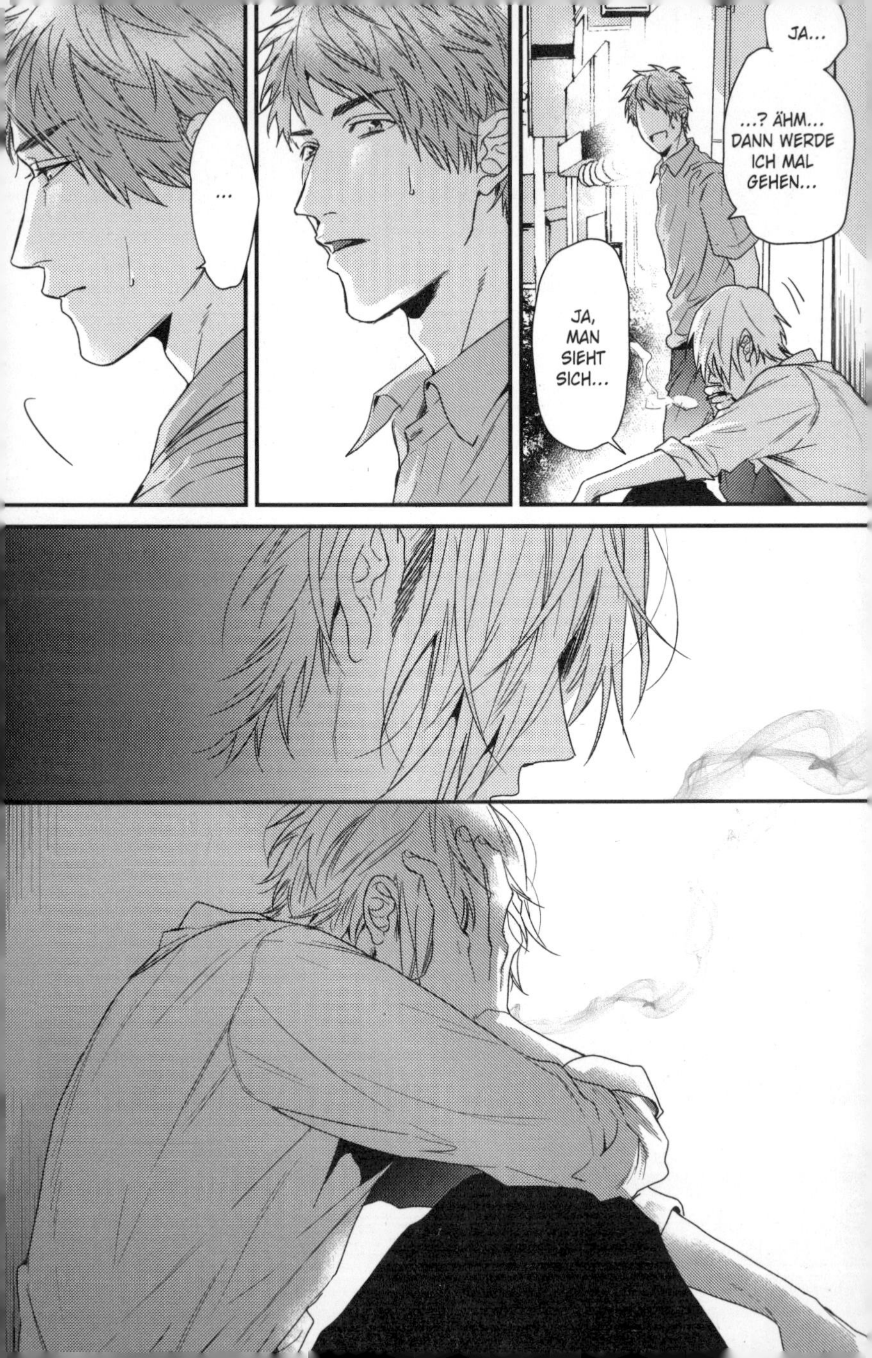
JA…
…? ÄHM… DANN WERDE ICH MAL GEHEN…
JA, MAN SIEHT SICH…
…

Obsessed with a Naked Monster

OGERETSU TANAKA

Obsessed with a Naked Monster

OGERETSU TANAKA

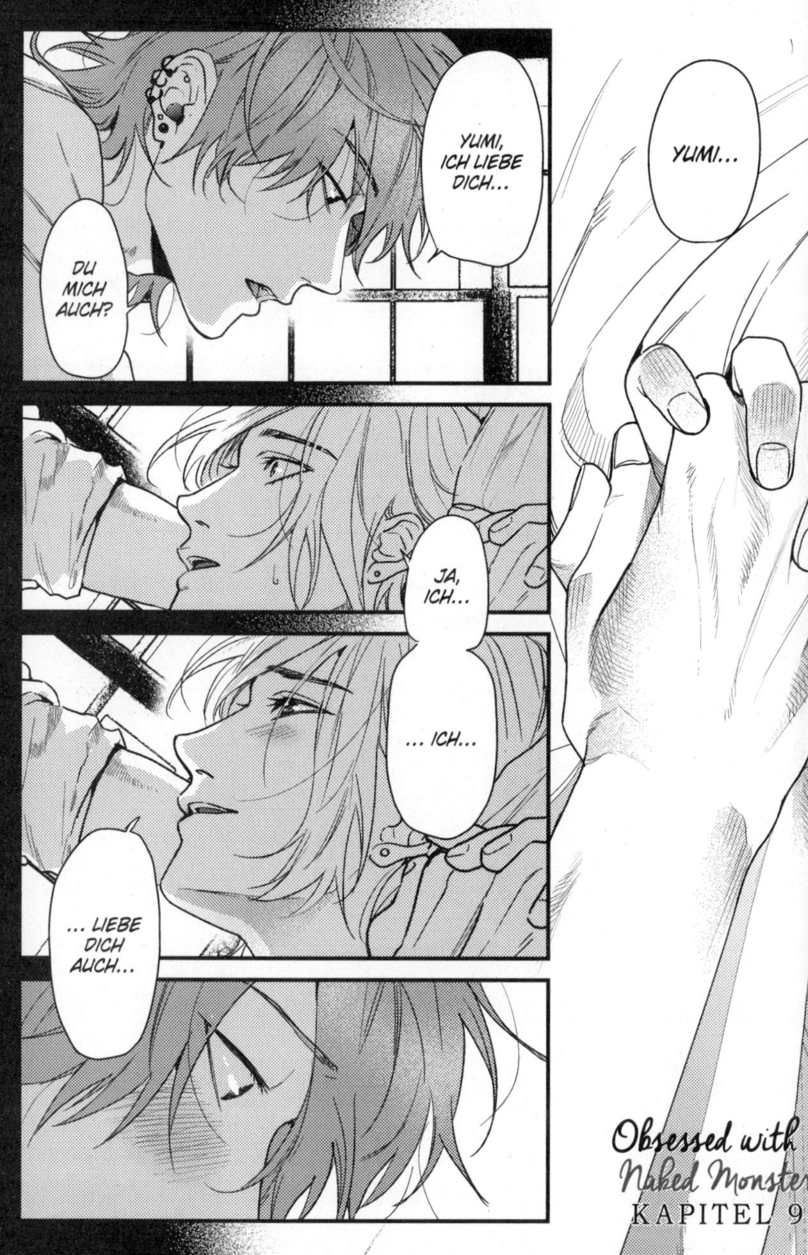
YUMI…
YUMI, ICH LIEBE DICH…
DU MICH AUCH?
JA, ICH…
… ICH…
… LIEBE DICH AUCH…
Obsessed with
Naked Monste
KAPITEL 9

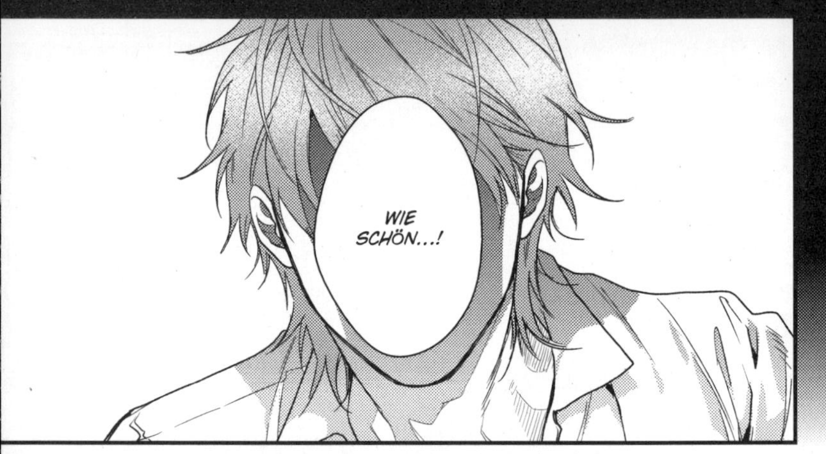
WIE SCHÖN...!

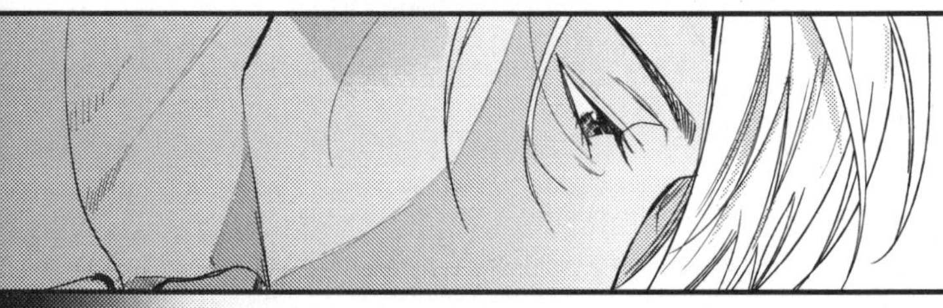

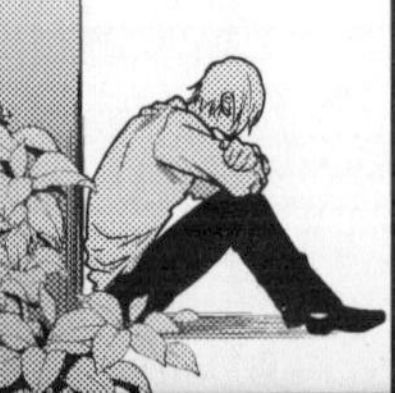
ICH WOLLTE KAN-CHAN LACHEN SEHEN...

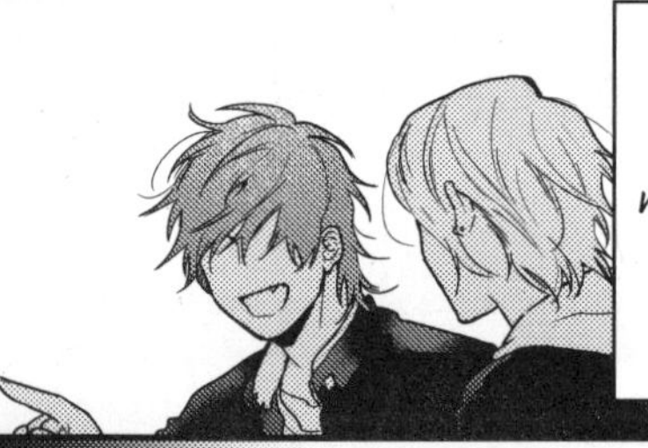
WIE TRAURIG ICH AUCH WAR, WENN KAN-CHAN LACHTE, GING ES MIR GUT...
ICH KANN MICH HEUTE KAUM NOCH DARAN ERINNERN...
ER HATTE STETS DIESEN GRIMMIGEN BLICK...

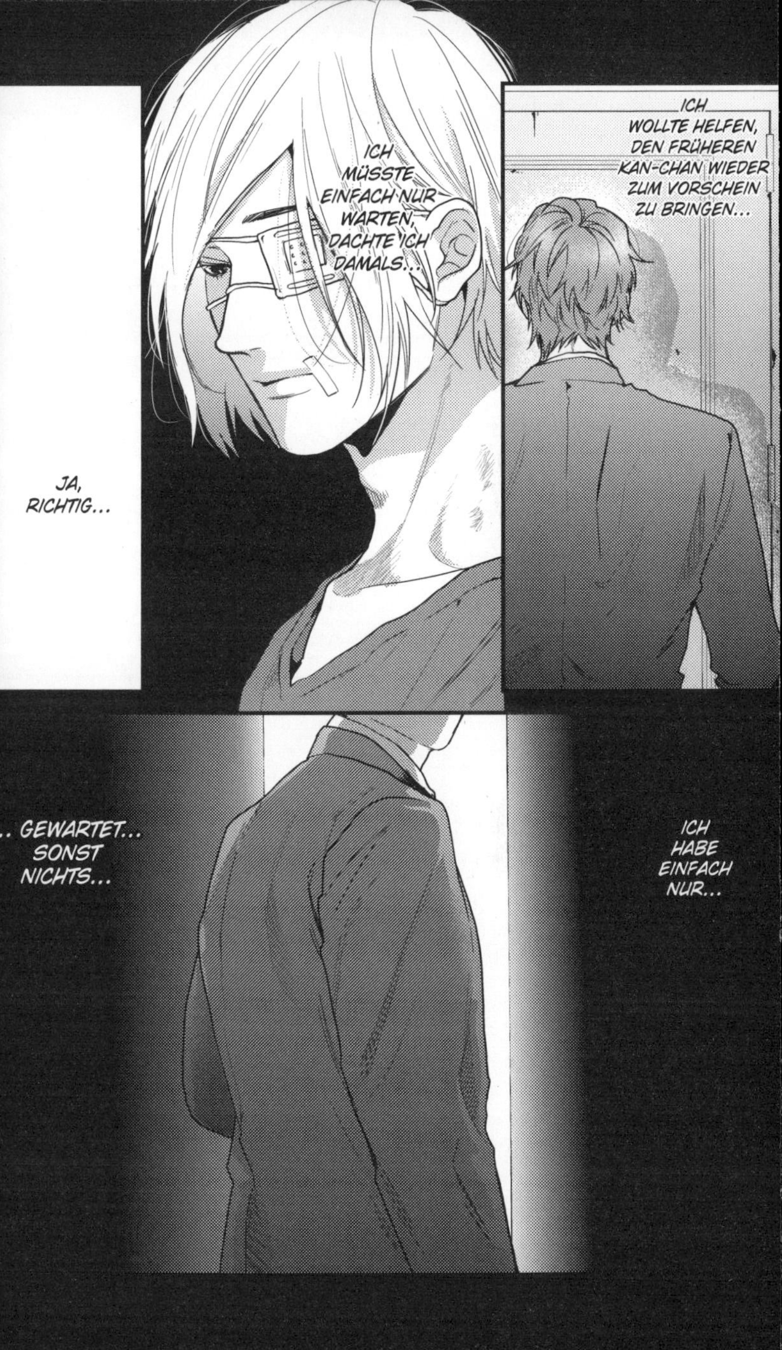
ICH WOLLTE HELFEN, DEN FRÜHEREN KAN-CHAN WIEDER ZUM VORSCHEIN ZU BRINGEN...
ICH MÜSSTE EINFACH NUR WARTEN, DACHTE ICH DAMALS...
JA, RICHTIG...
ICH HABE EINFACH NUR...
... GEWARTET... SONST NICHTS...

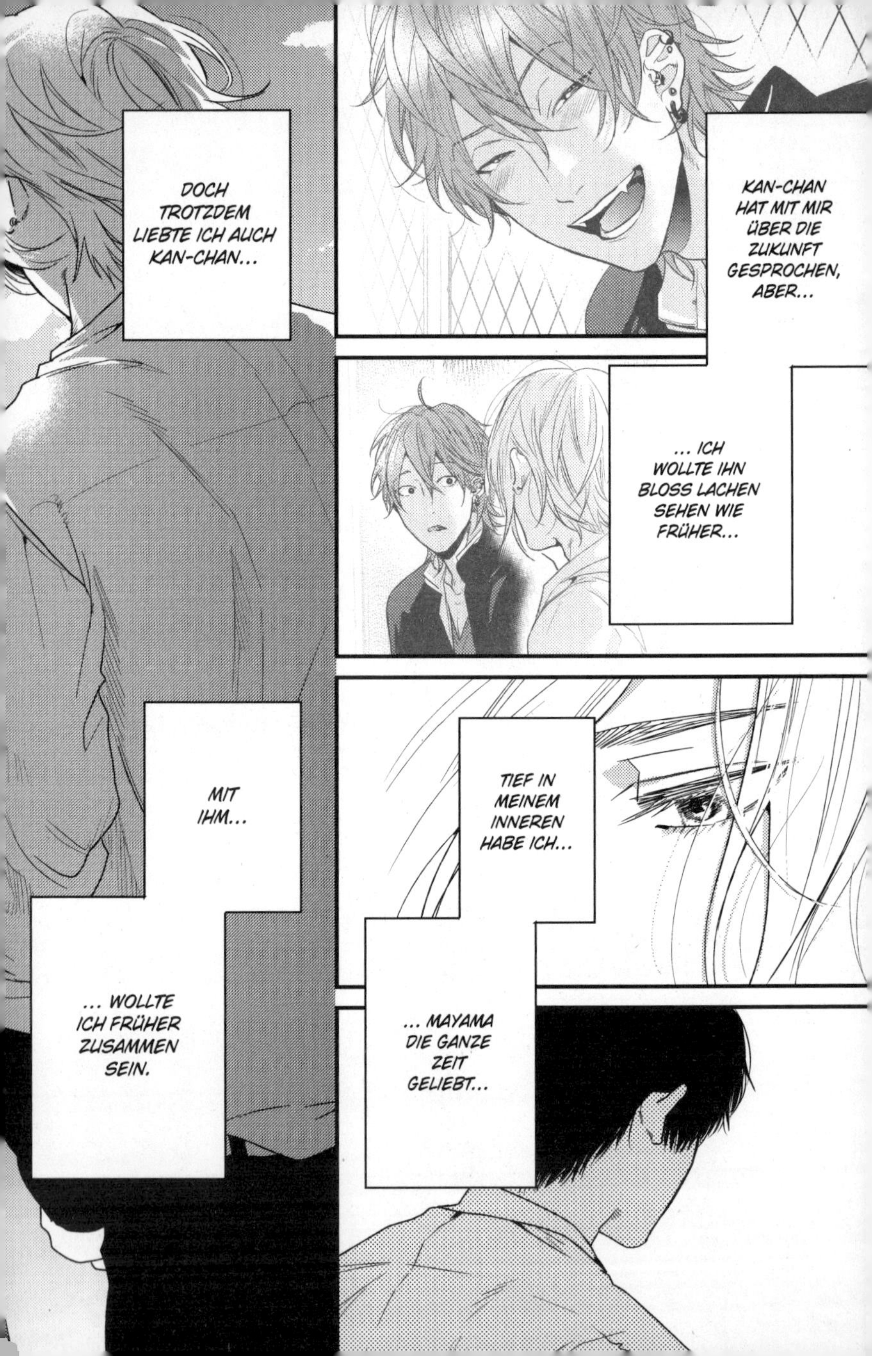
KAN-CHAN HAT MIT MIR ÜBER DIE ZUKUNFT GESPROCHEN, ABER…
… ICH WOLLTE IHN BLOSS LACHEN SEHEN WIE FRÜHER…
TIEF IN MEINEM INNEREN HABE ICH…
… MAYAMA DIE GANZE ZEIT GELIEBT…
DOCH TROTZDEM LIEBTE ICH AUCH KAN-CHAN…
MIT IHM…
… WOLLTE ICH FRÜHER ZUSAMMEN SEIN.

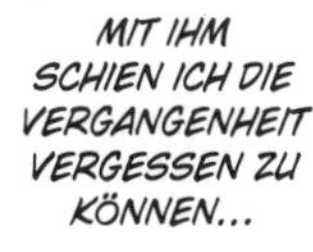
MIT IHM SCHIEN ICH DIE VERGANGENHEIT VERGESSEN ZU KÖNNEN…

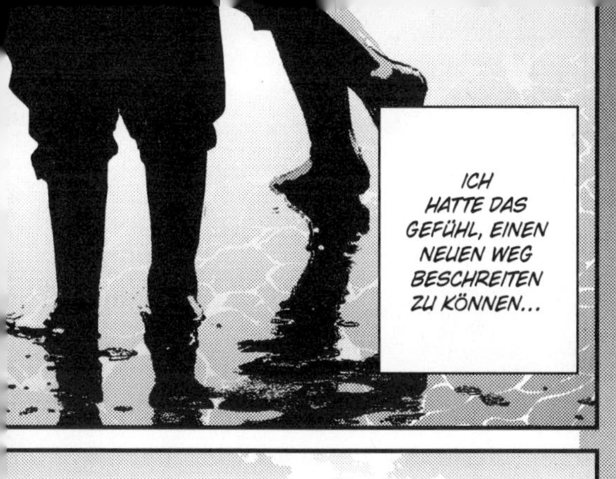
ICH HATTE DAS GEFÜHL, EINEN NEUEN WEG BESCHREITEN ZU KÖNNEN…

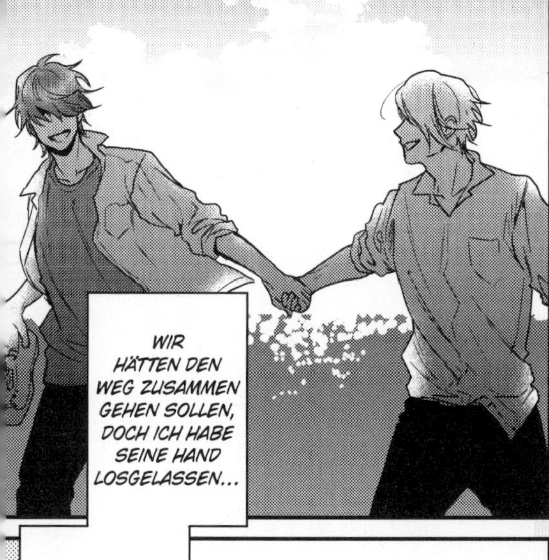
WIR HÄTTEN DEN WEG ZUSAMMEN GEHEN SOLLEN, DOCH ICH HABE SEINE HAND LOSGELASSEN…

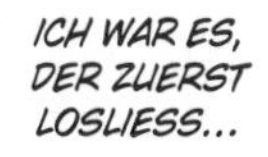
ICH WAR ES, DER ZUERST LOSLIESS…

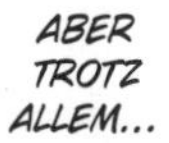
ABER TROTZ ALLEM…

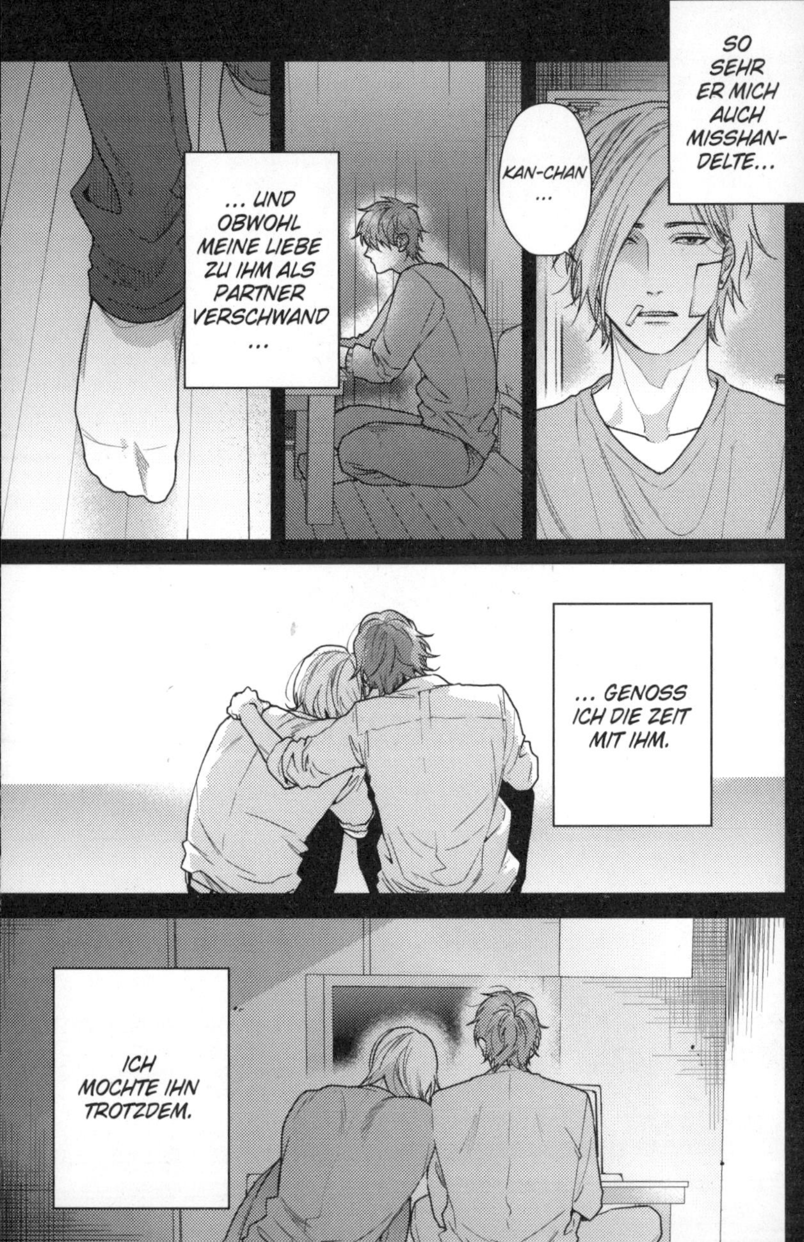
SO SEHR ER MICH AUCH MISSHANDELTE …
KAN-CHAN …
… UND OBWOHL MEINE LIEBE ZU IHM ALS PARTNER VERSCHWAND …
… GENOSS ICH DIE ZEIT MIT IHM.
ICH MOCHTE IHN TROTZDEM.

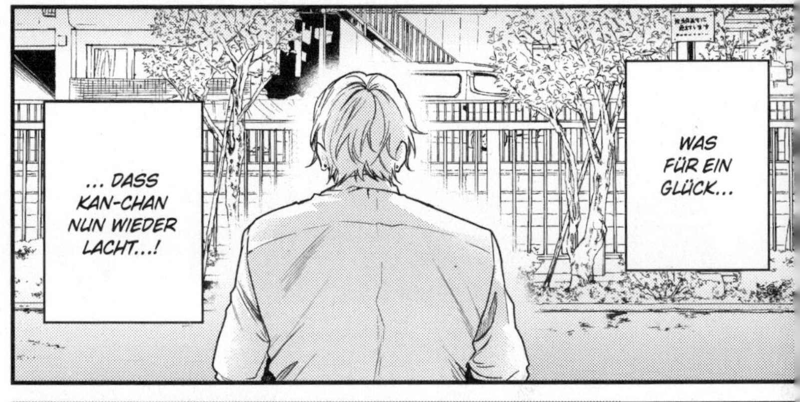
WAS FÜR EIN GLÜCK...
... DASS KAN-CHAN NUN WIEDER LACHT...!

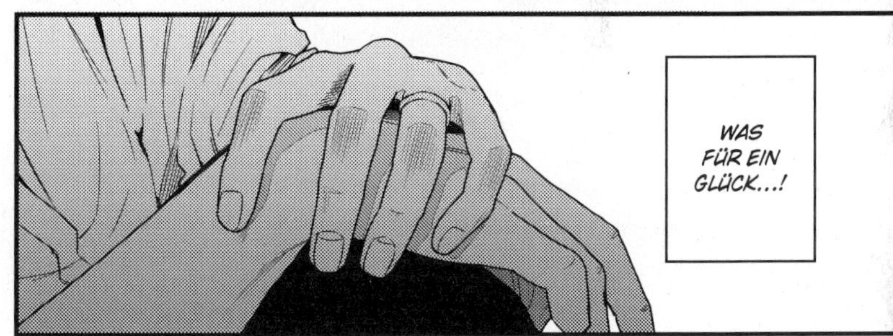
WAS FÜR EIN GLÜCK...!

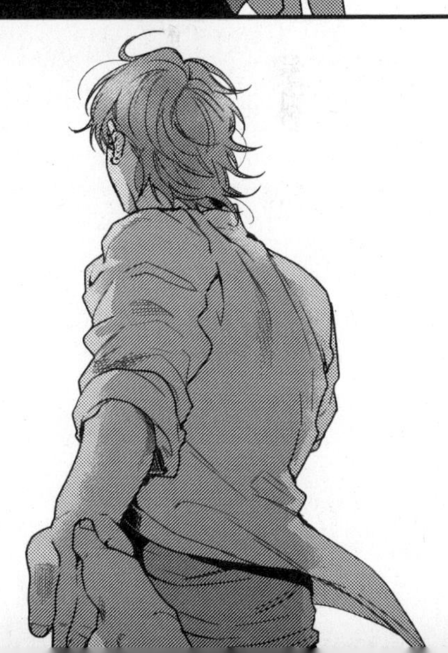
ICH KANN ES NICHT MEHR...

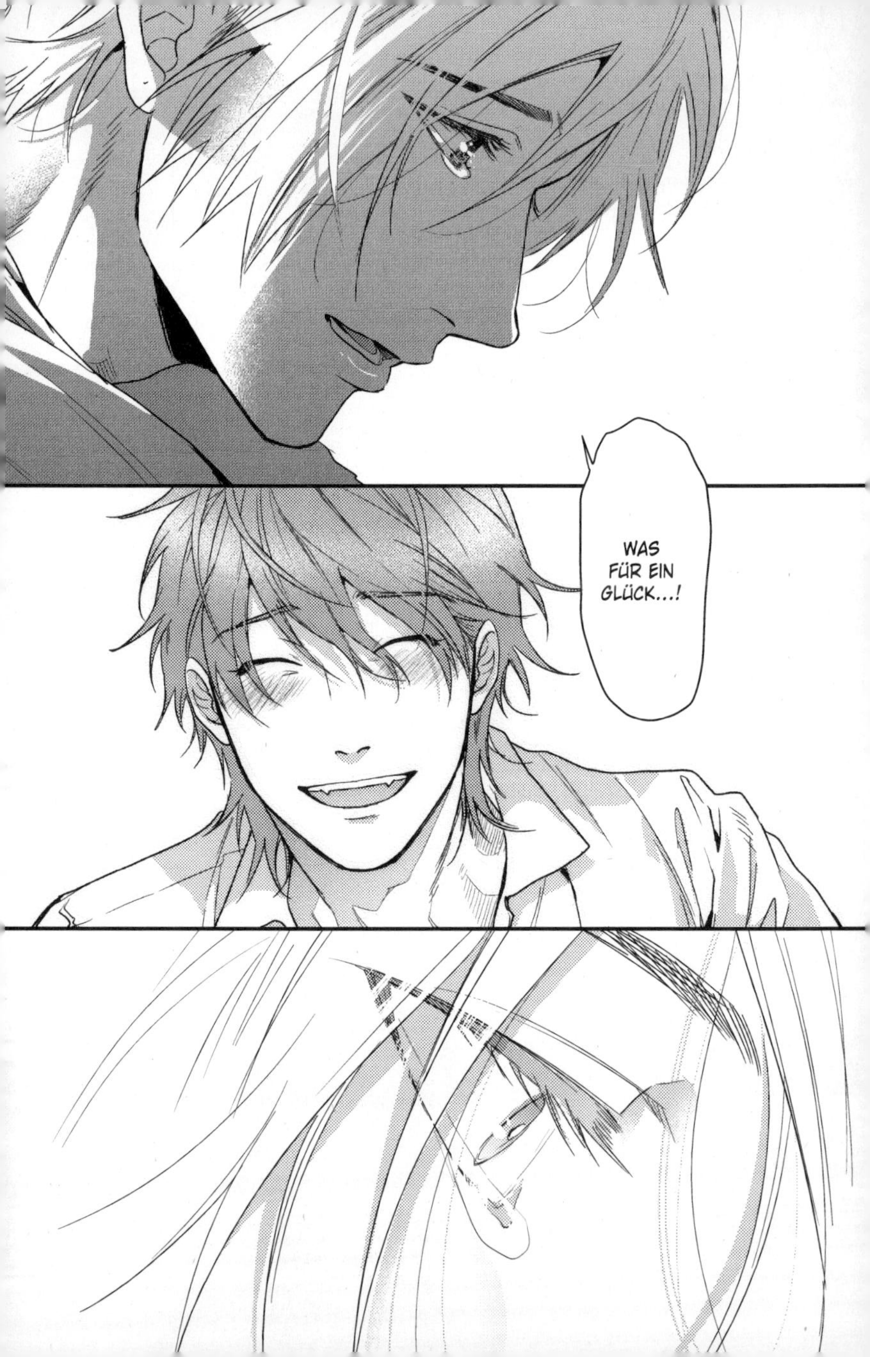
WAS FÜR EIN GLÜCK...!

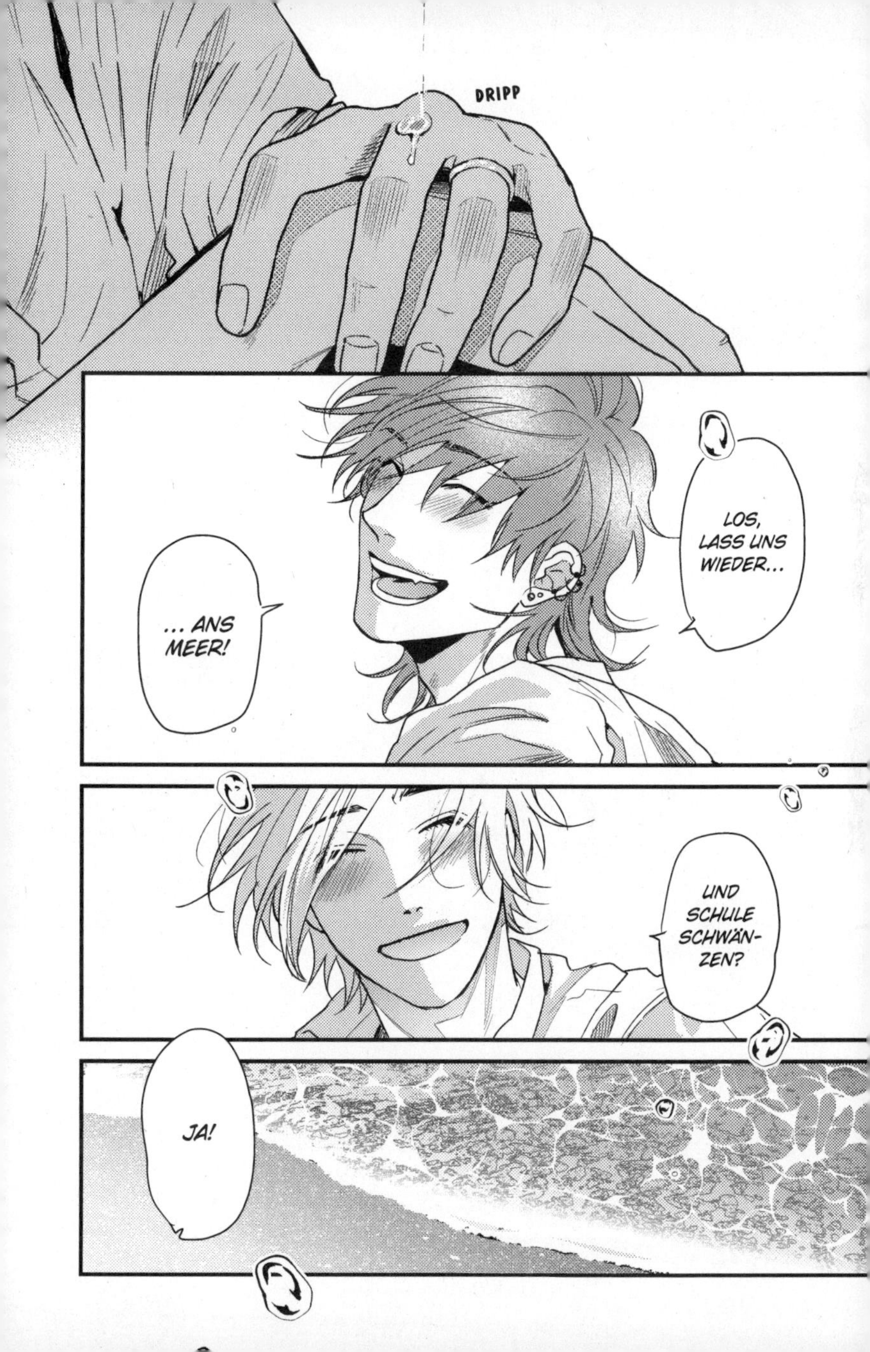
DRIPP
LOS, LASS UNS WIEDER…
… ANS MEER!
UND SCHULE SCHWÄN-ZEN?
JA!

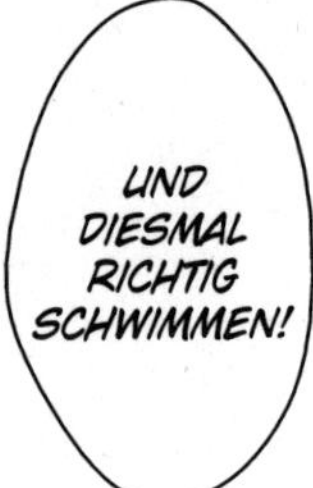
UND DIESMAL RICHTIG SCHWIMMEN!

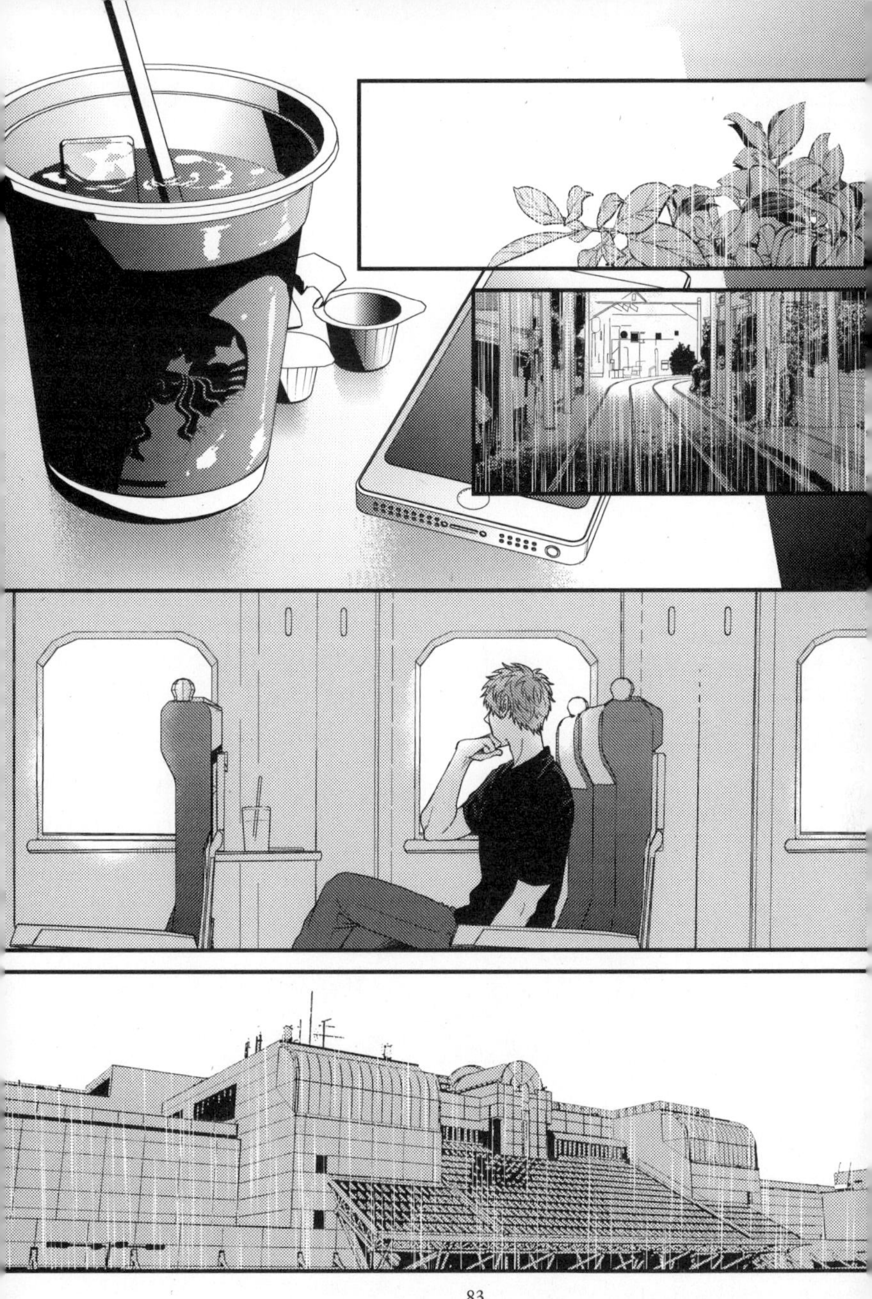

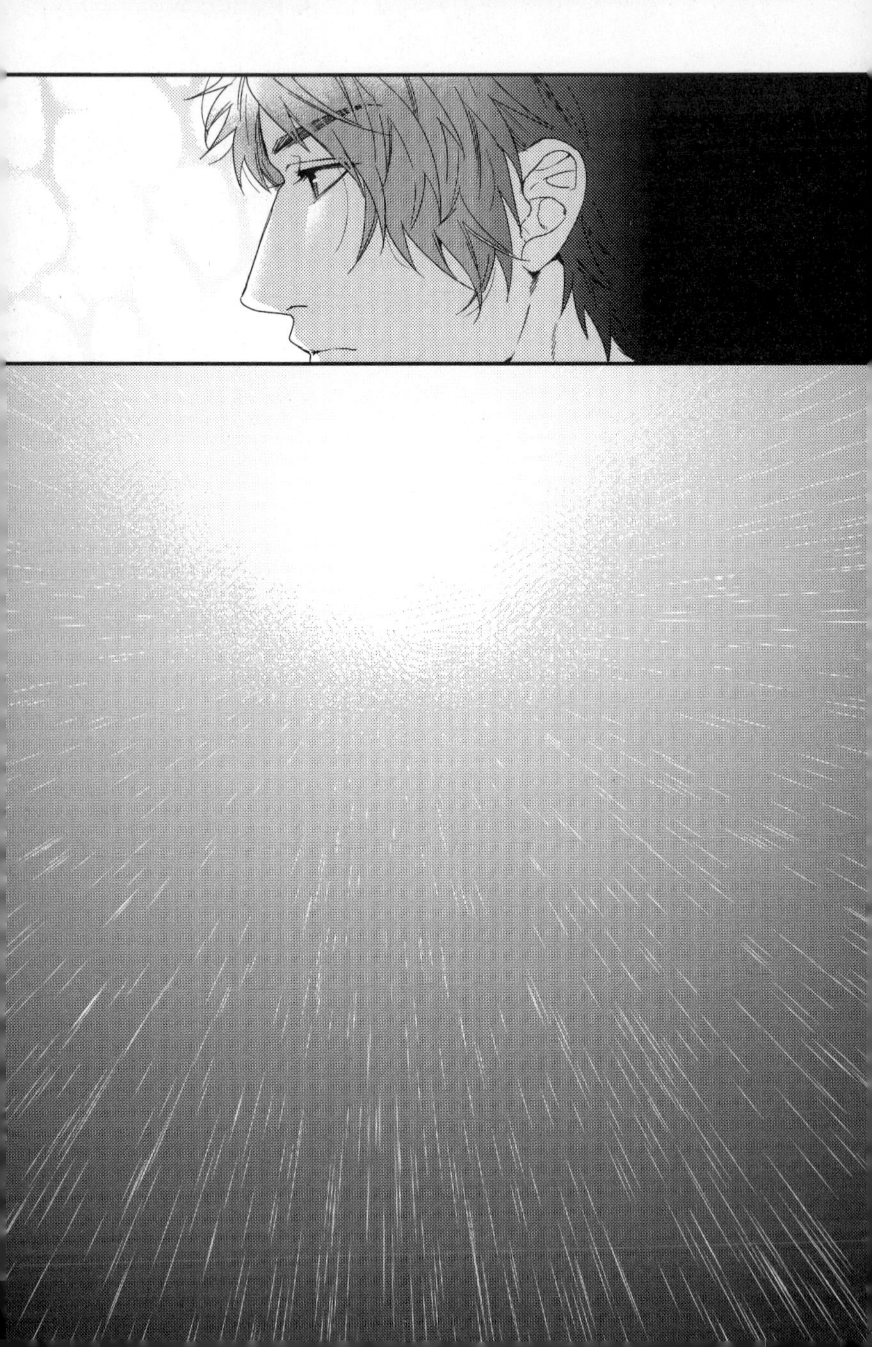

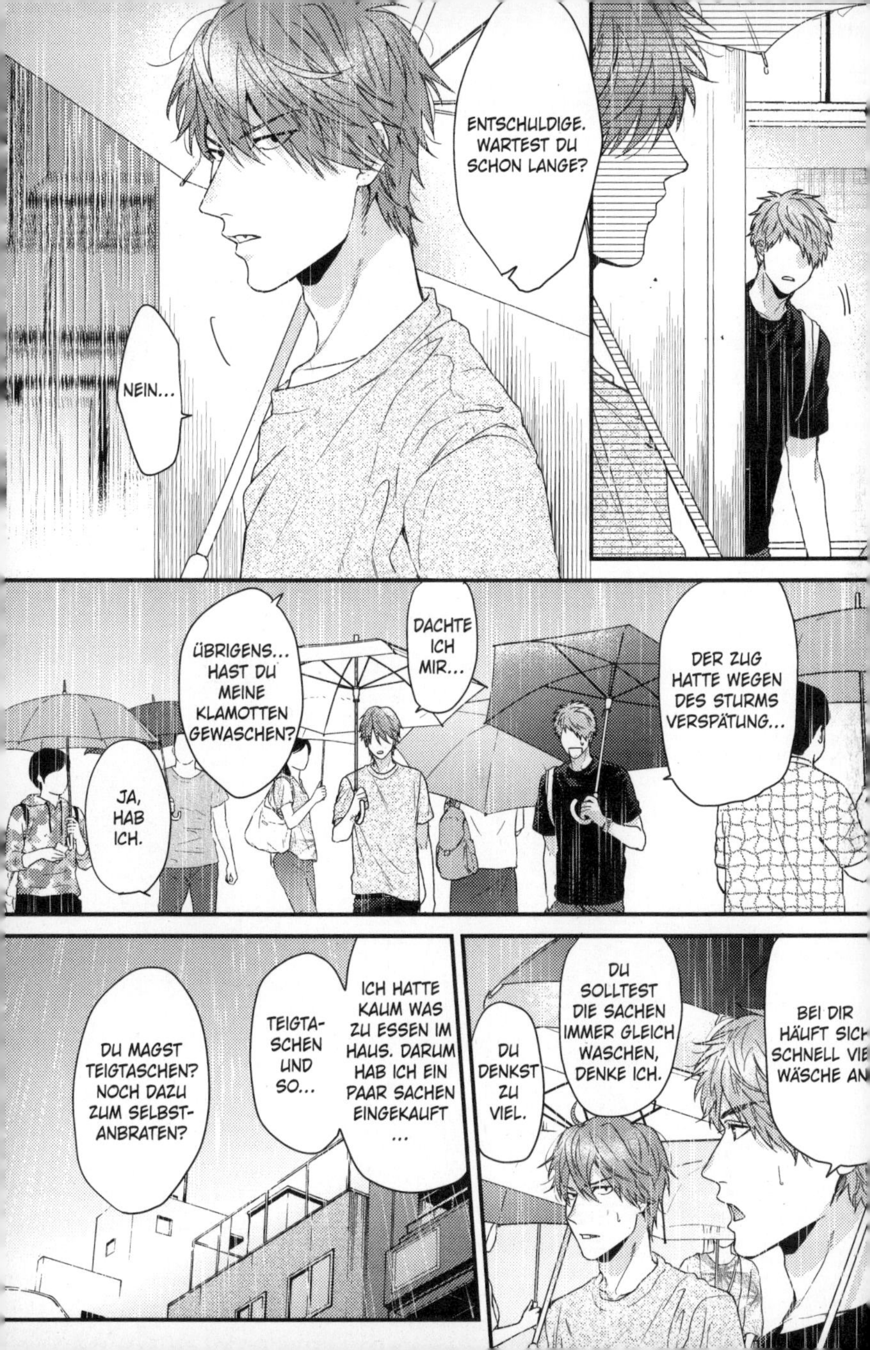
ENTSCHULDIGE. WARTEST DU SCHON LANGE?
NEIN…
DER ZUG HATTE WEGEN DES STURMS VERSPÄTUNG…
DACHTE ICH MIR…
ÜBRIGENS… HAST DU MEINE KLAMOTTEN GEWASCHEN?
JA, HAB ICH.
BEI DIR HÄUFT SIC SCHNELL VIE WÄSCHE A
DU SOLLTEST DIE SACHEN IMMER GLEICH WASCHEN, DENKE ICH.
DU DENKST ZU VIEL.
ICH HATTE KAUM WAS ZU ESSEN IM HAUS. DARUM HAB ICH EIN PAAR SACHEN EINGEKAUFT …
TEIGTA-SCHEN UND SO…
DU MAGST TEIGTASCHEN? NOCH DAZU ZUM SELBST-ANBRATEN?

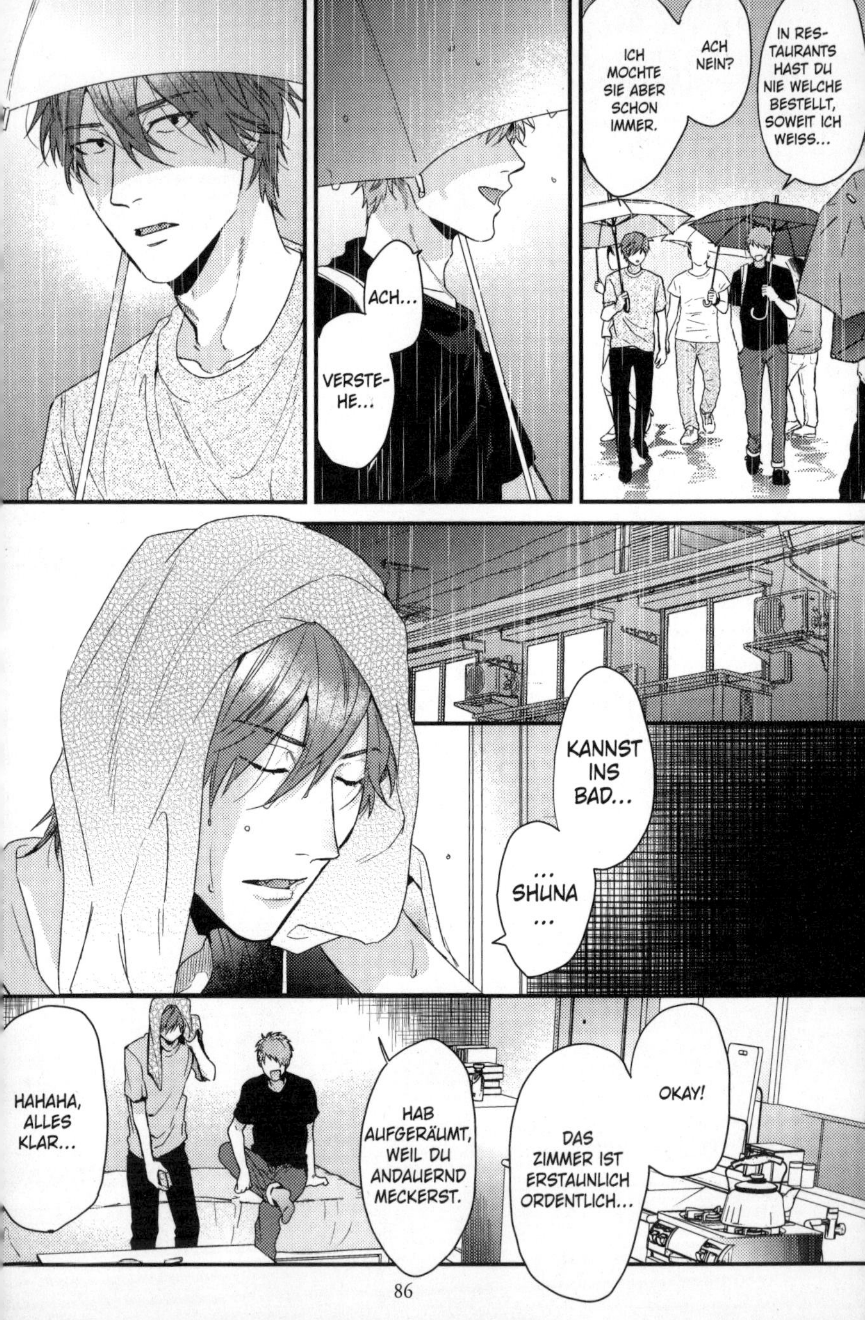
IN RESTAURANTS HAST DU NIE WELCHE BESTELLT, SOWEIT ICH WEISS…
ACH NEIN?
ICH MOCHTE SIE ABER SCHON IMMER.
ACH…
VERSTEHE…
KANNST INS BAD…
… SHŪNA …
OKAY!
DAS ZIMMER IST ERSTAUNLICH ORDENTLICH…
HAB AUFGERÄUMT, WEIL DU ANDAUERND MECKERST.
HAHAHA, ALLES KLAR…

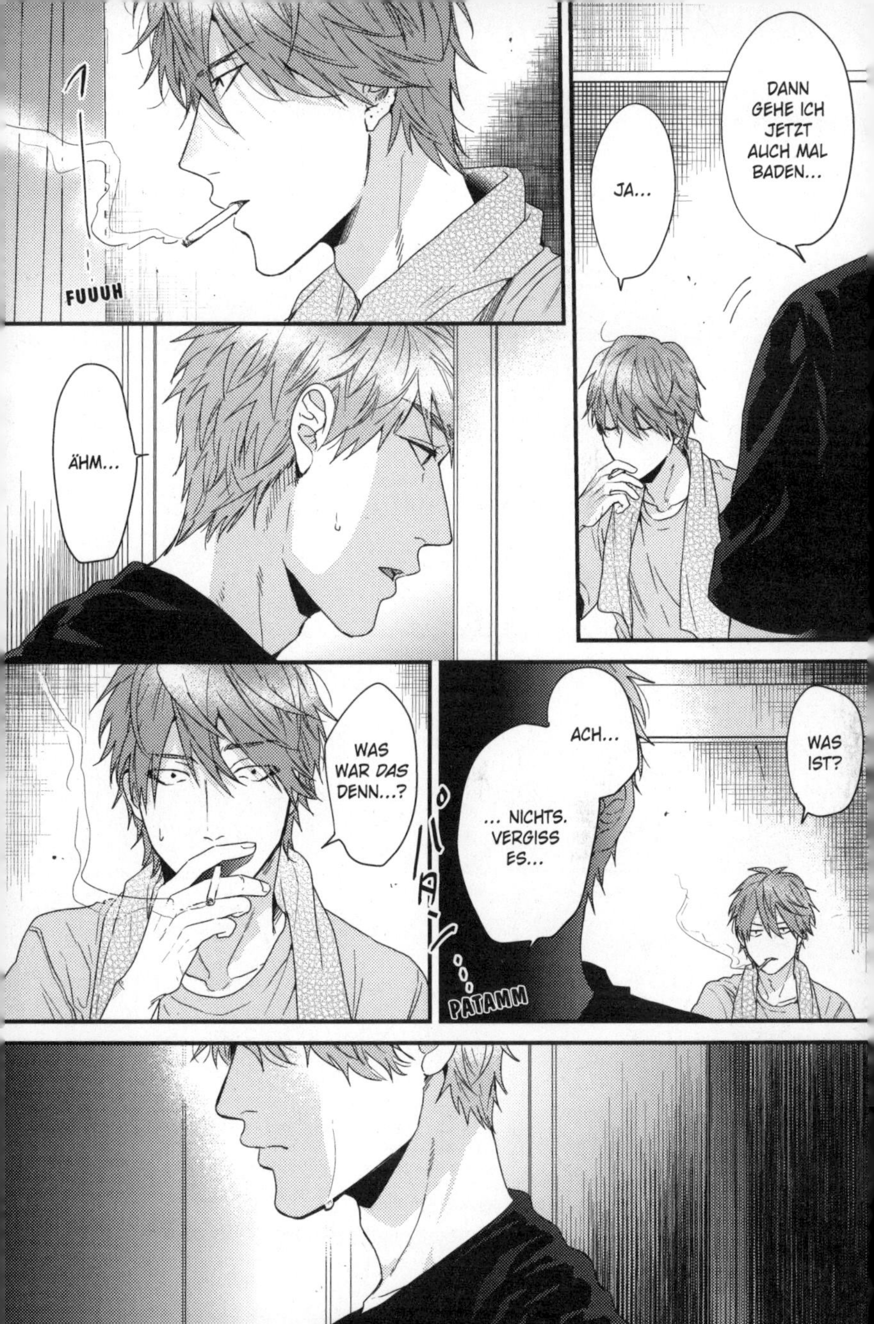
DANN GEHE ICH JETZT AUCH MAL BADEN…
JA…
FUUUH
ÄHM…
WAS IST?
ACH…
… NICHTS. VERGISS ES…
PATAMM
WAS WAR DAS DENN…?

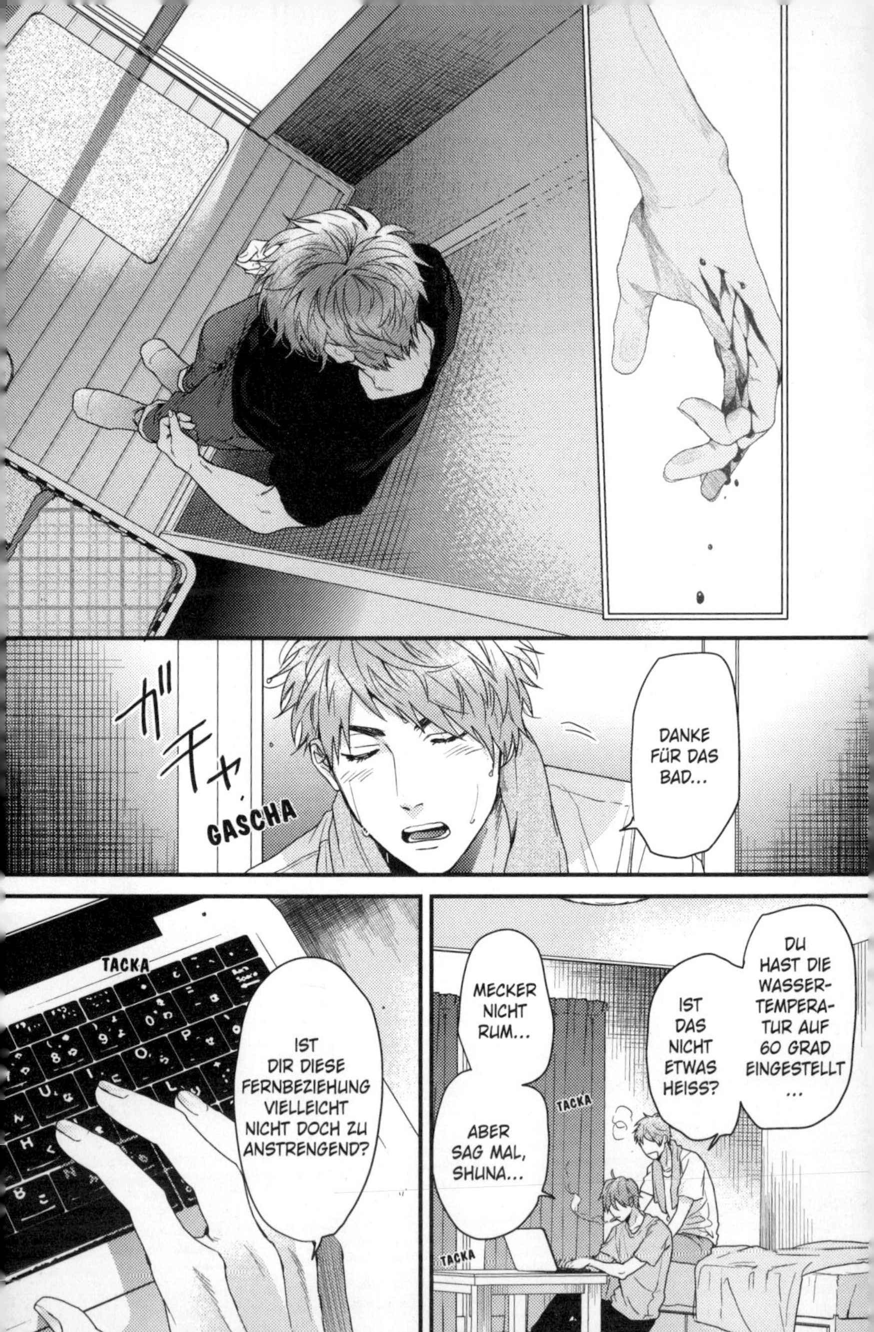
ガチャ
GASCHA
DANKE FÜR DAS BAD…
DU HAST DIE WASSER-TEMPERA-TUR AUF 60 GRAD EINGESTELLT …
IST DAS NICHT ETWAS HEISS?
MECKER NICHT RUM…
ABER SAG MAL, SHUNA…
TACKA
TACKA
IST DIR DIESE FERNBEZIEHUNG VIELLEICHT NICHT DOCH ZU ANSTRENGEND?
TACKA

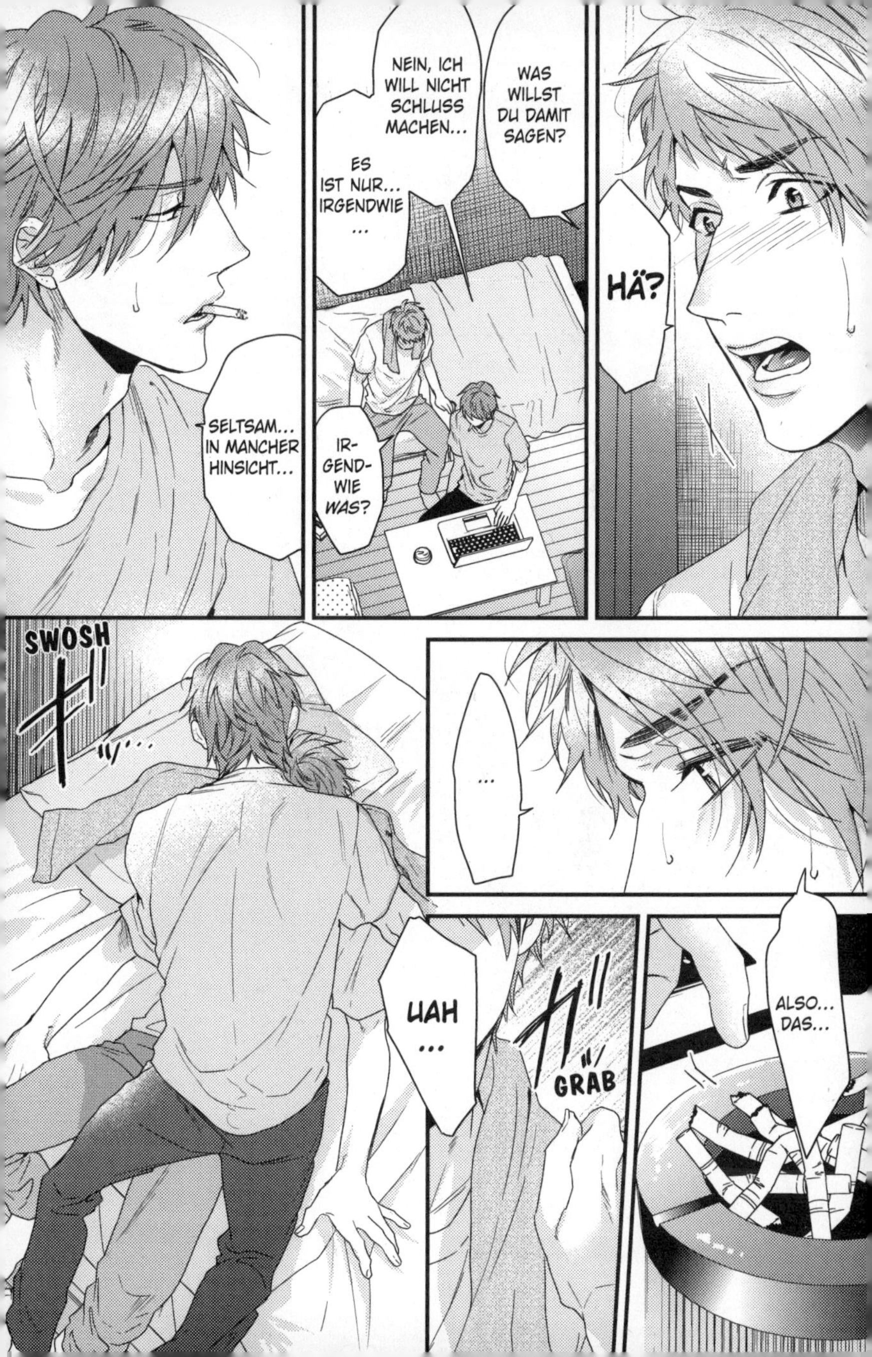
HÄ?
WAS WILLST DU DAMIT SAGEN?
NEIN, ICH WILL NICHT SCHLUSS MACHEN…
ES IST NUR… IRGENDWIE …
IR-GEND-WIE WAS?
SELTSAM… IN MANCHER HINSICHT…
…
ALSO… DAS…
GRAB
UAH …
SWOSH

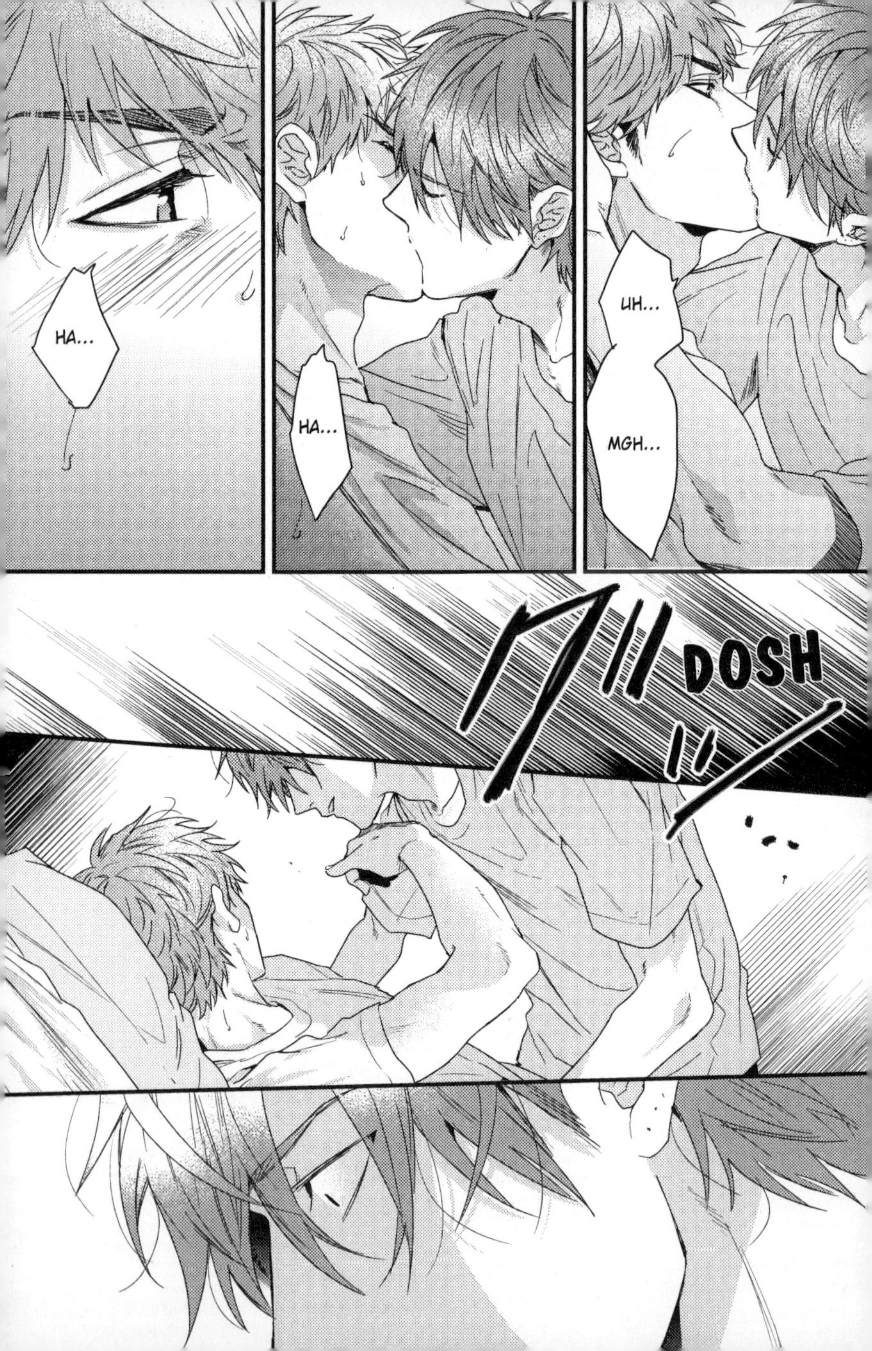
UH...
MGH...
HA...
HA...
DOSH

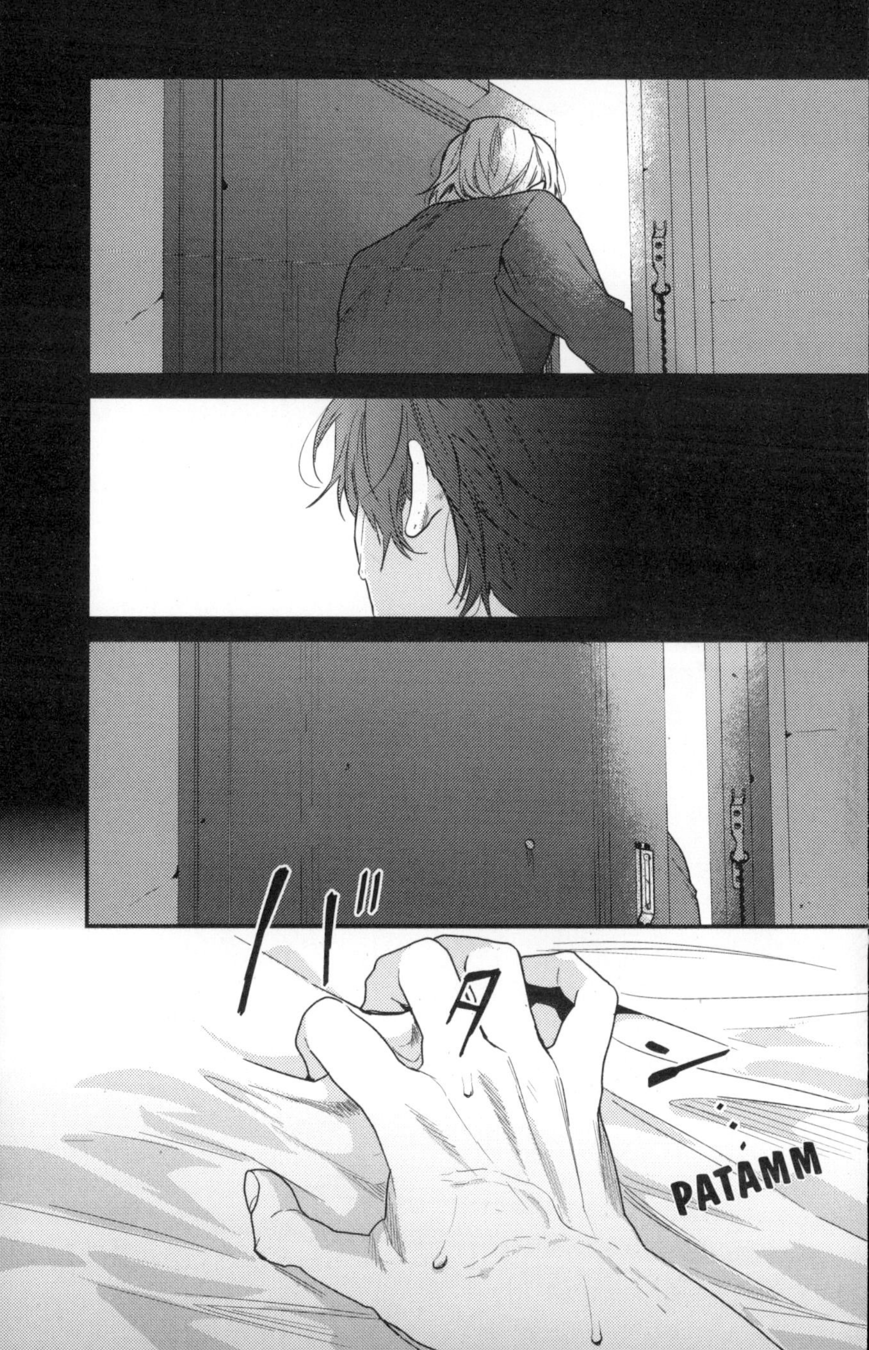
PATAMM

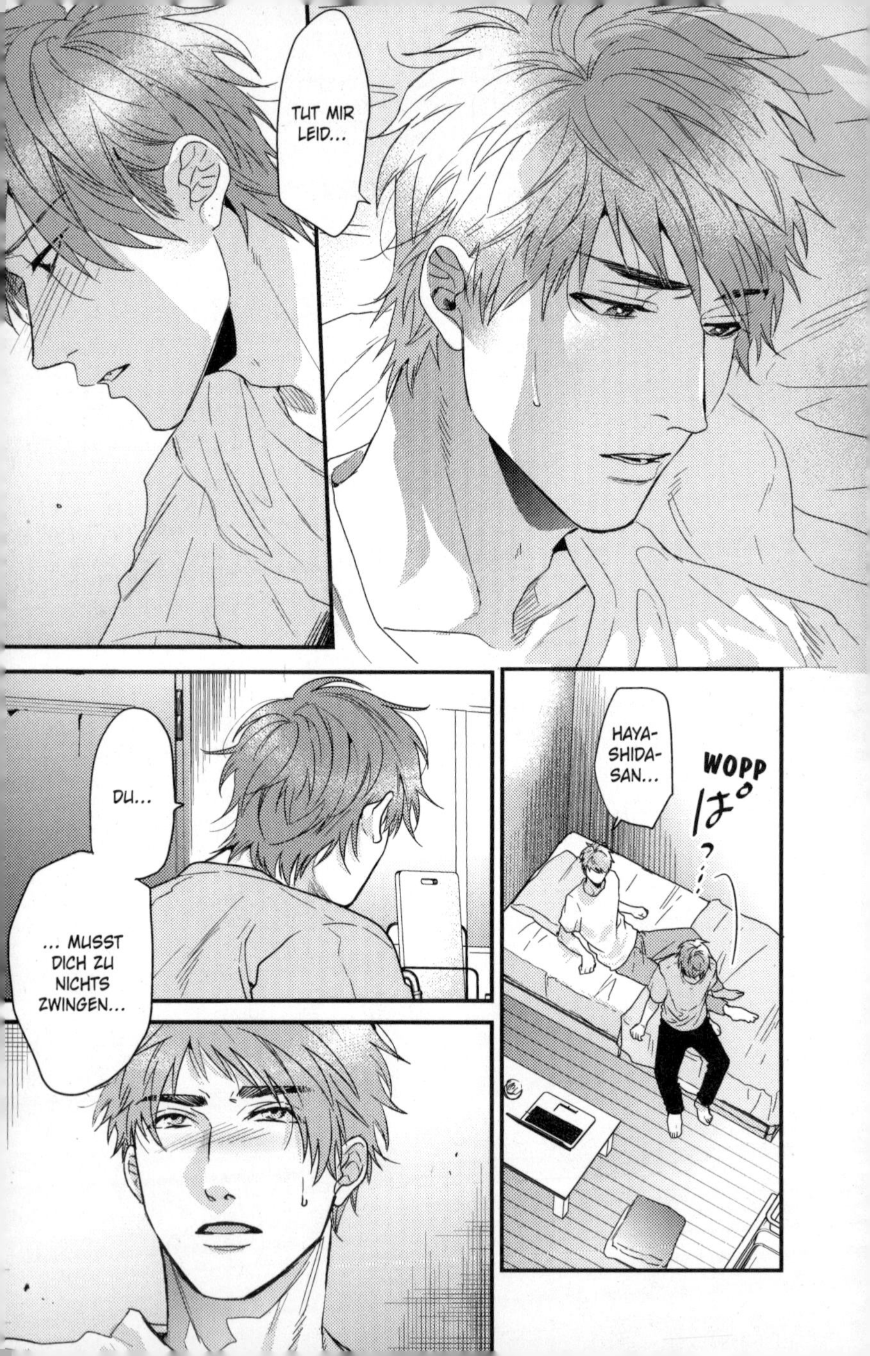
TUT MIR LEID…
HAYA-SHIDA-SAN…
WOPP
ぱっ
DU…
… MUSST DICH ZU NICHTS ZWINGEN…

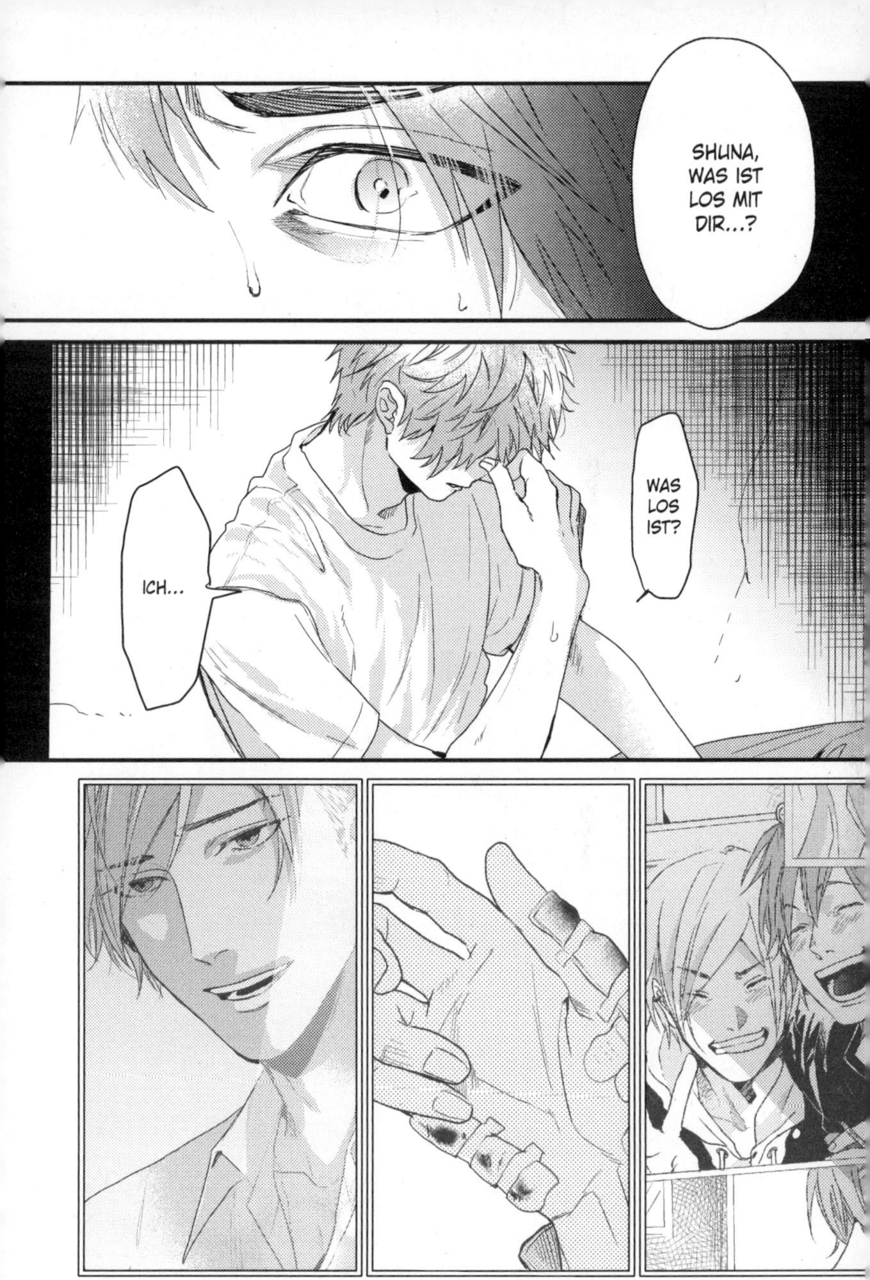

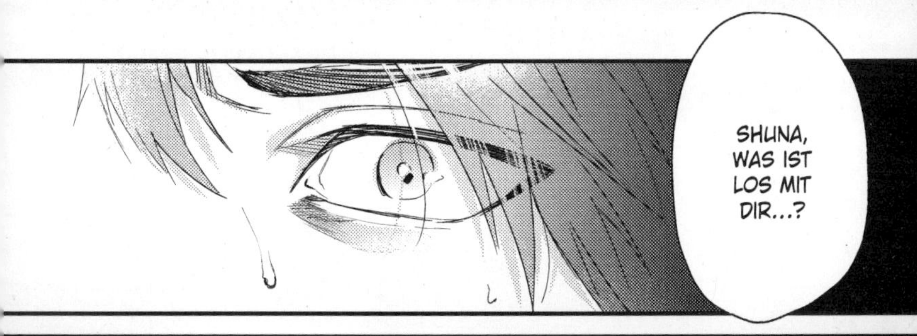
SHUNA,
WAS IST
LOS MIT
DIR...?

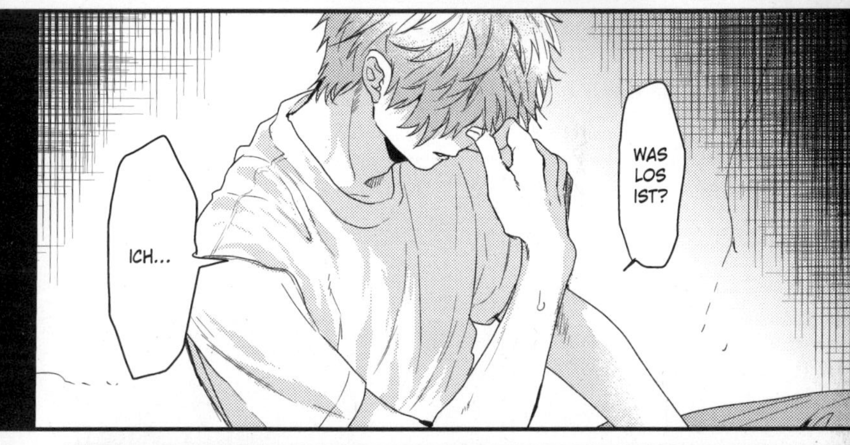
WAS
LOS
IST?
ICH...

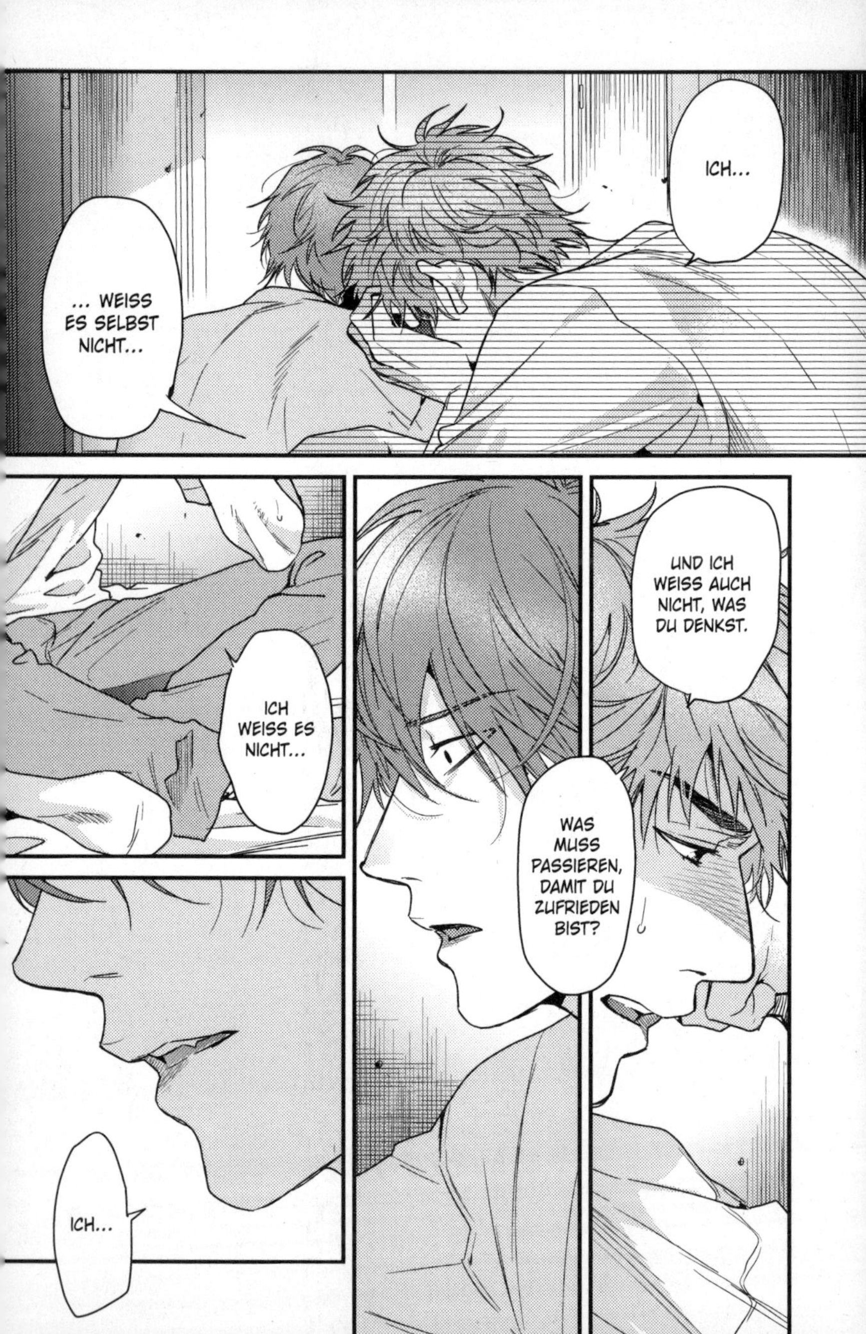
ICH...
... WEISS ES SELBST NICHT...
UND ICH WEISS AUCH NICHT, WAS DU DENKST.
WAS MUSS PASSIEREN, DAMIT DU ZUFRIEDEN BIST?
ICH WEISS ES NICHT...
ICH...

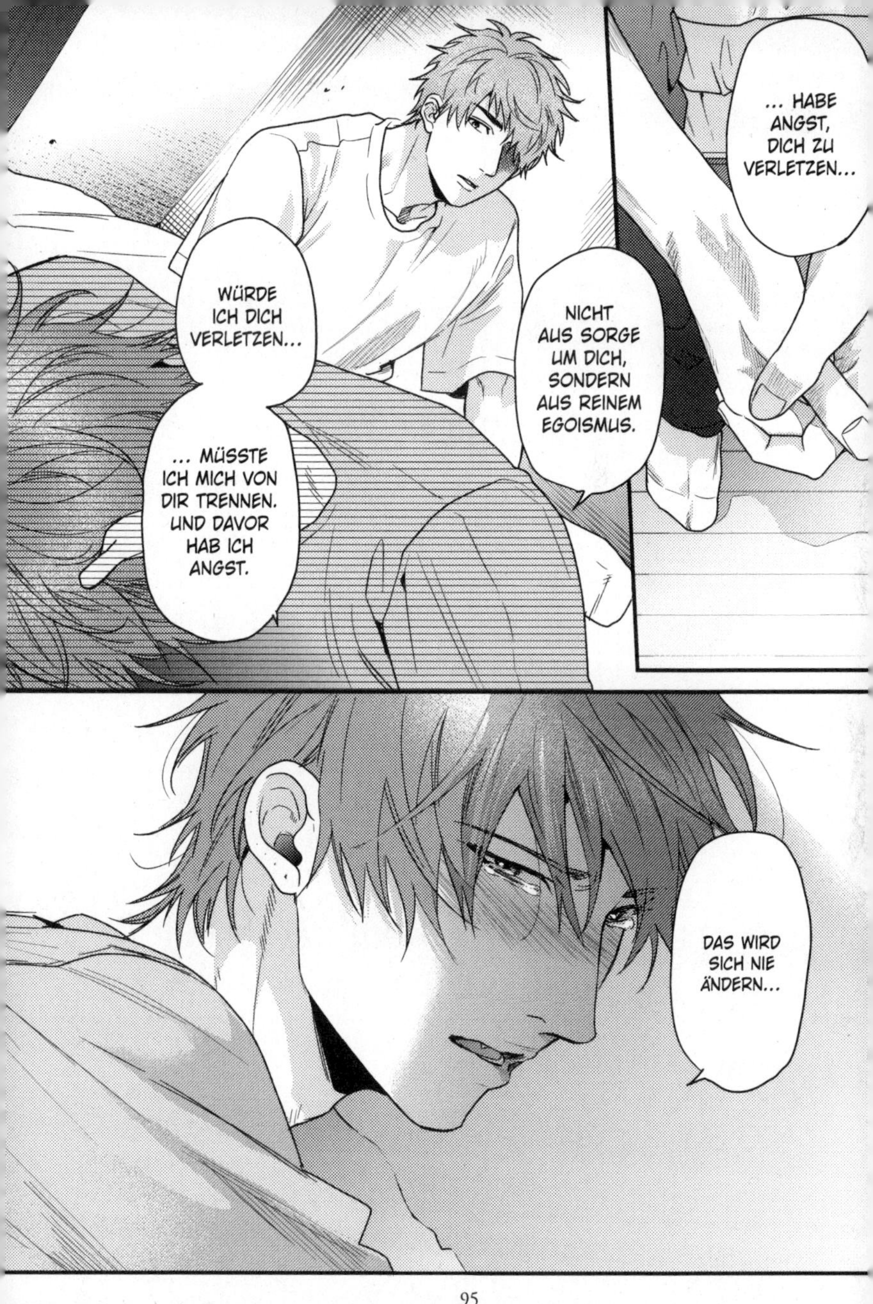
... HABE ANGST, DICH ZU VERLETZEN...
NICHT AUS SORGE UM DICH, SONDERN AUS REINEM EGOISMUS.
WÜRDE ICH DICH VERLETZEN...
... MÜSSTE ICH MICH VON DIR TRENNEN. UND DAVOR HAB ICH ANGST.
DAS WIRD SICH NIE ÄNDERN...

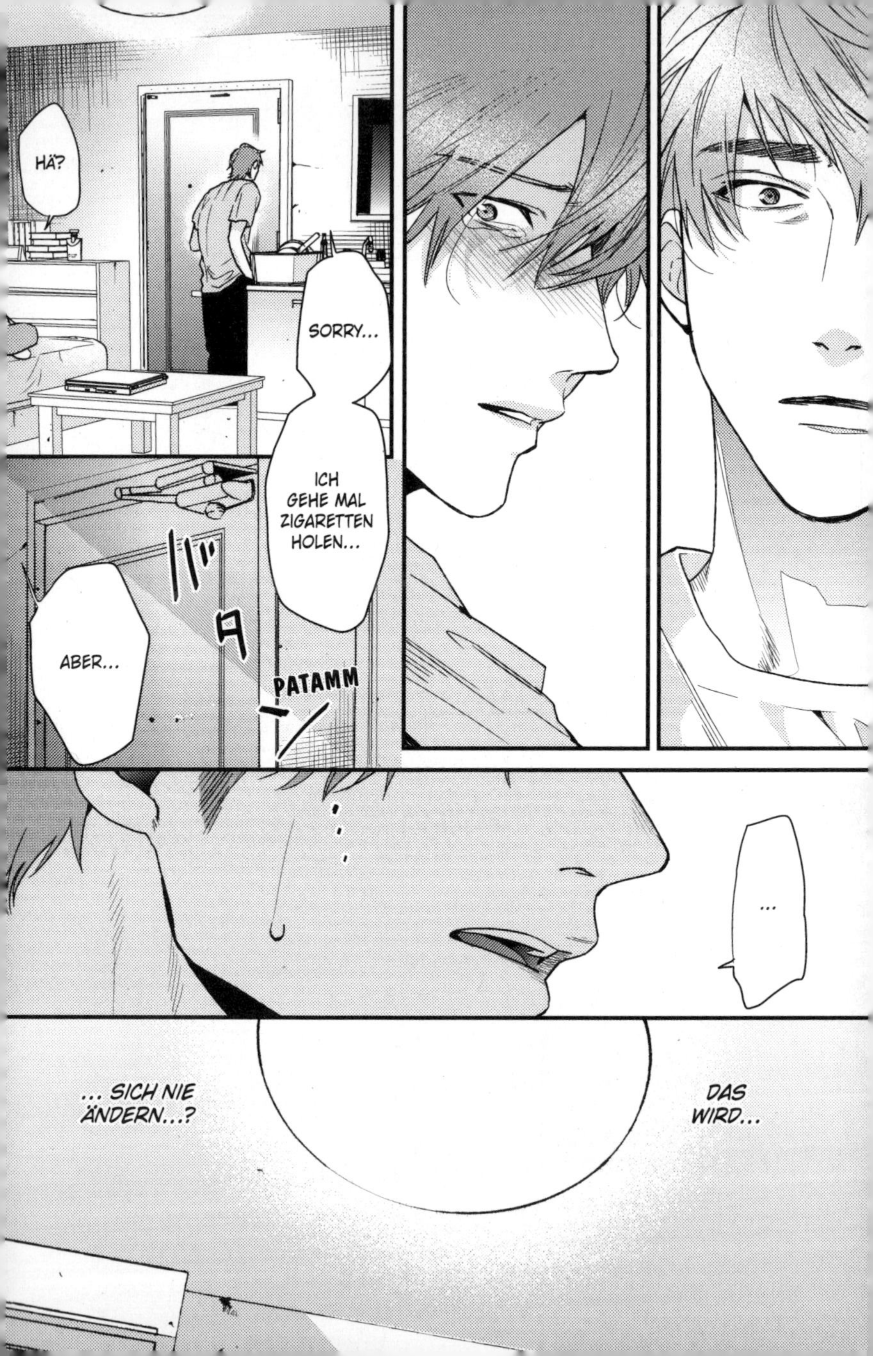
SORRY...
ICH GEHE MAL ZIGARETTEN HOLEN...
HÄ?
ABER...
PATAMM
...
DAS WIRD...
... SICH NIE ÄNDERN...?

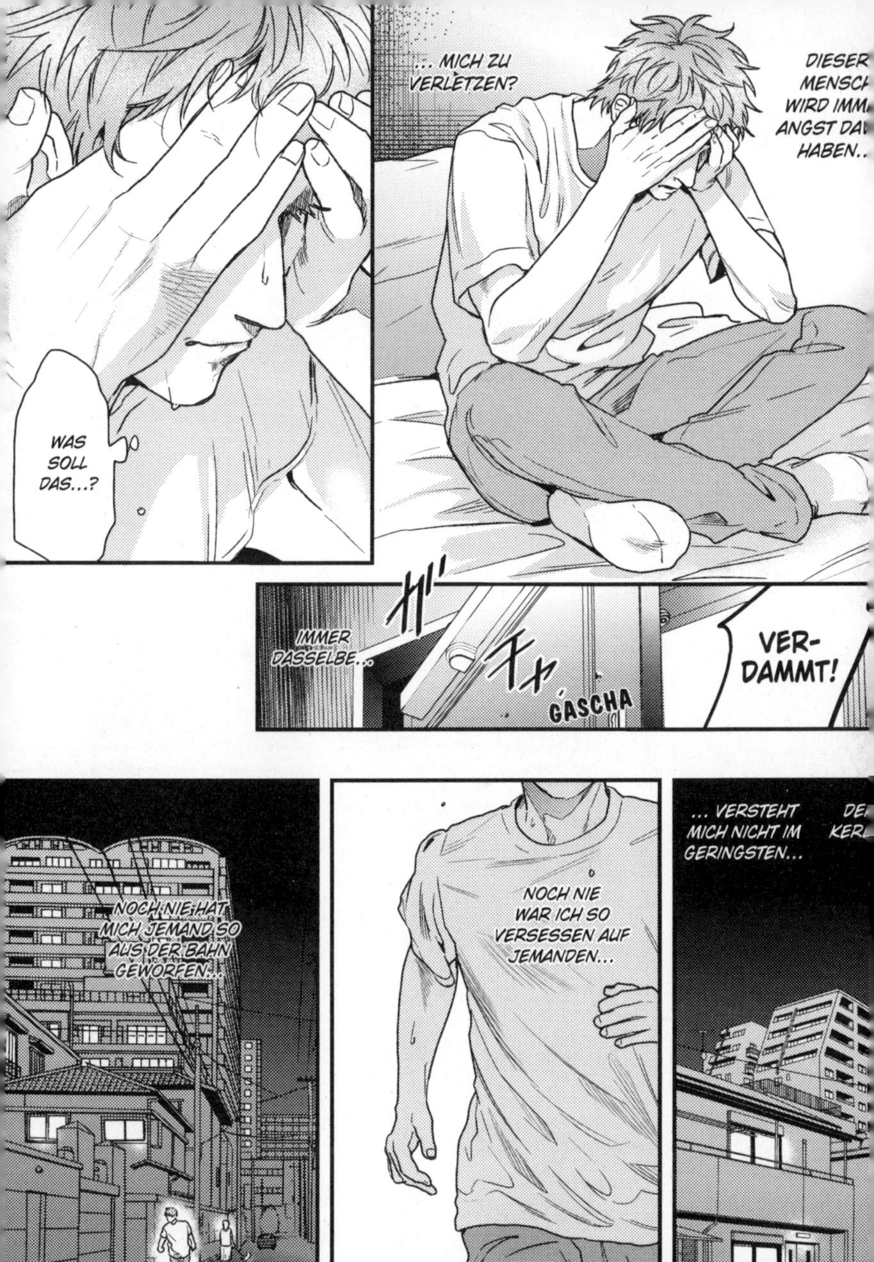

DIESER MENSC WIRD IMM ANGST DAV HABEN..
... MICH ZU VERLETZEN?
WAS SOLL DAS...?
VER-DAMMT!
GASCHA
IMMER DASSELBE...
... VERSTEHT MICH NICHT IM GERINGSTEN...
NOCH NIE WAR ICH SO VERSESSEN AUF JEMANDEN...
NOCH NIE HAT MICH JEMAND SO AUS DER BAHN GEWORFEN...

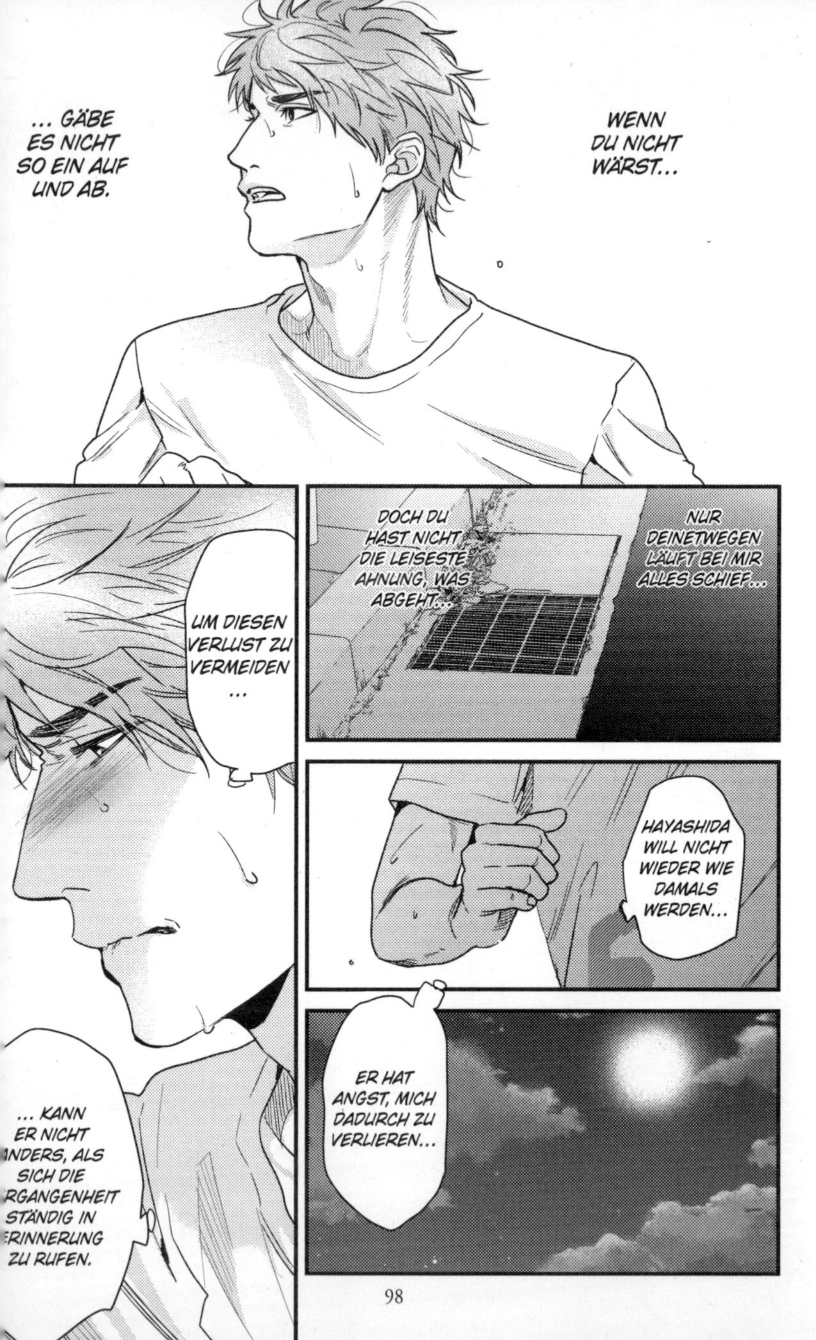
WENN DU NICHT WÄRST…
… GÄBE ES NICHT SO EIN AUF UND AB.
NUR DEINETWEGEN LÄUFT BEI MIR ALLES SCHIEF…
DOCH DU HAST NICHT DIE LEISESTE AHNUNG, WAS ABGEHT…
HAYASHIDA WILL NICHT WIEDER WIE DAMALS WERDEN…
ER HAT ANGST, MICH DADURCH ZU VERLIEREN…
UM DIESEN VERLUST ZU VERMEIDEN …
… KANN ER NICHT ANDERS, ALS SICH DIE …RGANGENHEIT STÄNDIG IN ERINNERUNG ZU RUFEN.

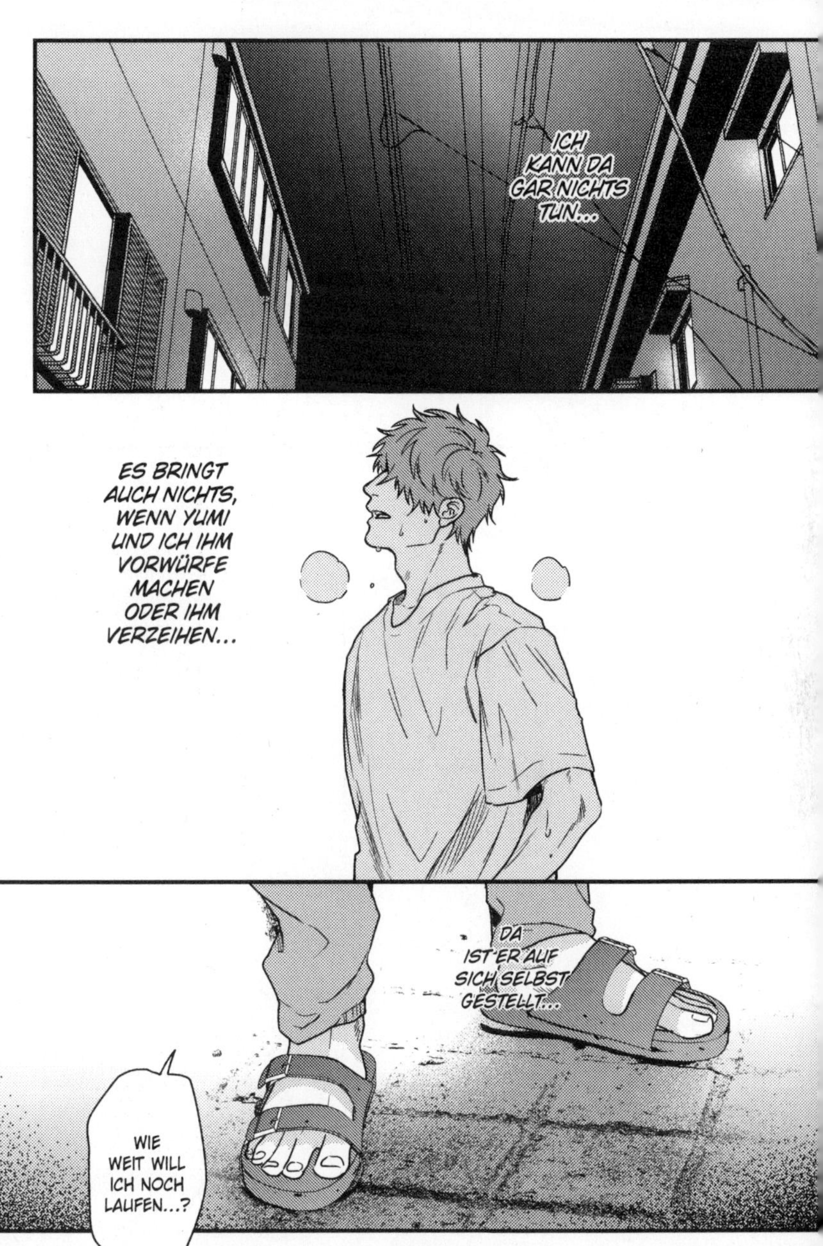
ICH KANN DA GAR NICHTS TUN...
ES BRINGT AUCH NICHTS, WENN YUMI UND ICH IHM VORWÜRFE MACHEN ODER IHM VERZEIHEN...
DA IST ER AUF SICH SELBST GESTELLT...
WIE WEIT WILL ICH NOCH LAUFEN...?

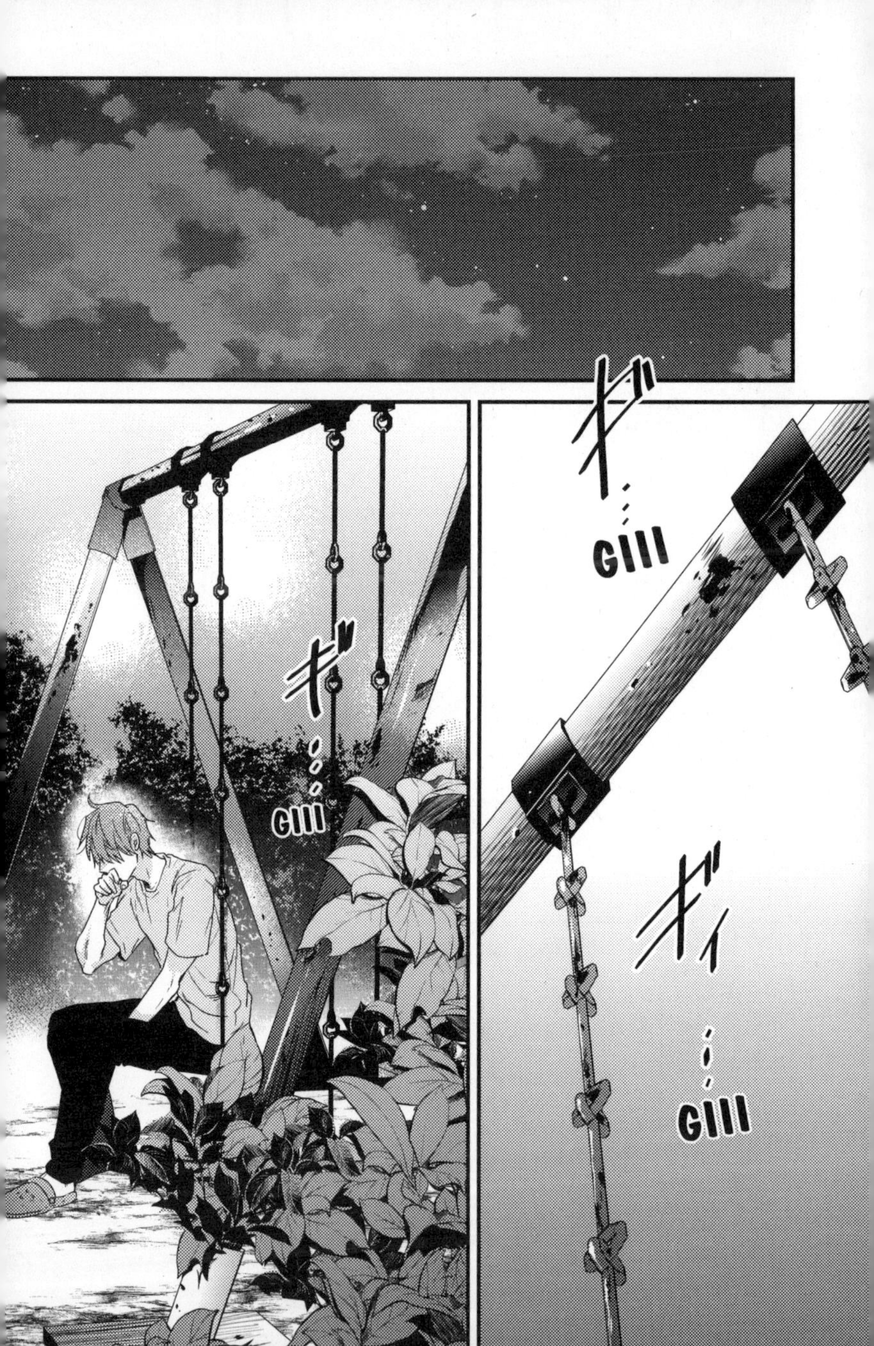
GIII
GIII
GIII

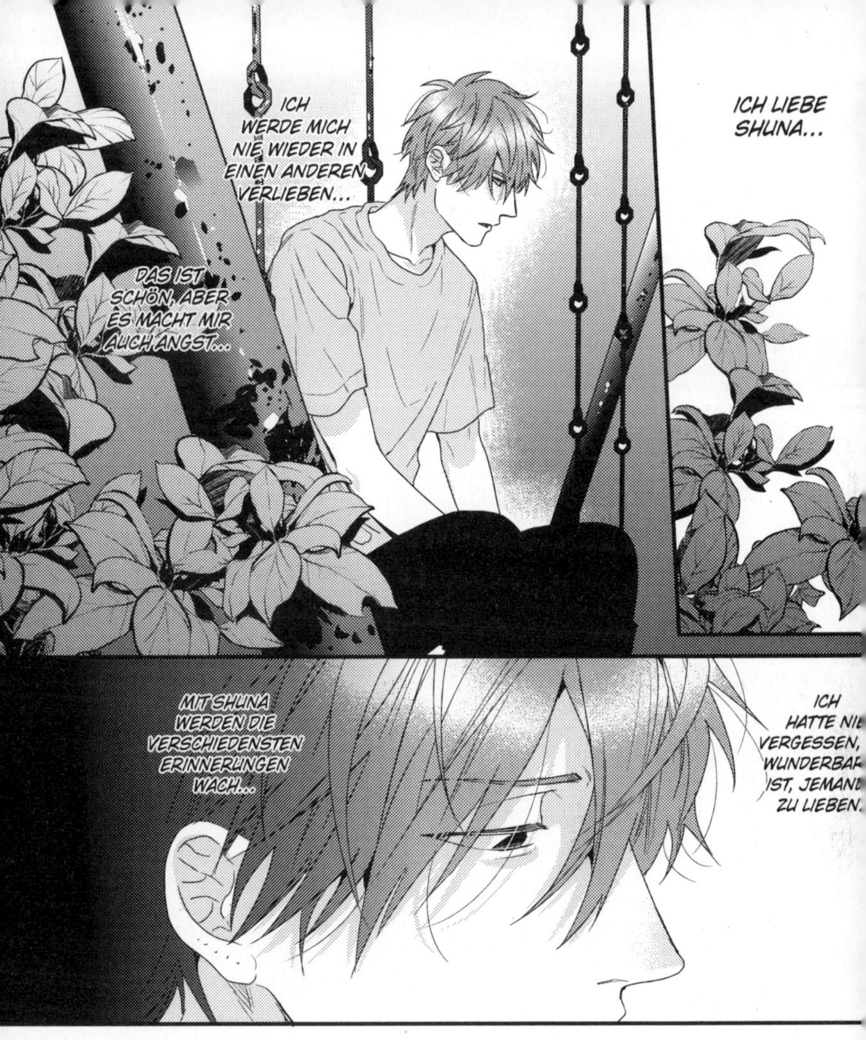

... AUCH SOLCHE, DIE NIE ZURÜCKGEKOMMEN WÄREN, HÄTTE ICH IHN NICHT GETROFFEN...

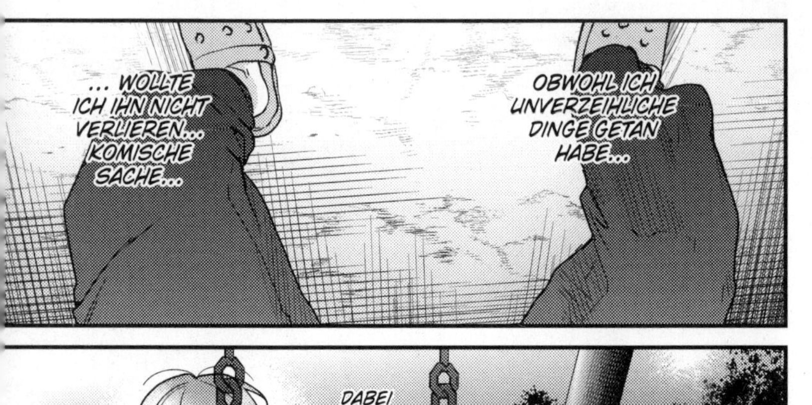
OBWOHL ICH UNVERZEIHLICHE DINGE GETAN HABE...
... WOLLTE ICH IHN NICHT VERLIEREN... KOMISCHE SACHE...

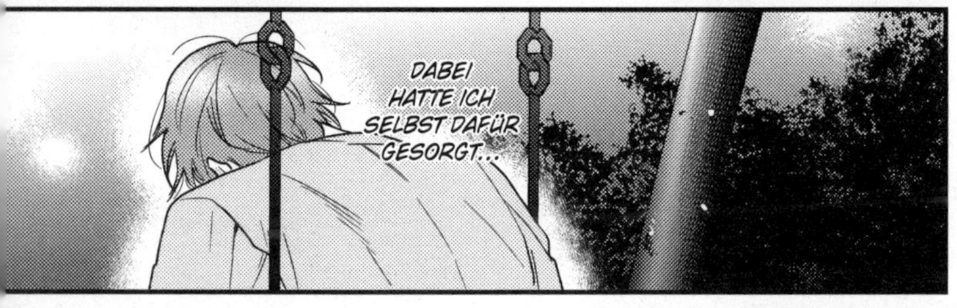
DABEI HATTE ICH SELBST DAFÜR GESORGT...

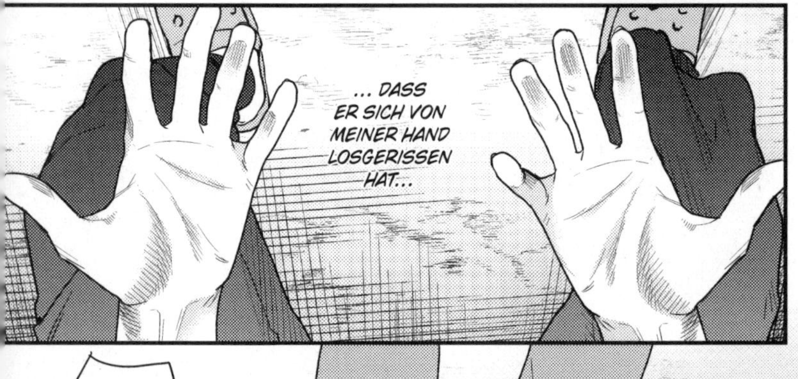
... DASS ER SICH VON MEINER HAND LOSGERISSEN HAT...

DOCH WAS SHUNA ANGEHT...
HAYASHI-DA-SAN!!

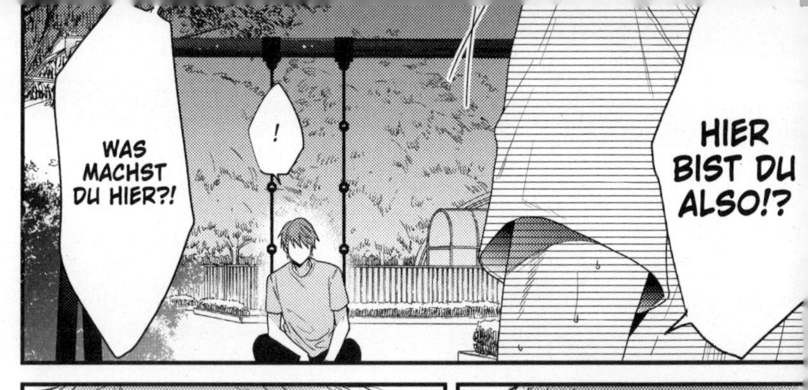
HIER BIST DU ALSO!?
!
WAS MACHST DU HIER?!

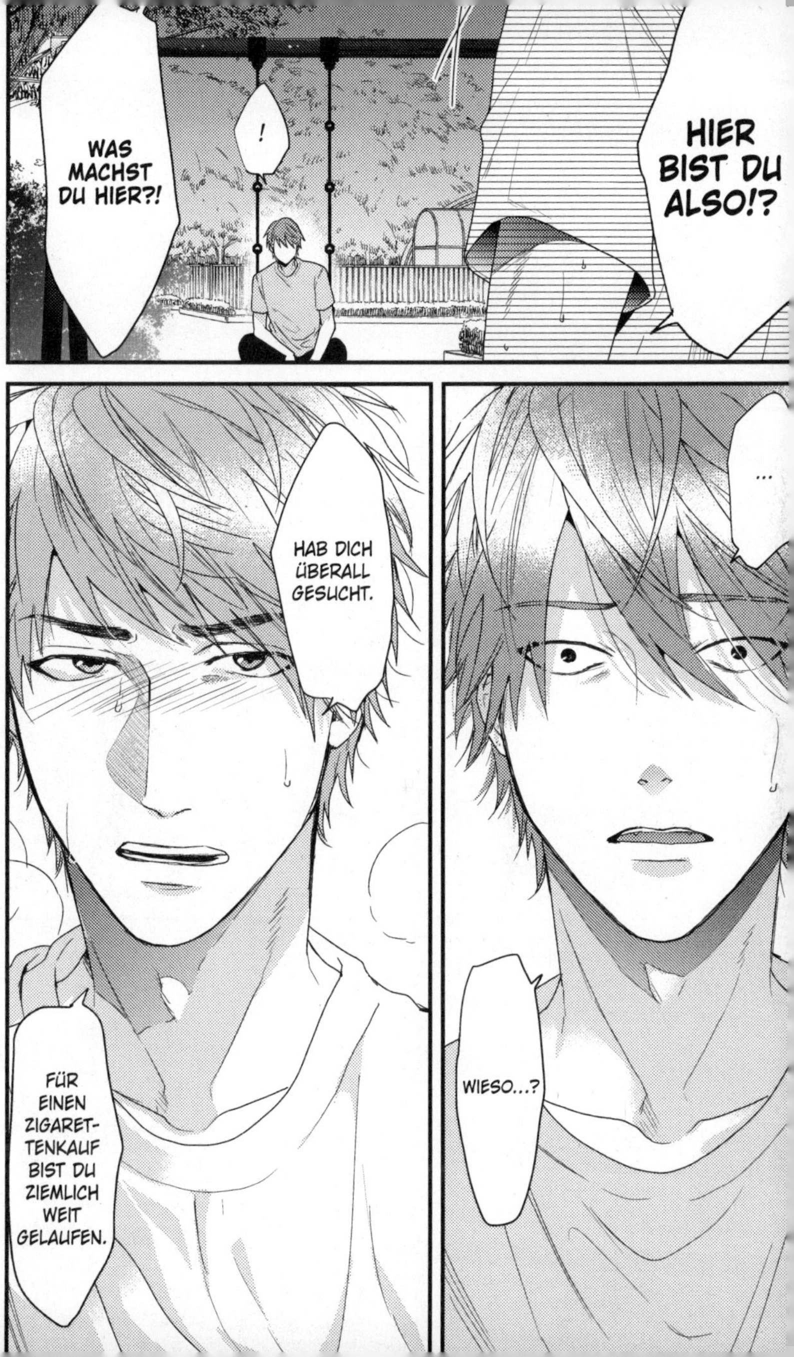

...
WIESO...?
HAB DICH ÜBERALL GESUCHT.
FÜR EINEN ZIGARET-TENKAUF BIST DU ZIEMLICH WEIT GELAUFEN.

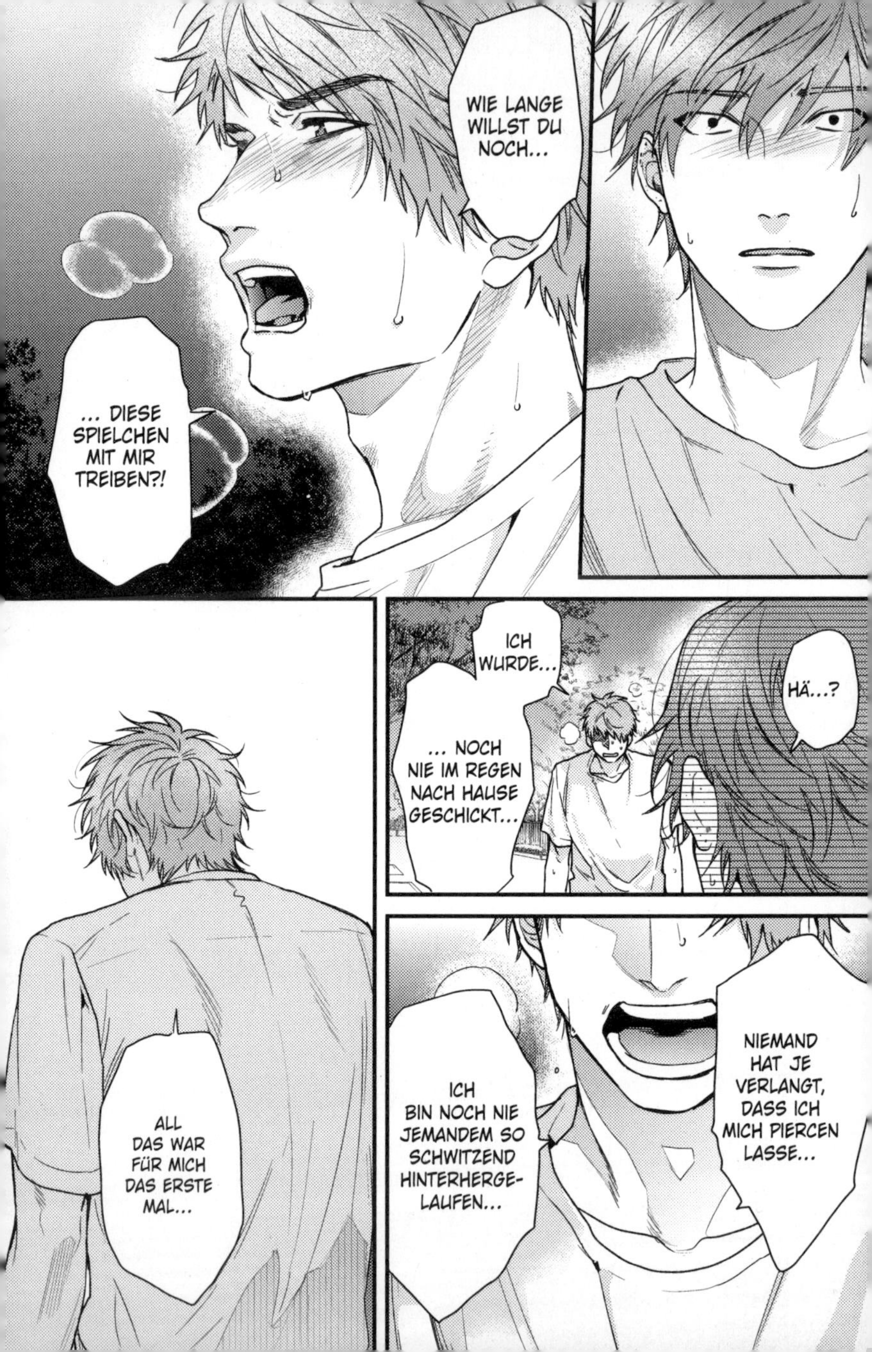
WIE LANGE WILLST DU NOCH...
... DIESE SPIELCHEN MIT MIR TREIBEN?!
HÄ...?
ICH WURDE...
... NOCH NIE IM REGEN NACH HAUSE GESCHICKT...
NIEMAND HAT JE VERLANGT, DASS ICH MICH PIERCEN LASSE...
ICH BIN NOCH NIE JEMANDEM SO SCHWITZEND HINTERHERGE-LAUFEN...
ALL DAS WAR FÜR MICH DAS ERSTE MAL...

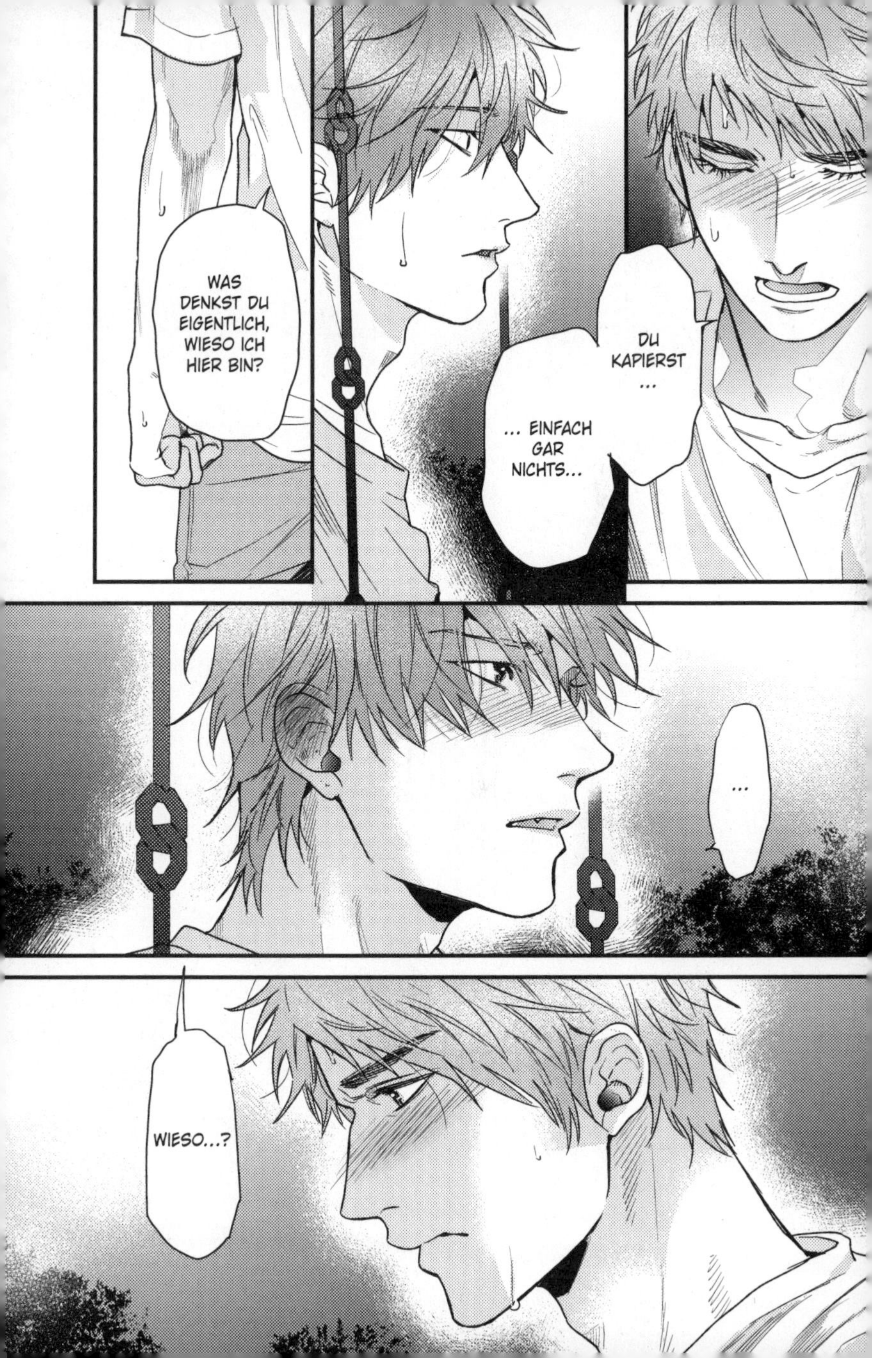
DU KAPIERST …
… EINFACH GAR NICHTS…
WAS DENKST DU EIGENTLICH, WIESO ICH HIER BIN?
…
WIESO…?

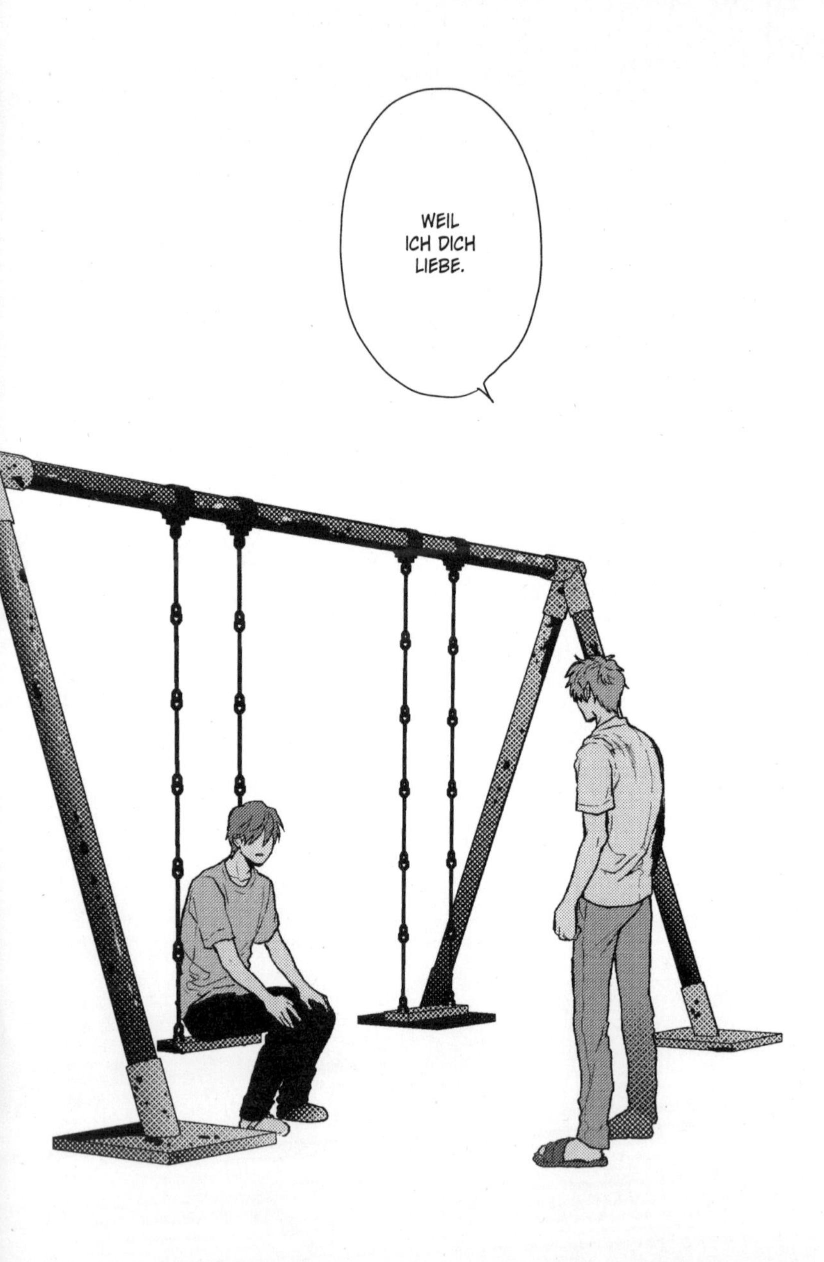
WEIL
ICH DICH
LIEBE.

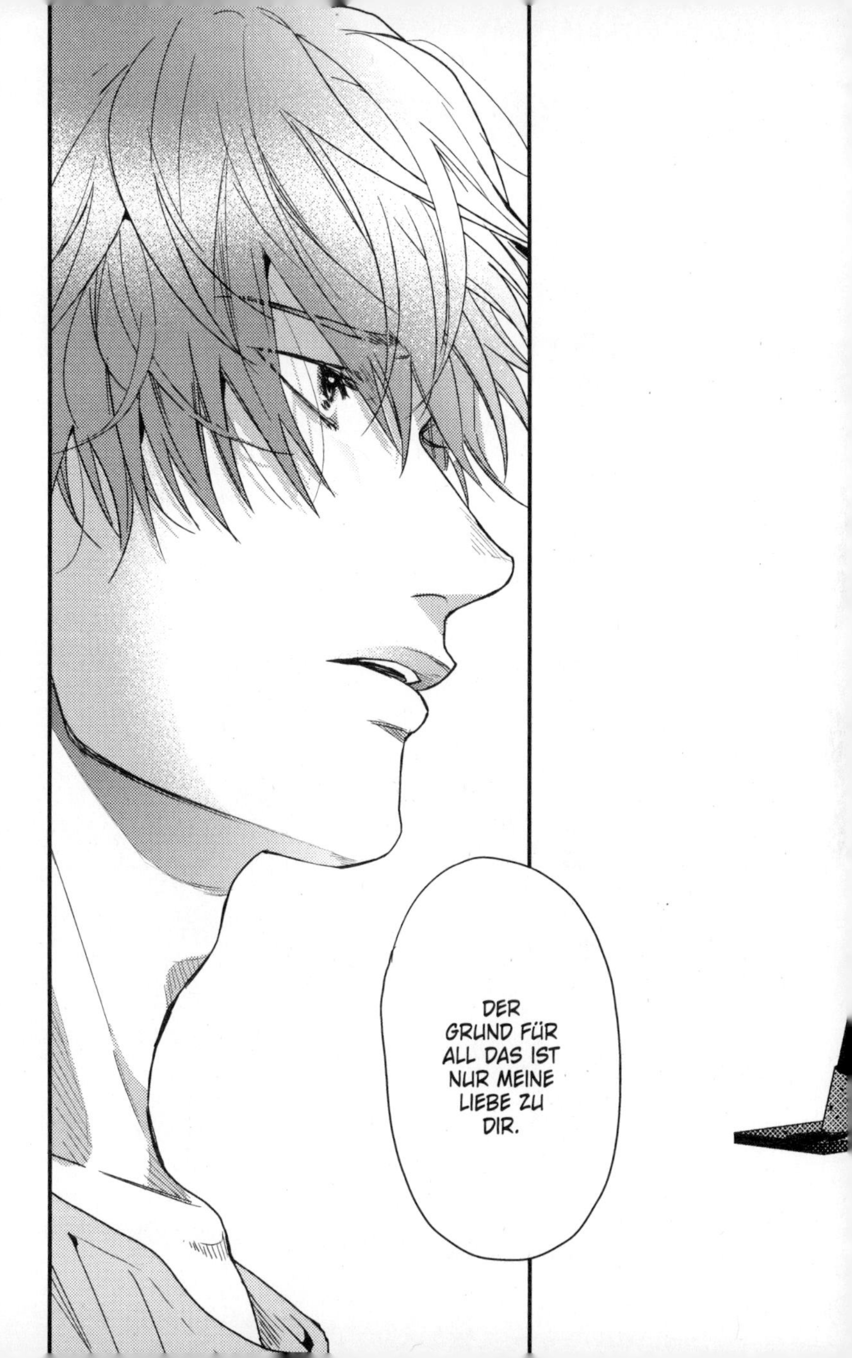
DER GRUND FÜR ALL DAS IST NUR MEINE LIEBE ZU DIR.

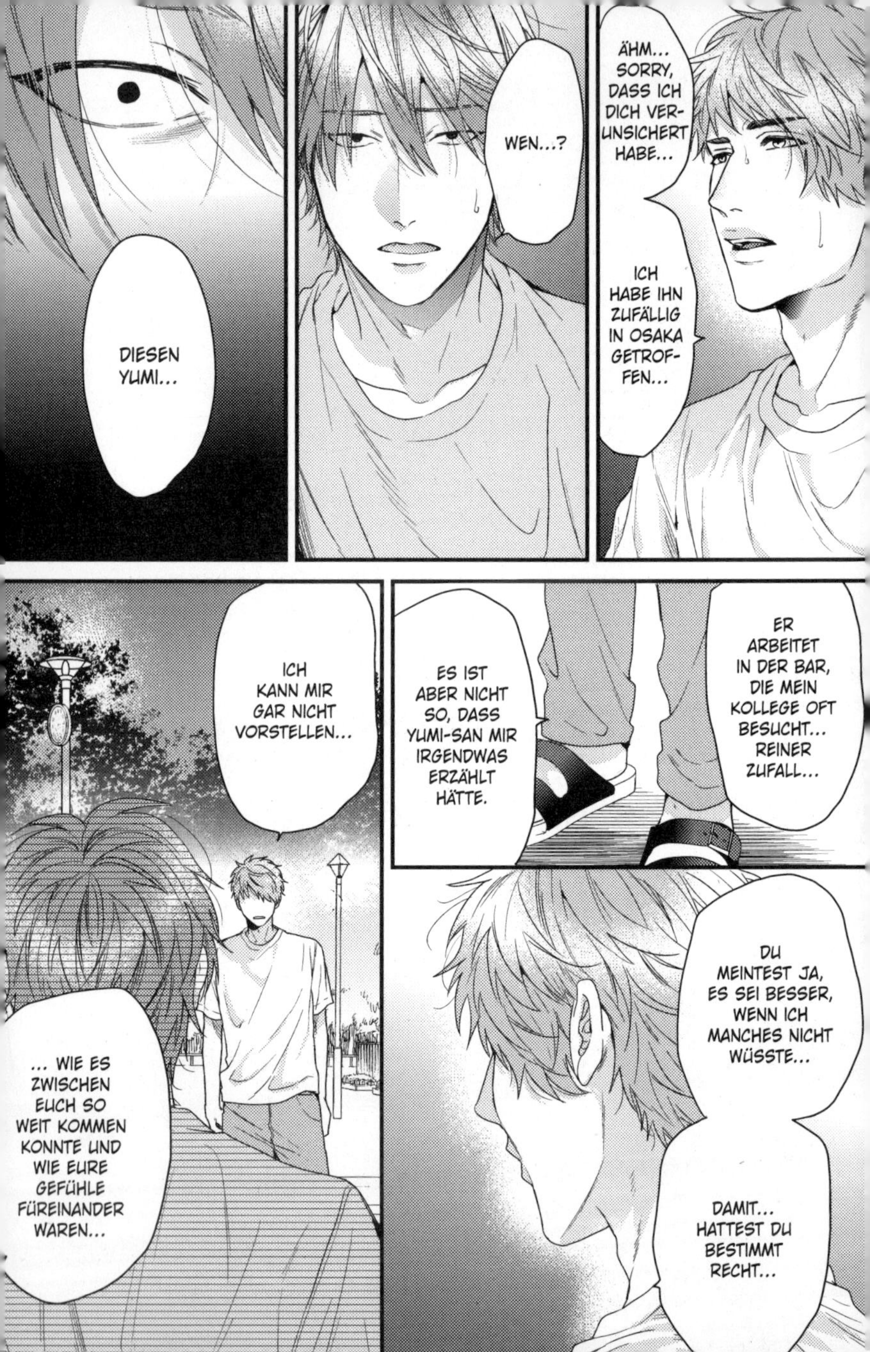
ÄHM... SORRY, DASS ICH DICH VERUNSICHERT HABE...
ICH HABE IHN ZUFÄLLIG IN OSAKA GETROFFEN...
WEN...?
DIESEN YUMI...
ER ARBEITET IN DER BAR, DIE MEIN KOLLEGE OFT BESUCHT... REINER ZUFALL...
ES IST ABER NICHT SO, DASS YUMI-SAN MIR IRGENDWAS ERZÄHLT HÄTTE.
DU MEINTEST JA, ES SEI BESSER, WENN ICH MANCHES NICHT WÜSSTE...
DAMIT... HATTEST DU BESTIMMT RECHT...
ICH KANN MIR GAR NICHT VORSTELLEN...
... WIE ES ZWISCHEN EUCH SO WEIT KOMMEN KONNTE UND WIE EURE GEFÜHLE FÜREINANDER WAREN...

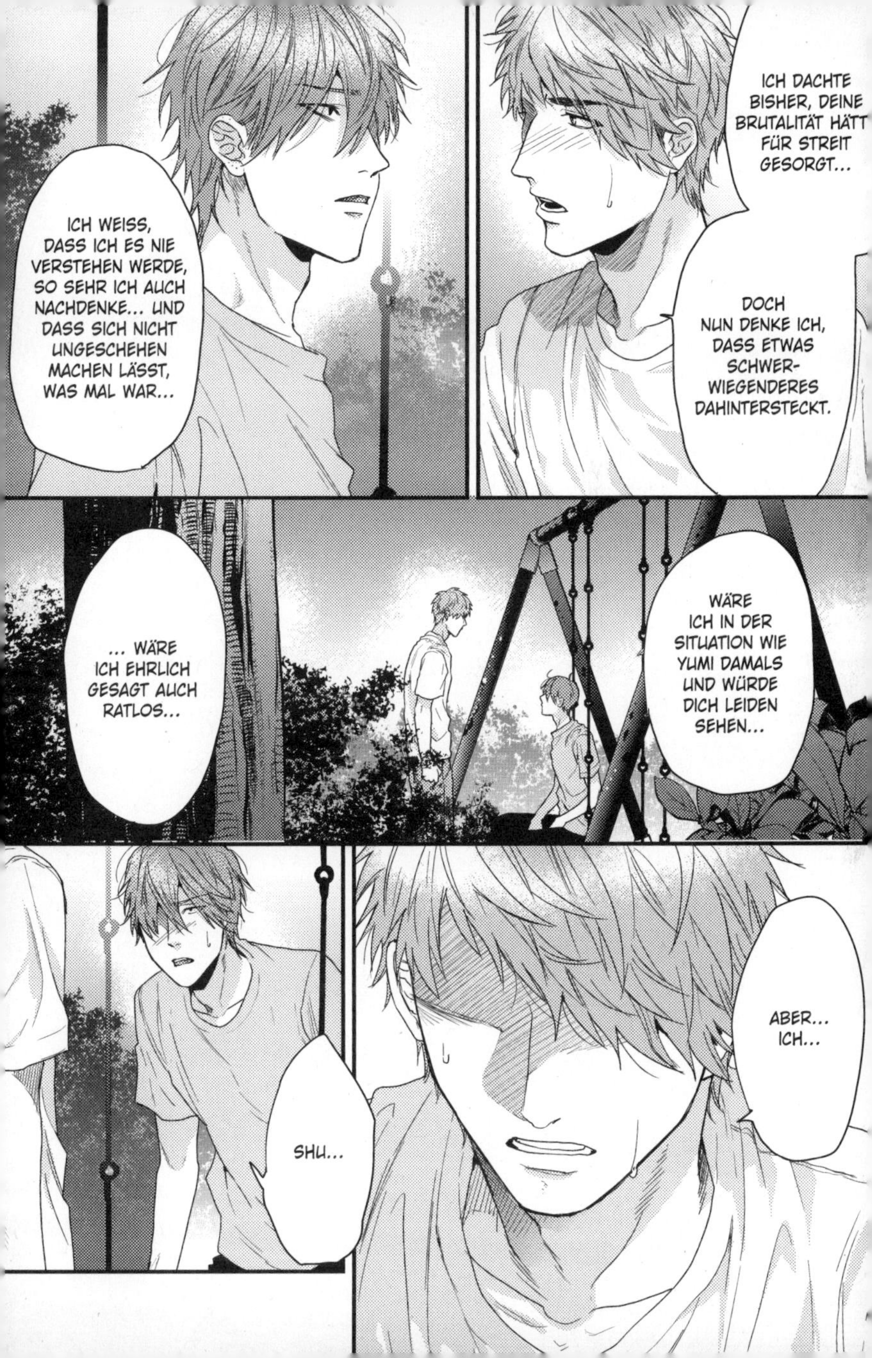
ICH DACHTE BISHER, DEINE BRUTALITÄT HÄTT FÜR STREIT GESORGT...
DOCH NUN DENKE ICH, DASS ETWAS SCHWER-WIEGENDERES DAHINTERSTECKT.
ICH WEISS, DASS ICH ES NIE VERSTEHEN WERDE, SO SEHR ICH AUCH NACHDENKE... UND DASS SICH NICHT UNGESCHEHEN MACHEN LÄSST, WAS MAL WAR...
WÄRE ICH IN DER SITUATION WIE YUMI DAMALS UND WÜRDE DICH LEIDEN SEHEN...
... WÄRE ICH EHRLICH GESAGT AUCH RATLOS...
ABER... ICH...
SHU...

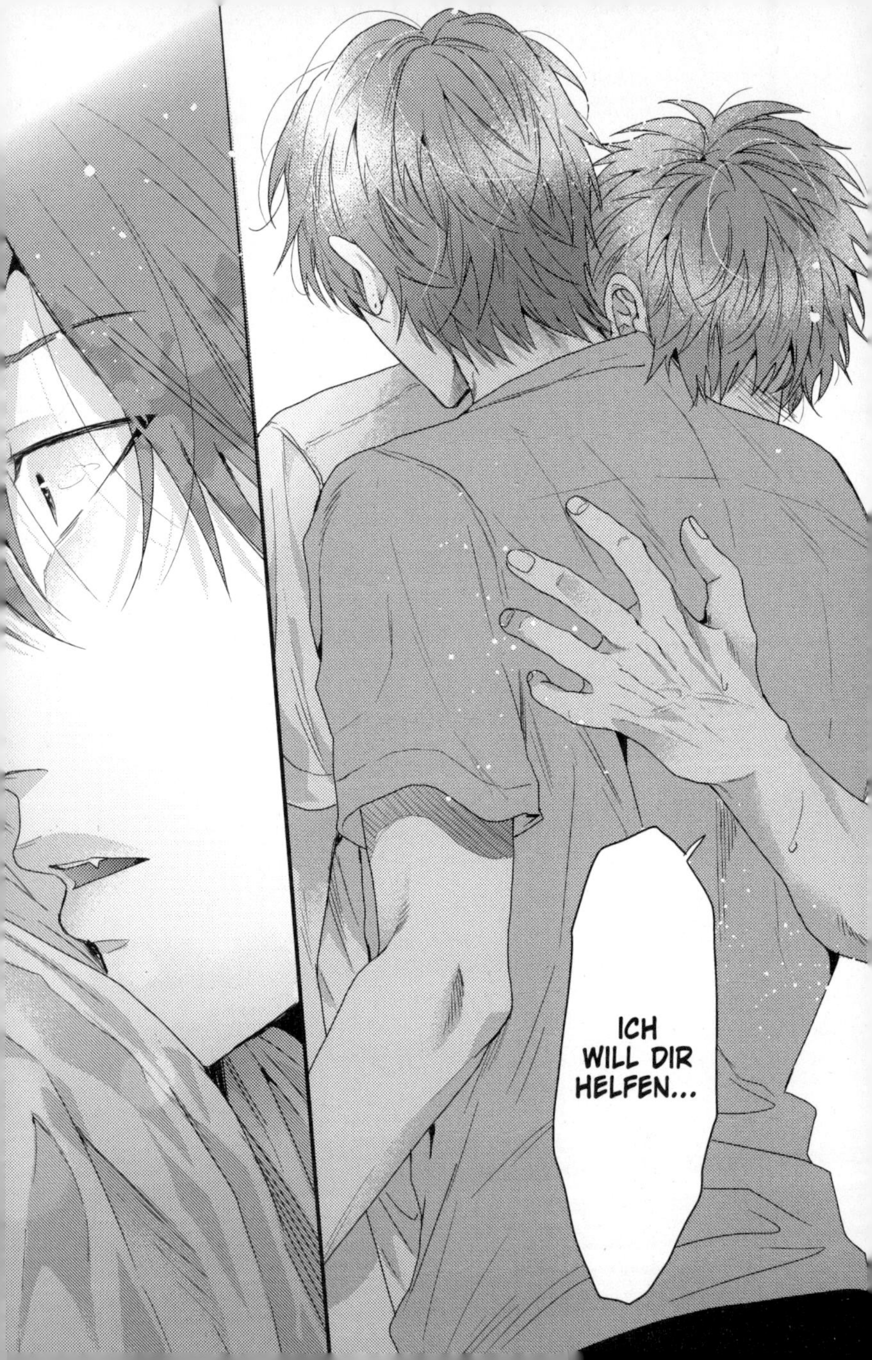
ICH
WILL DIR
HELFEN...

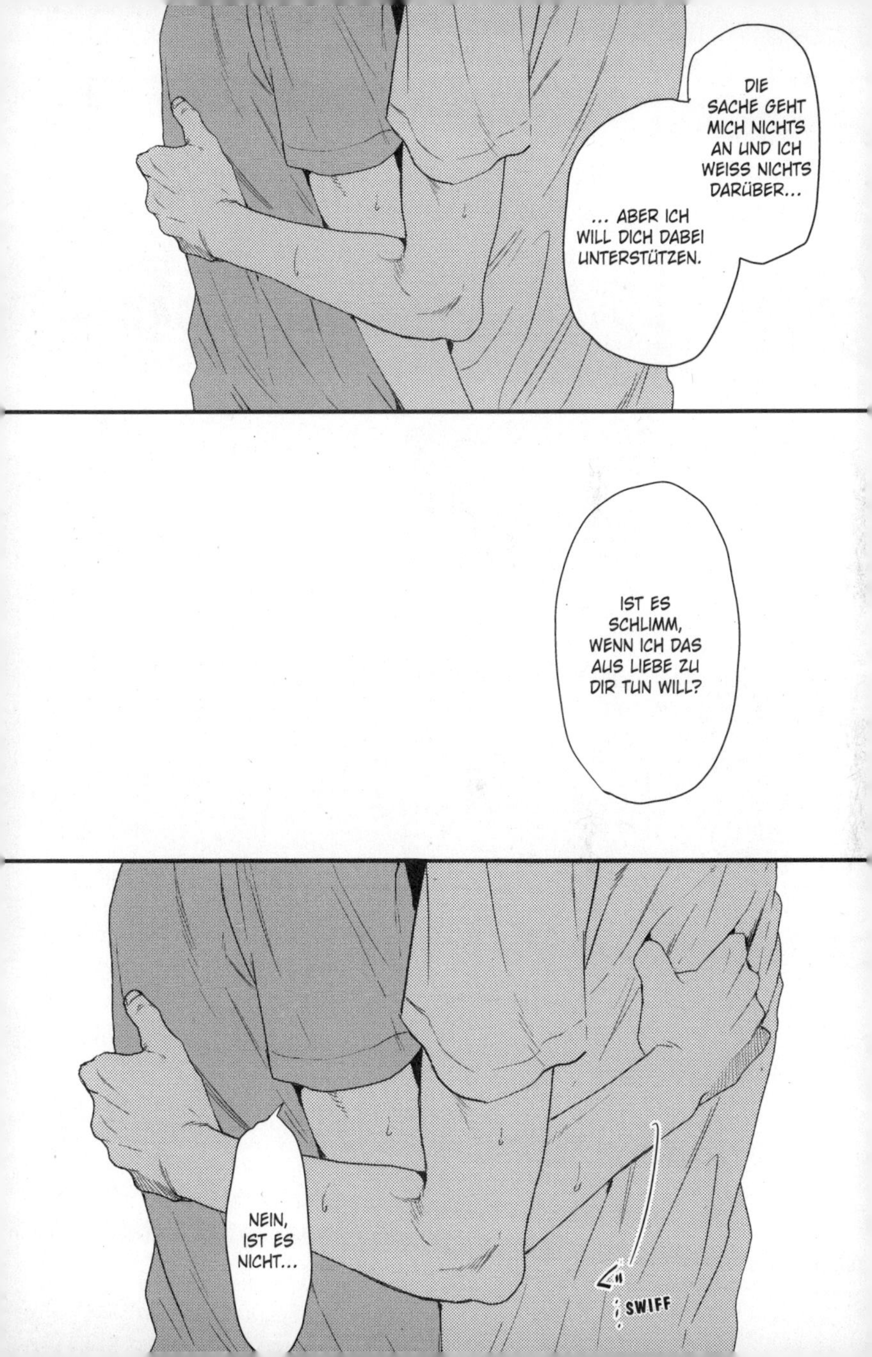

DIE SACHE GEHT MICH NICHTS AN UND ICH WEISS NICHTS DARÜBER…

… ABER ICH WILL DICH DABEI UNTERSTÜTZEN.

IST ES SCHLIMM, WENN ICH DAS AUS LIEBE ZU DIR TUN WILL?

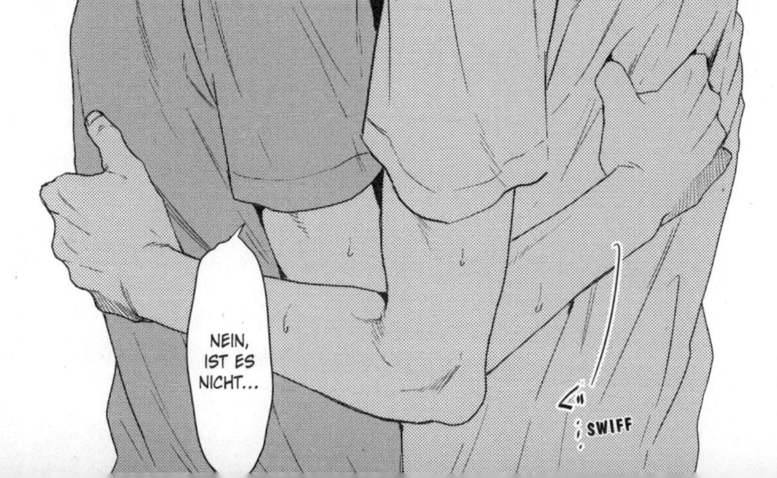

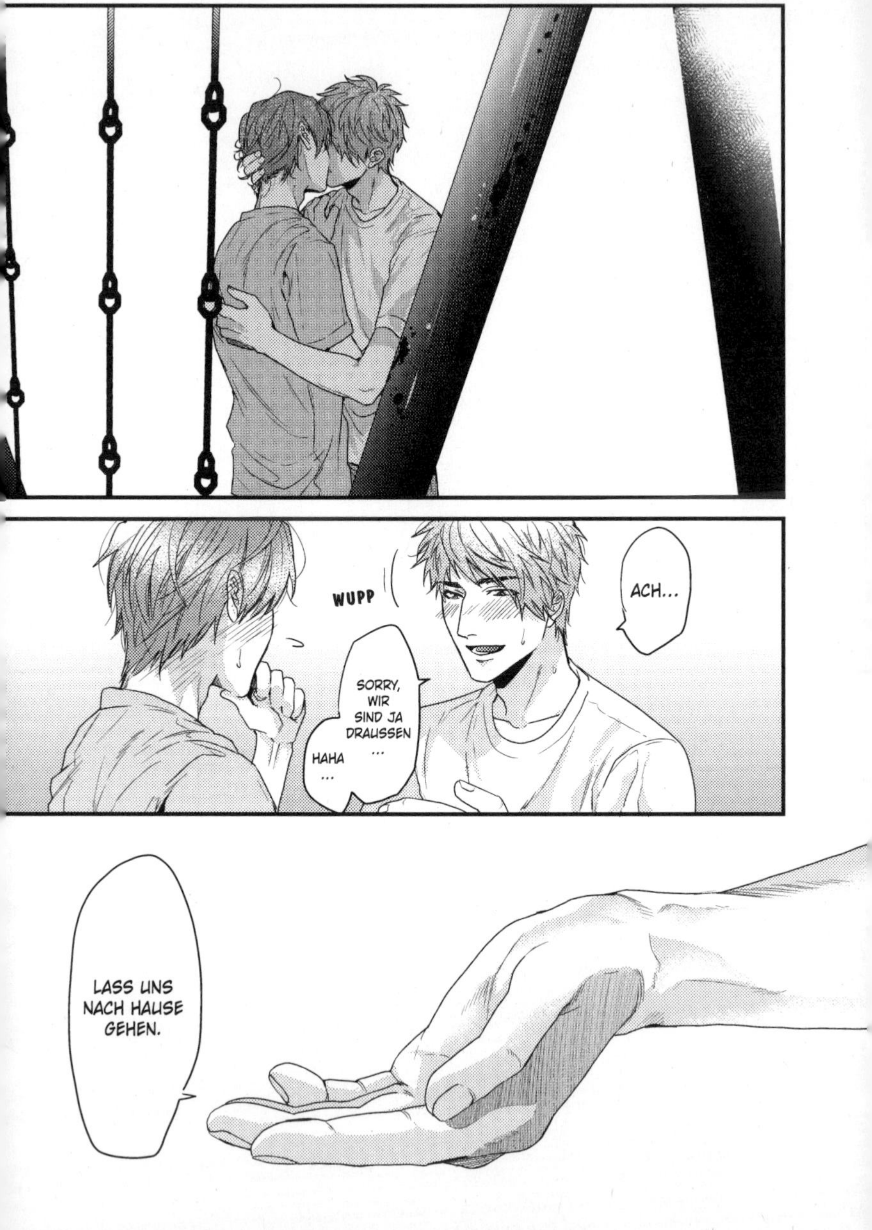

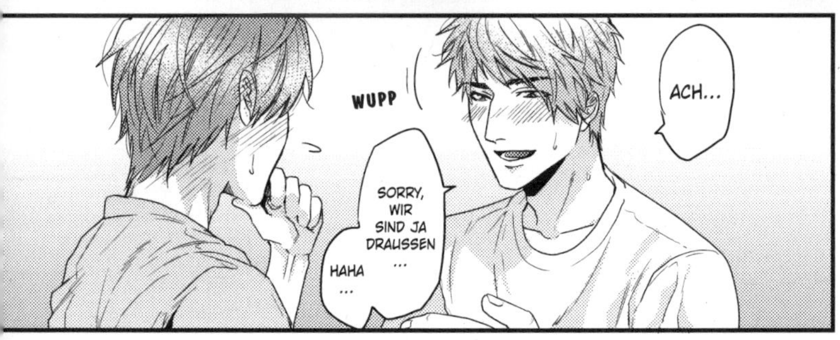

ACH…
WUPP
SORRY, WIR SIND JA DRAUSSEN …
HAHA …

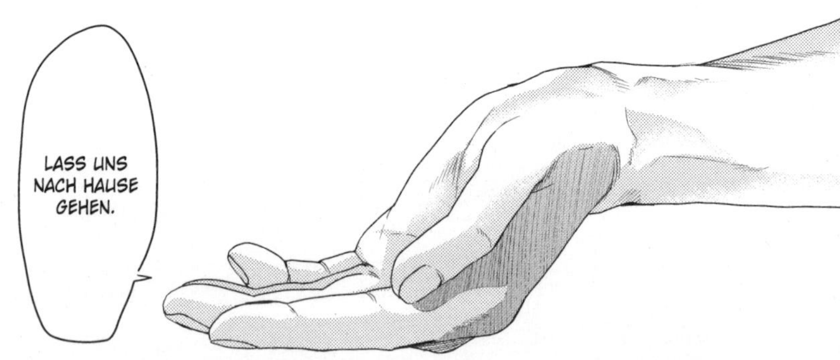

LASS UNS NACH HAUSE GEHEN.

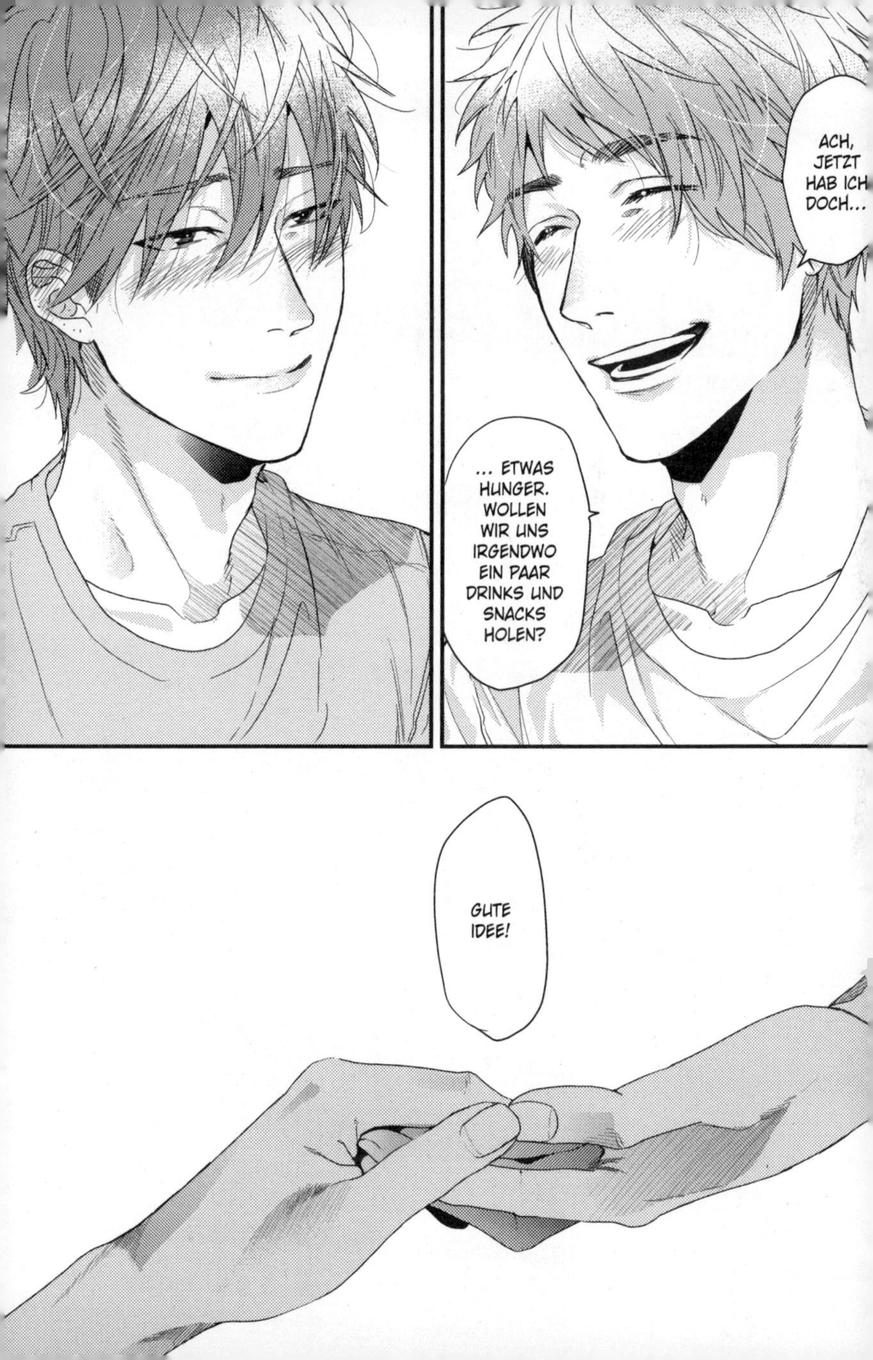
ACH, JETZT HAB ICH DOCH…
… ETWAS HUNGER. WOLLEN WIR UNS IRGENDWO EIN PAAR DRINKS UND SNACKS HOLEN?
GUTE IDEE!

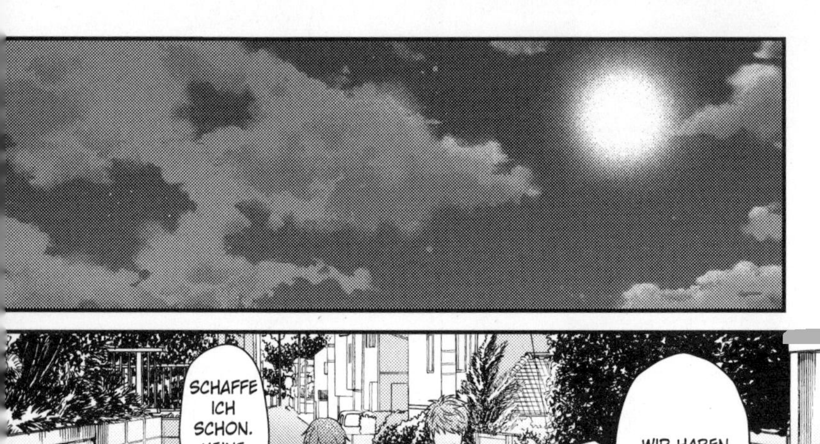

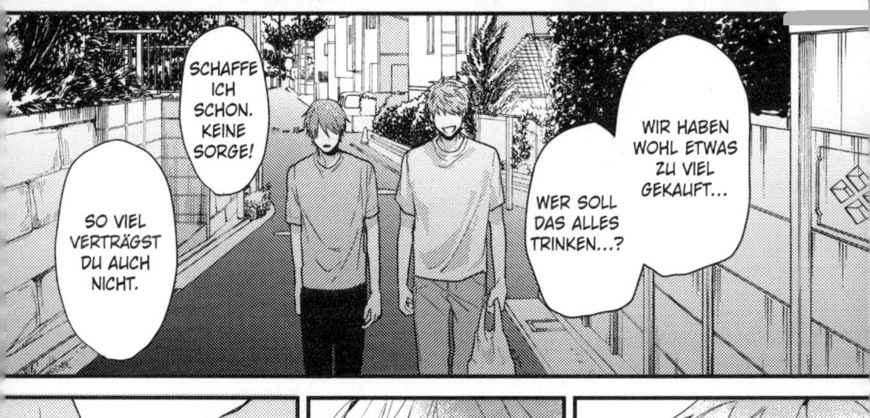
WIR HABEN WOHL ETWAS ZU VIEL GEKAUFT…
WER SOLL DAS ALLES TRINKEN…?
SCHAFFE ICH SCHON. KEINE SORGE!
SO VIEL VERTRÄGST DU AUCH NICHT.
HEY…
… SHUNA …
JA?

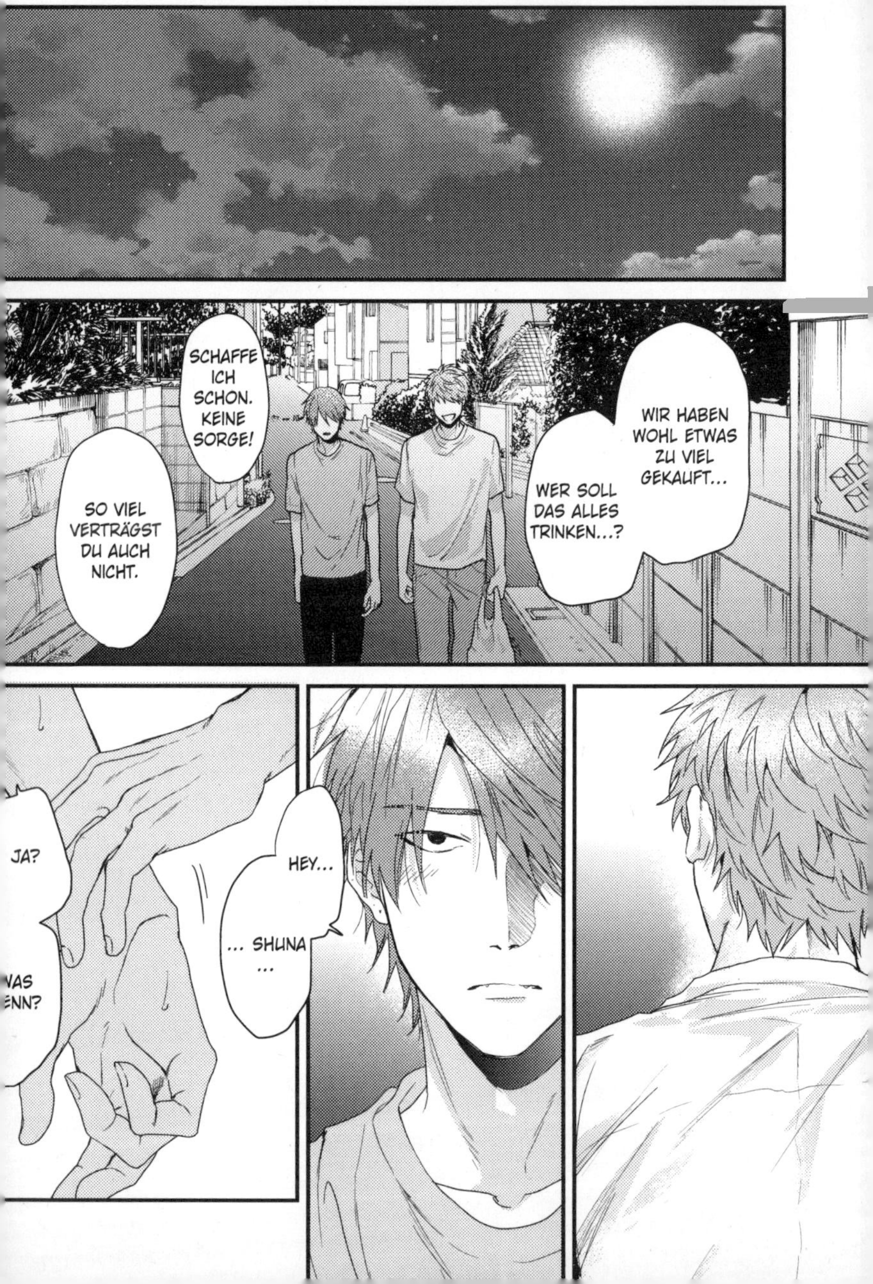

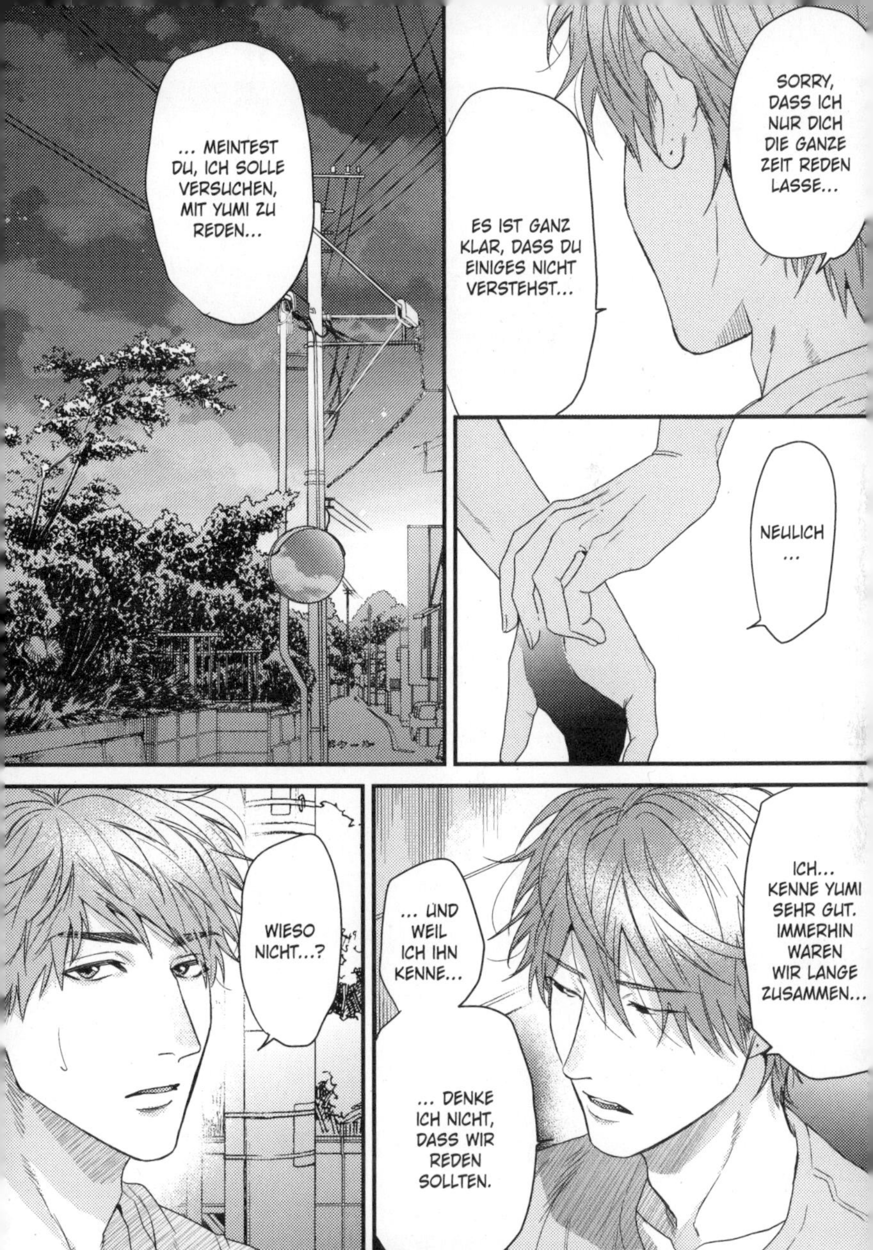
SORRY, DASS ICH NUR DICH DIE GANZE ZEIT REDEN LASSE...
ES IST GANZ KLAR, DASS DU EINIGES NICHT VERSTEHST...
... MEINTEST DU, ICH SOLLE VERSUCHEN, MIT YUMI ZU REDEN...
NEULICH ...
ICH... KENNE YUMI SEHR GUT. IMMERHIN WAREN WIR LANGE ZUSAMMEN...
... UND WEIL ICH IHN KENNE...
... DENKE ICH NICHT, DASS WIR REDEN SOLLTEN.
WIESO NICHT...?

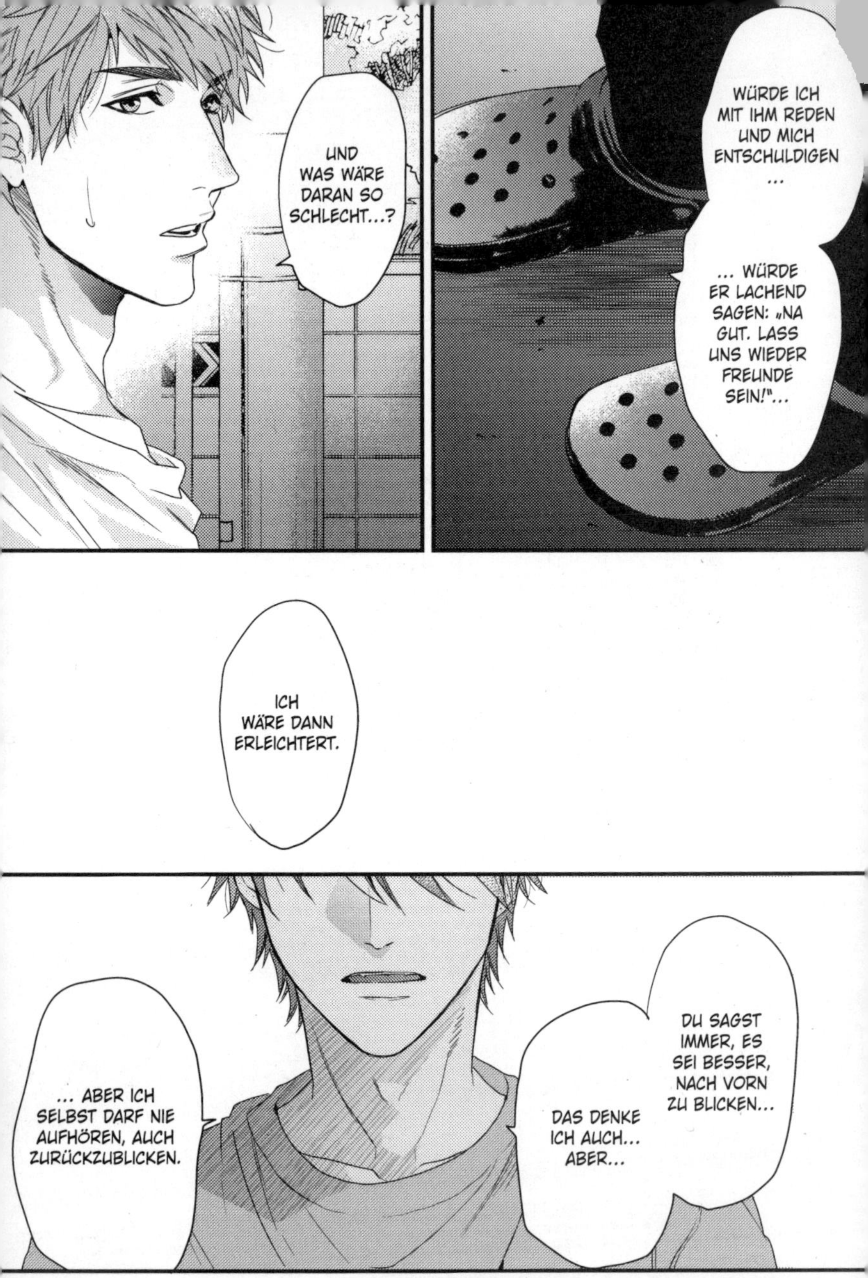

WÜRDE ICH MIT IHM REDEN UND MICH ENTSCHULDIGEN …
… WÜRDE ER LACHEND SAGEN: „NA GUT. LASS UNS WIEDER FREUNDE SEIN!“ …
UND WAS WÄRE DARAN SO SCHLECHT …?

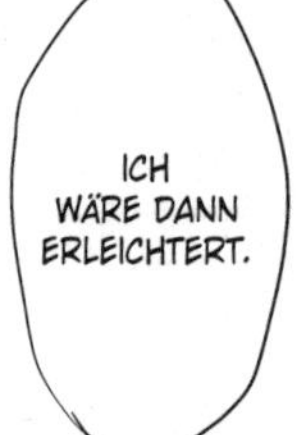

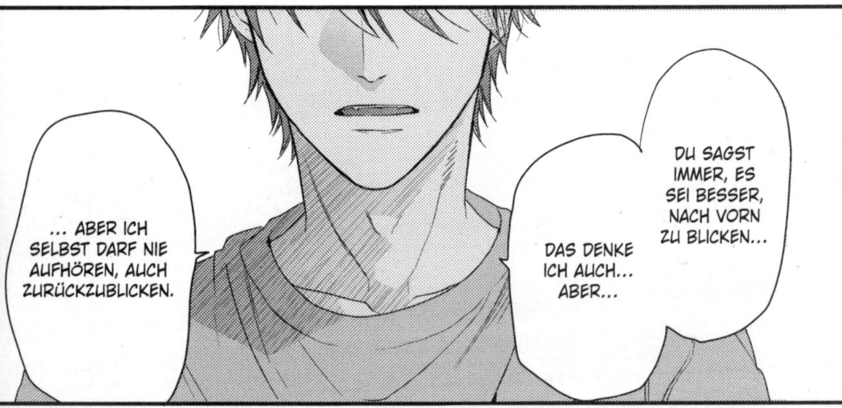

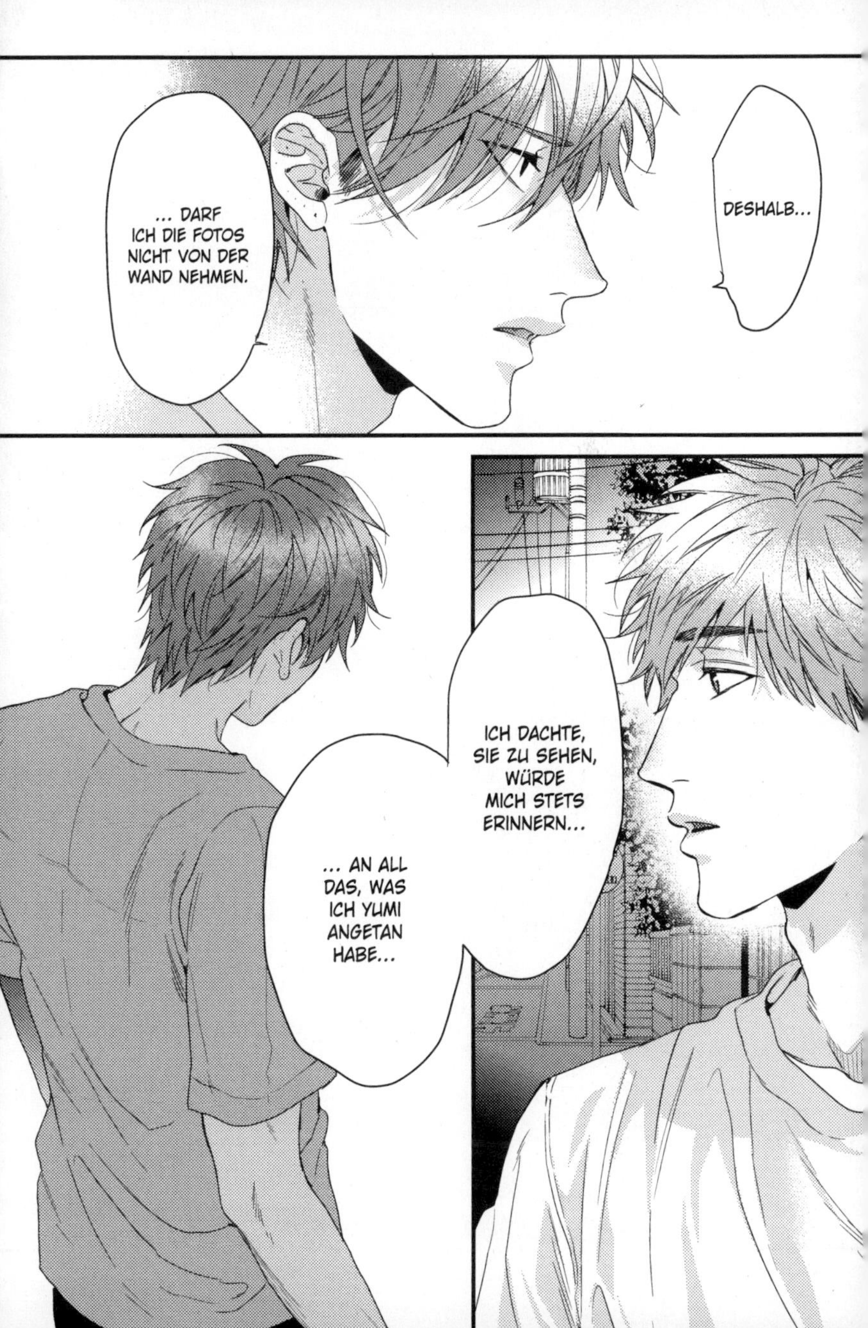
DESHALB…
… DARF ICH DIE FOTOS NICHT VON DER WAND NEHMEN.
ICH DACHTE, SIE ZU SEHEN, WÜRDE MICH STETS ERINNERN…
… AN ALL DAS, WAS ICH YUMI ANGETAN HABE…

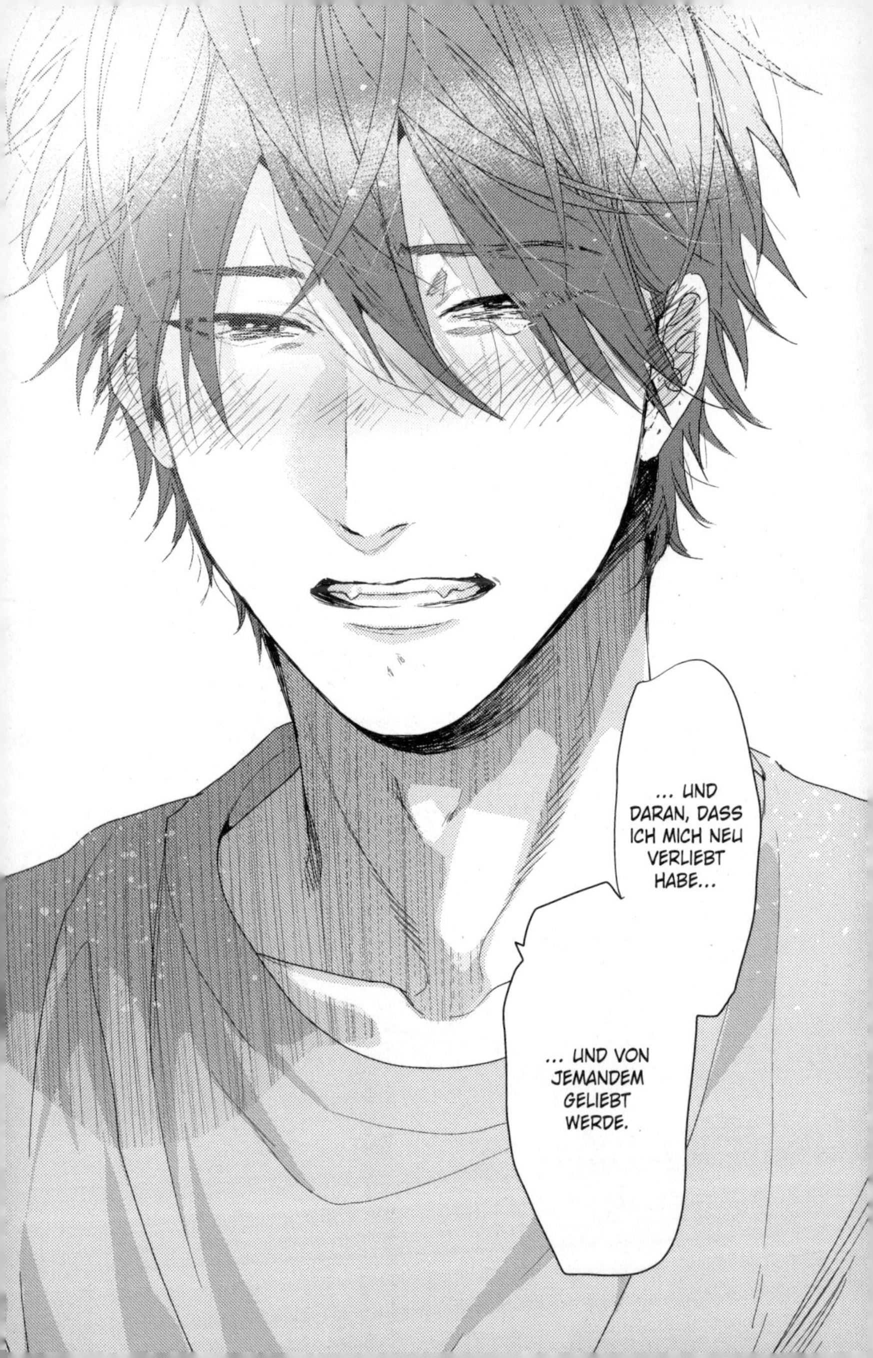
... UND DARAN, DASS ICH MICH NEU VERLIEBT HABE...
... UND VON JEMANDEM GELIEBT WERDE.

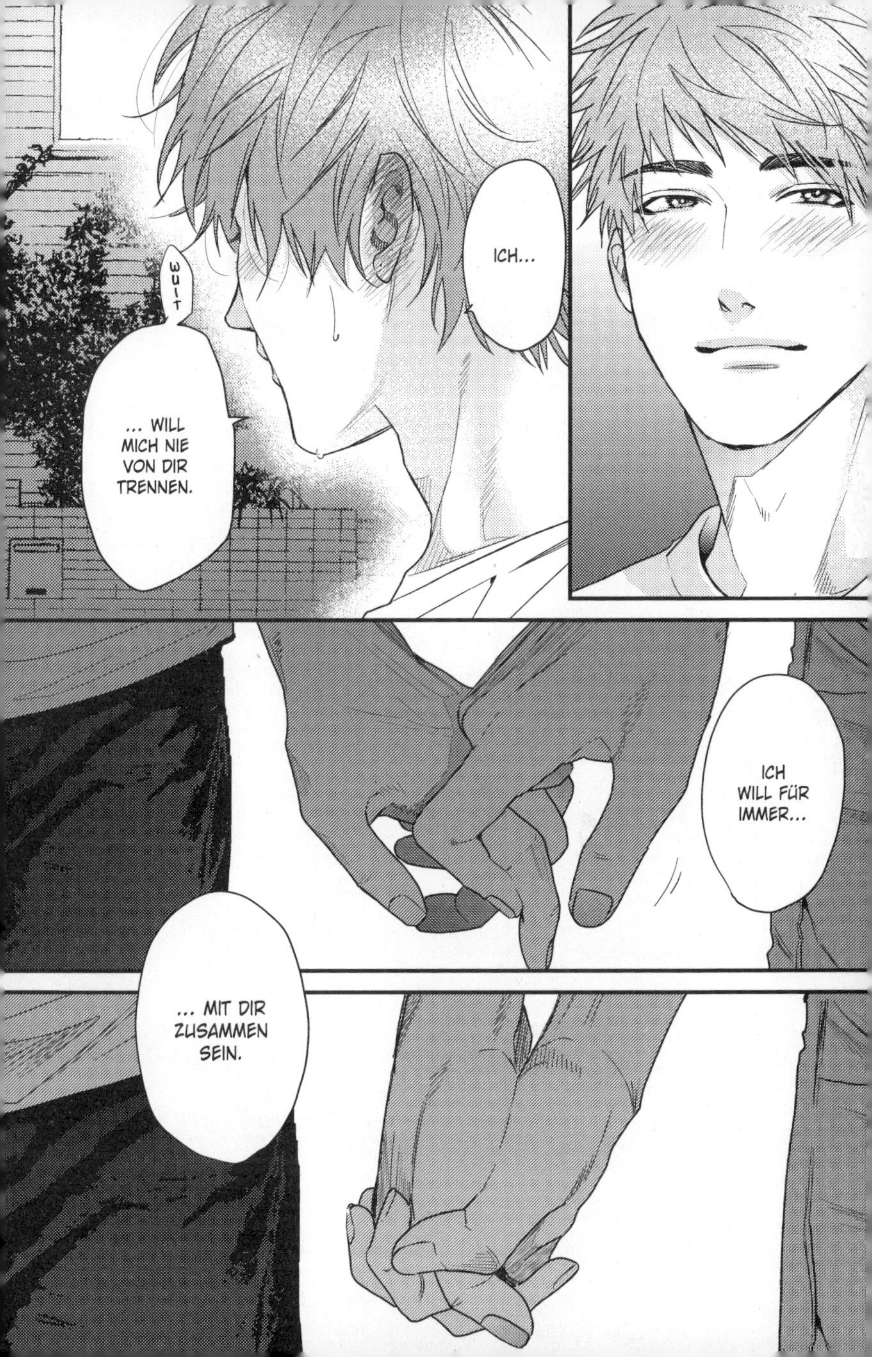
ICH…
WUIT
… WILL MICH NIE VON DIR TRENNEN.
ICH WILL FÜR IMMER…
… MIT DIR ZUSAMMEN SEIN.

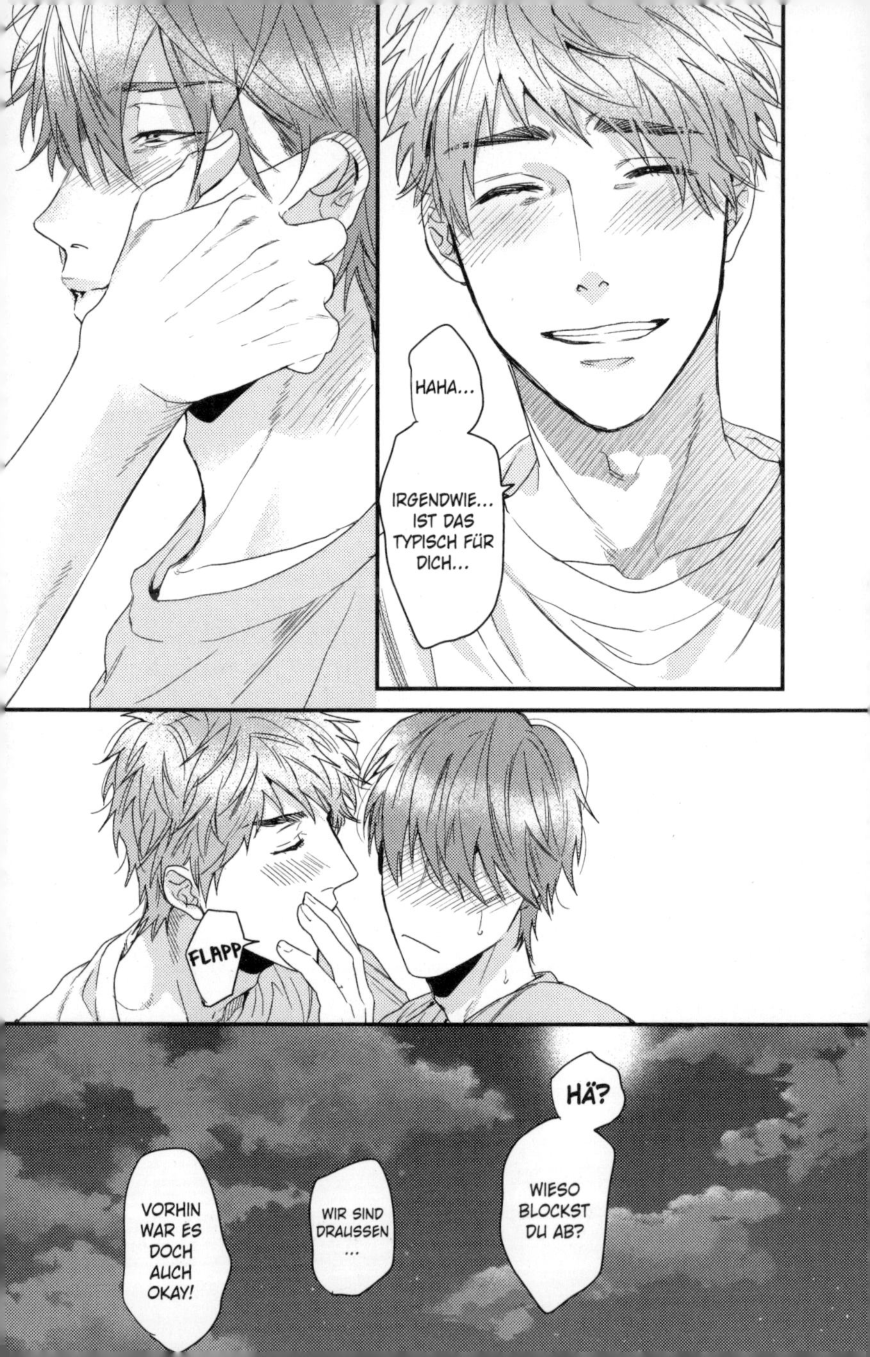
HAHA…
IRGENDWIE… IST DAS TYPISCH FÜR DICH…
FLAPP
HÄ?
WIESO BLOCKST DU AB?
WIR SIND DRAUSSEN …
VORHIN WAR ES DOCH AUCH OKAY!

Obsessed with a Naked Monster

OGERETSU TANAKA

Obsessed with a Naked Monster

OGERETSU TANAKA

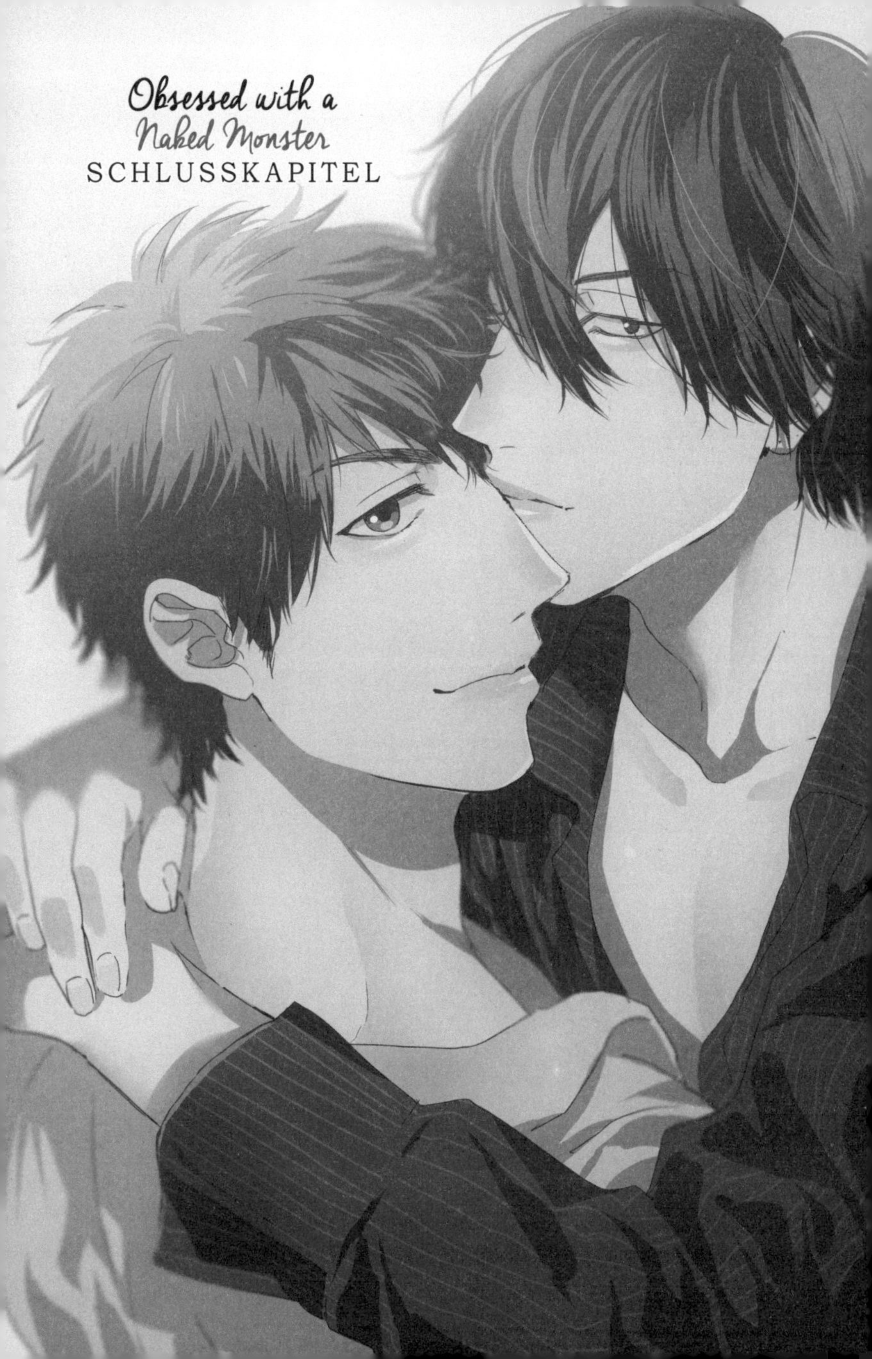
Obsessed with a
Naked Monster
SCHLUSSKAPITEL

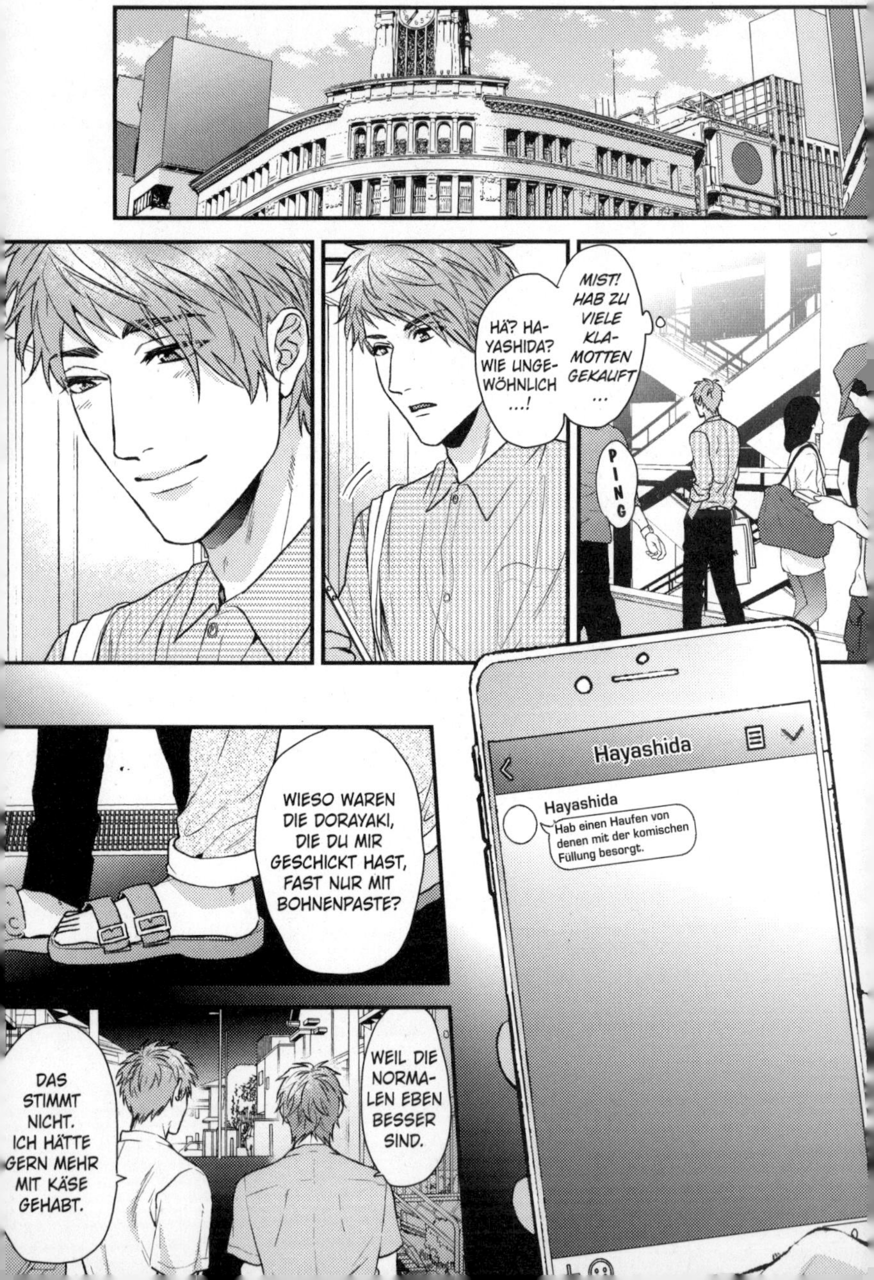

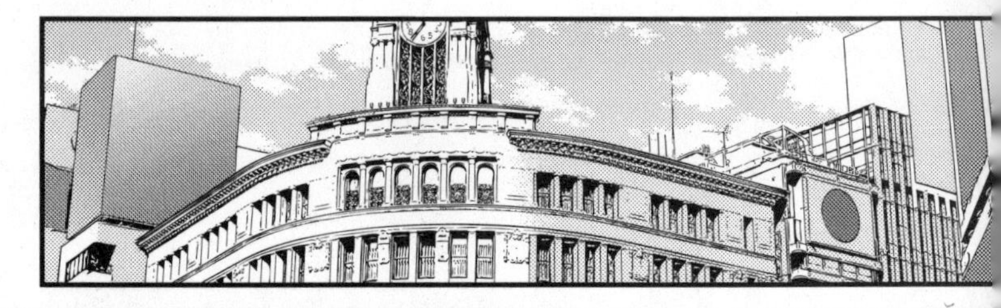

MIST! HAB ZU VIELE KLAMOTTEN GEKAUFT ...
PING
HÄ? HAYASHIDA? WIE UNGEWÖHNLICH ...!
Hayashida
Hayashida
Hab einen Haufen von denen mit der komischen Füllung besorgt.
WIESO WAREN DIE DORAYAKI, DIE DU MIR GESCHICKT HAST, FAST NUR MIT BOHNENPASTE?
WEIL DIE NORMALEN EBEN BESSER SIND.
DAS STIMMT NICHT. ICH HÄTTE GERN MEHR MIT KÄSE GEHABT.

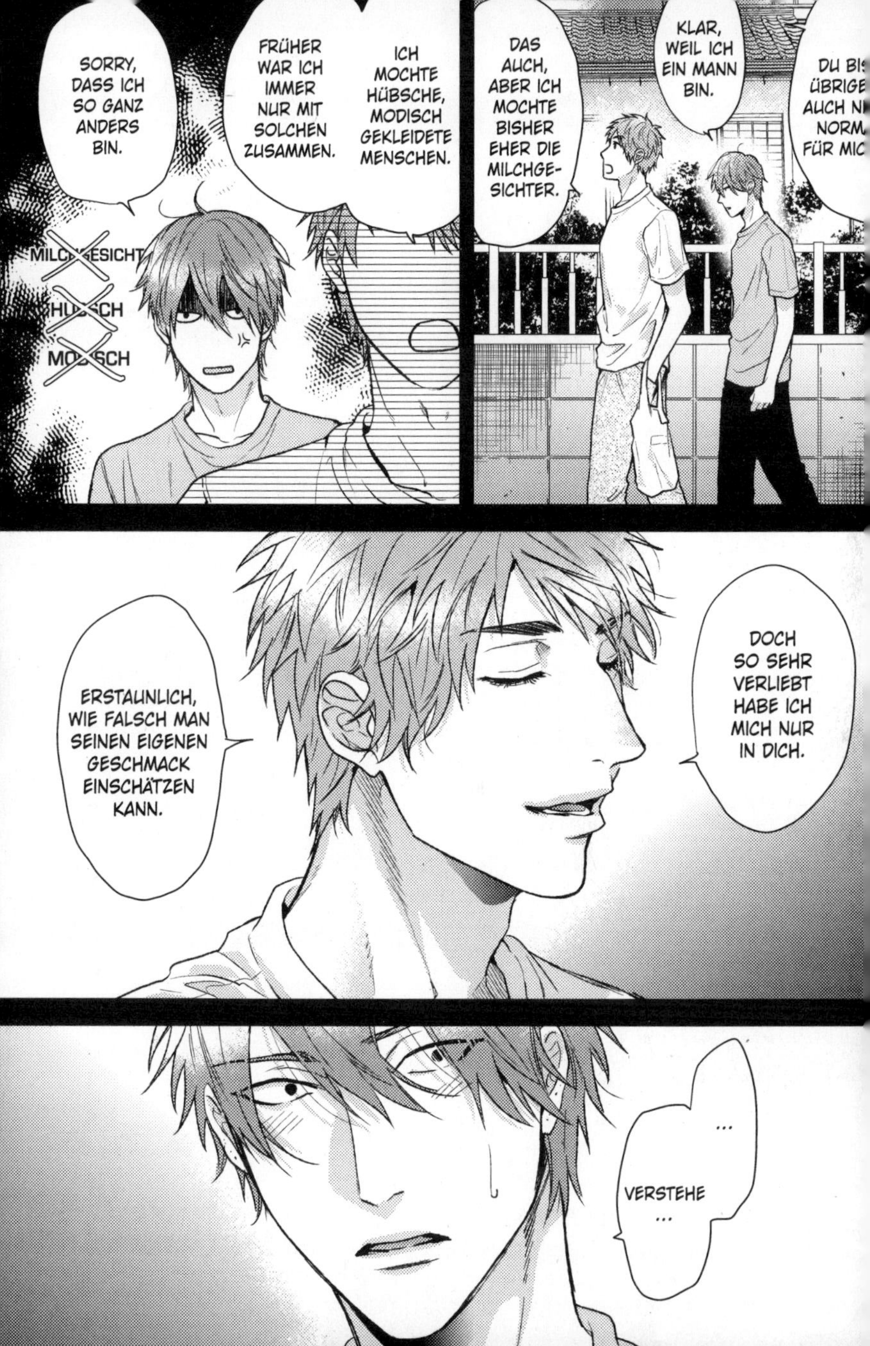
DU BIS ÜBRIGE AUCH N NORM FÜR MIC
KLAR, WEIL ICH EIN MANN BIN.
DAS AUCH, ABER ICH MOCHTE BISHER EHER DIE MILCHGE-SICHTER.
ICH MOCHTE HÜBSCHE, MODISCH GEKLEIDETE MENSCHEN.
FRÜHER WAR ICH IMMER NUR MIT SOLCHEN ZUSAMMEN.
SORRY, DASS ICH SO GANZ ANDERS BIN.
MILCHGESICHT
HÜBSCH
MODISCH
DOCH SO SEHR VERLIEBT HABE ICH MICH NUR IN DICH.
ERSTAUNLICH, WIE FALSCH MAN SEINEN EIGENEN GESCHMACK EINSCHÄTZEN KANN.
...
VERSTEHE ...

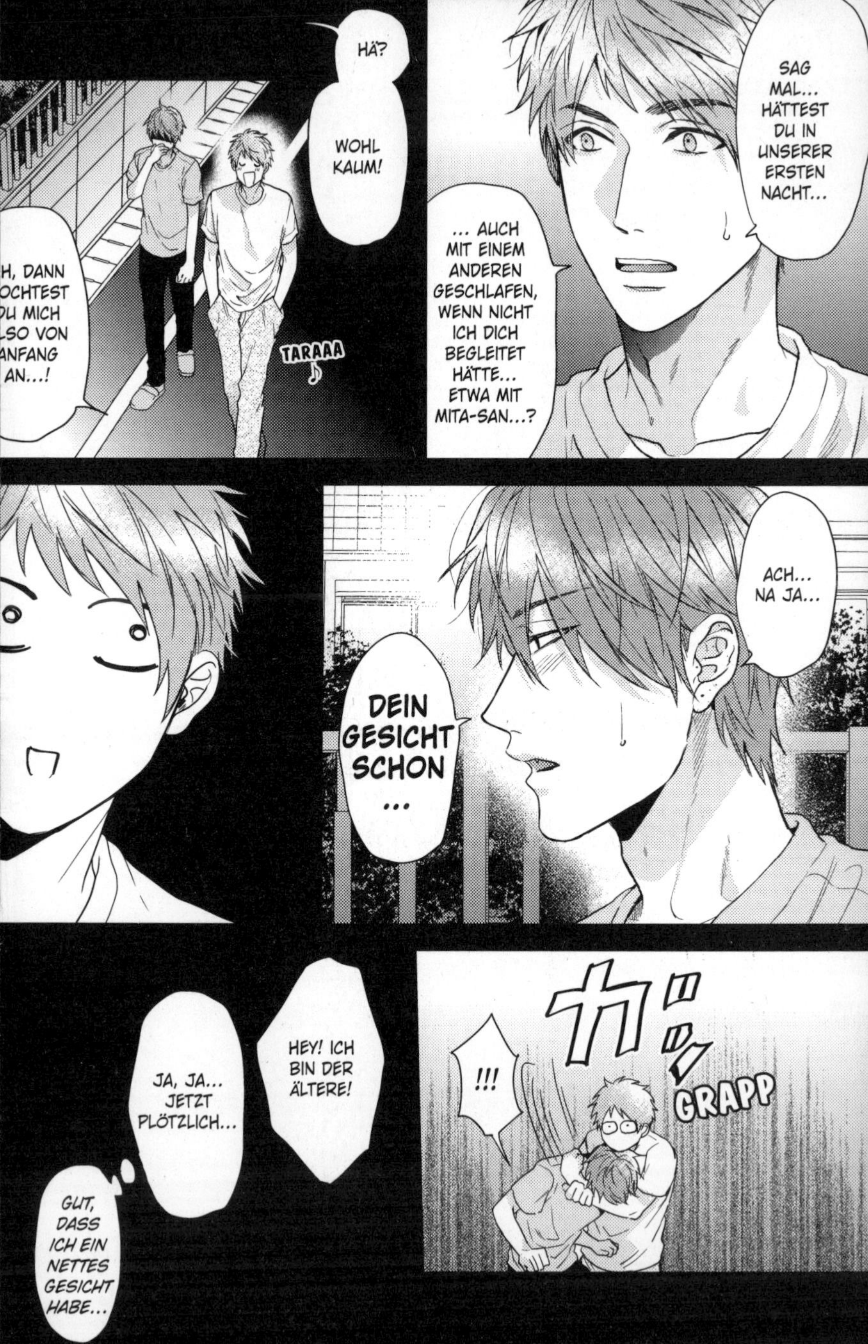
SAG MAL… HÄTTEST DU IN UNSERER ERSTEN NACHT…
… AUCH MIT EINEM ANDEREN GESCHLAFEN, WENN NICHT ICH DICH BEGLEITET HÄTTE… ETWA MIT MITA-SAN…?
HÄ?
WOHL KAUM!
TARAAA
H, DANN OCHTEST DU MICH LSO VON ANFANG AN…!
ACH… NA JA…
DEIN GESICHT SCHON …
!!!
GRAPP
HEY! ICH BIN DER ÄLTERE!
JA, JA… JETZT PLÖTZLICH…
GUT, DASS ICH EIN NETTES GESICHT HABE…

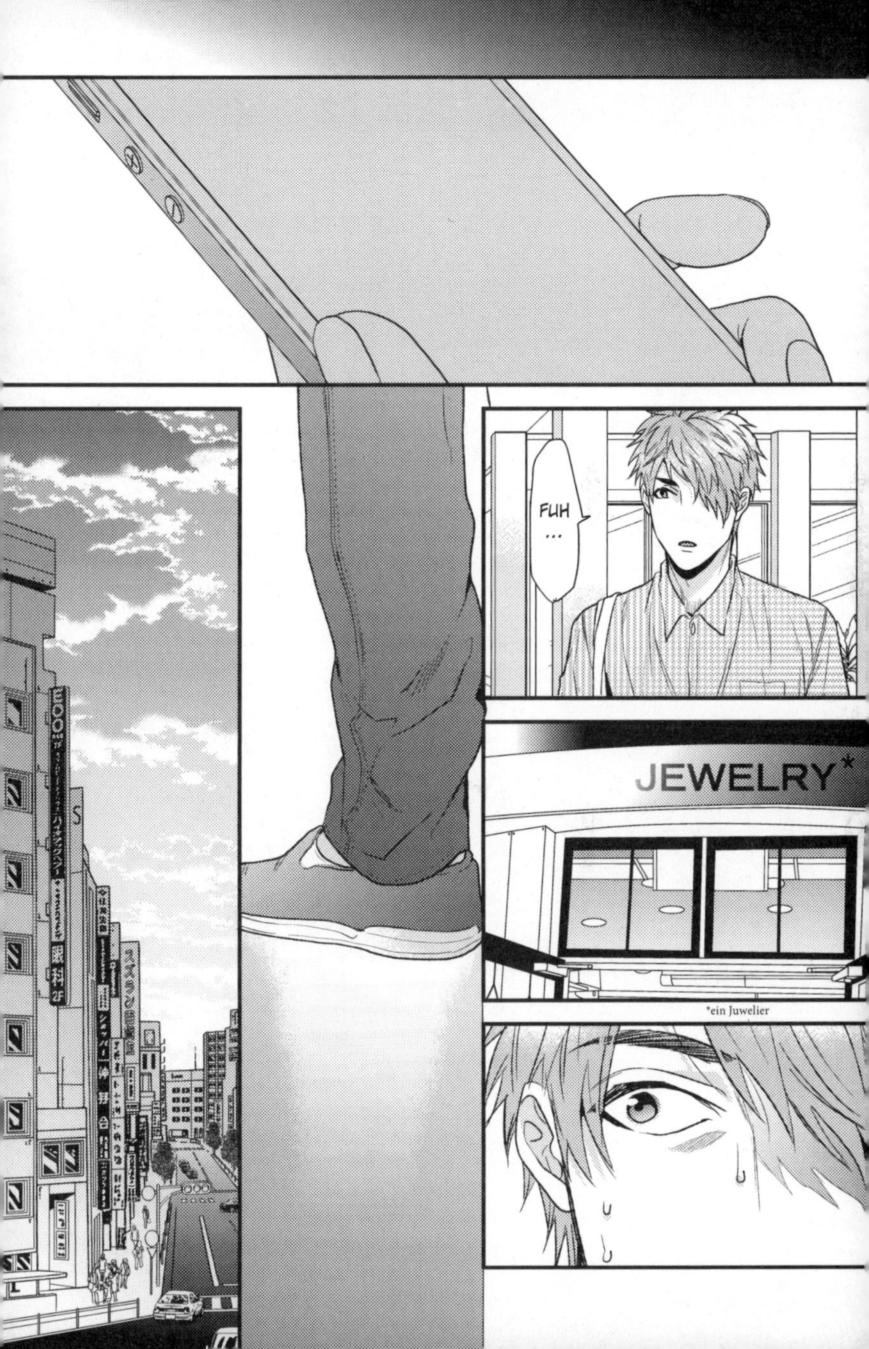

*ein Juwelier

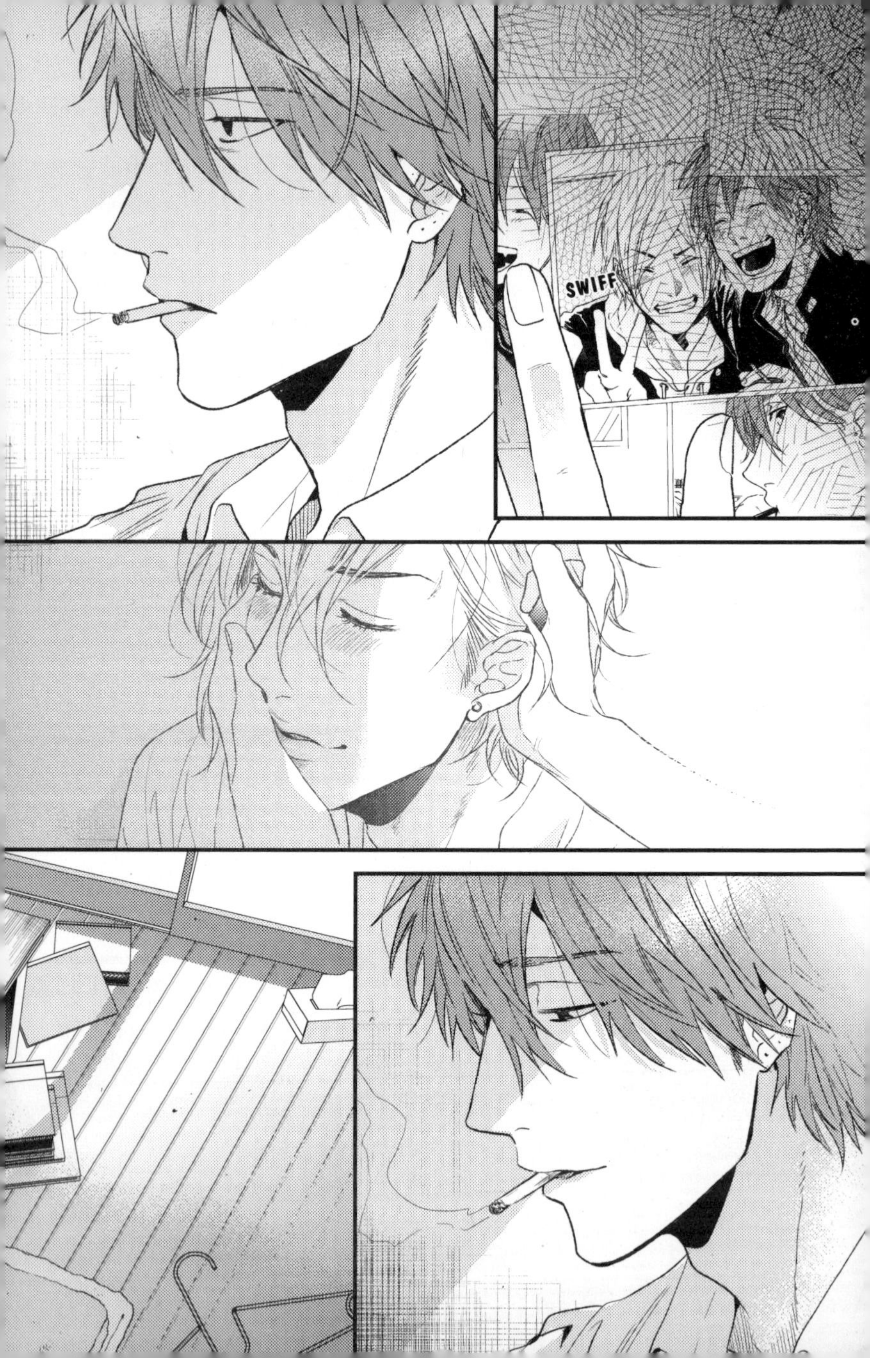
SWIFF

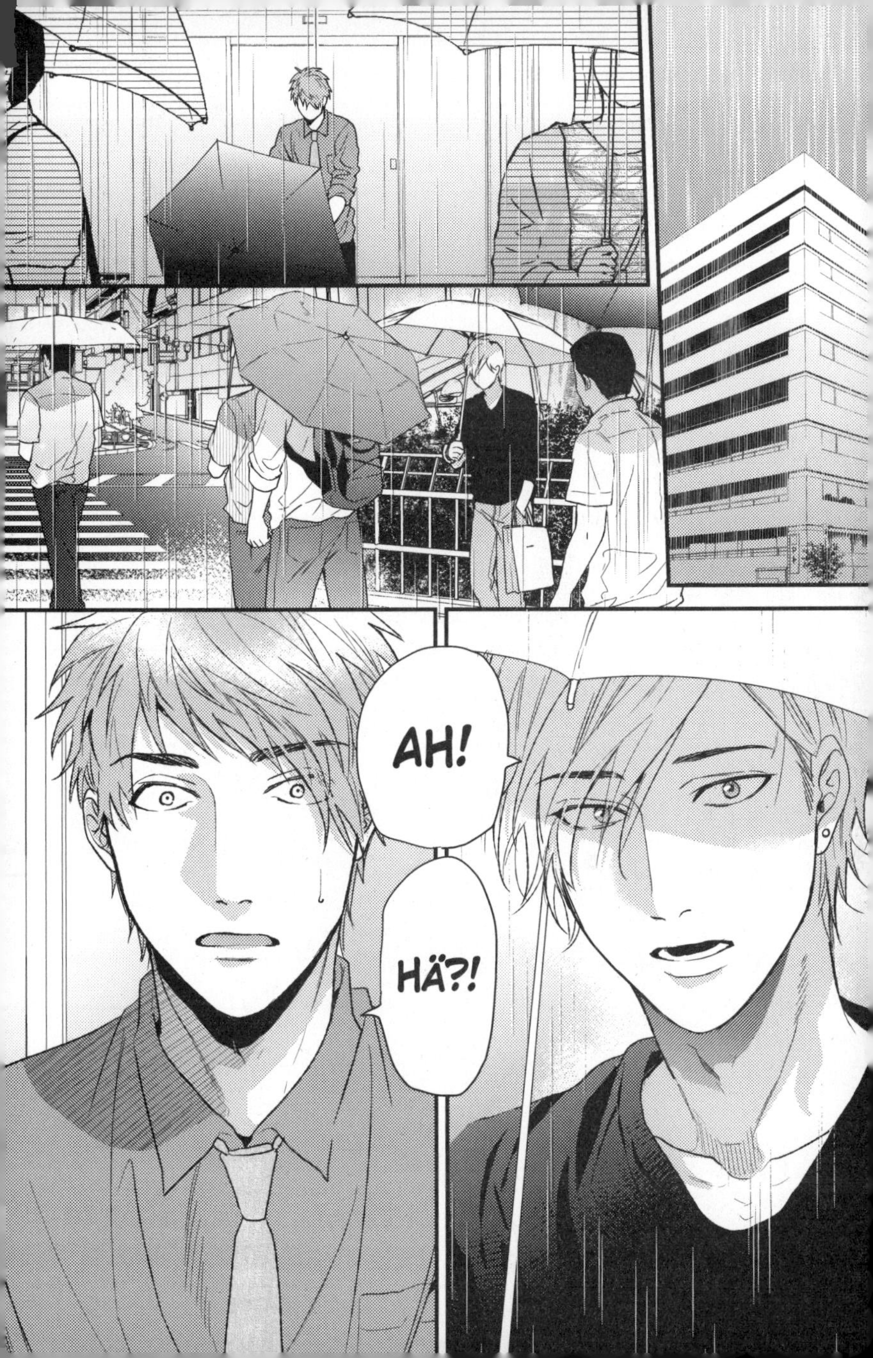
AH!
HÄ?!

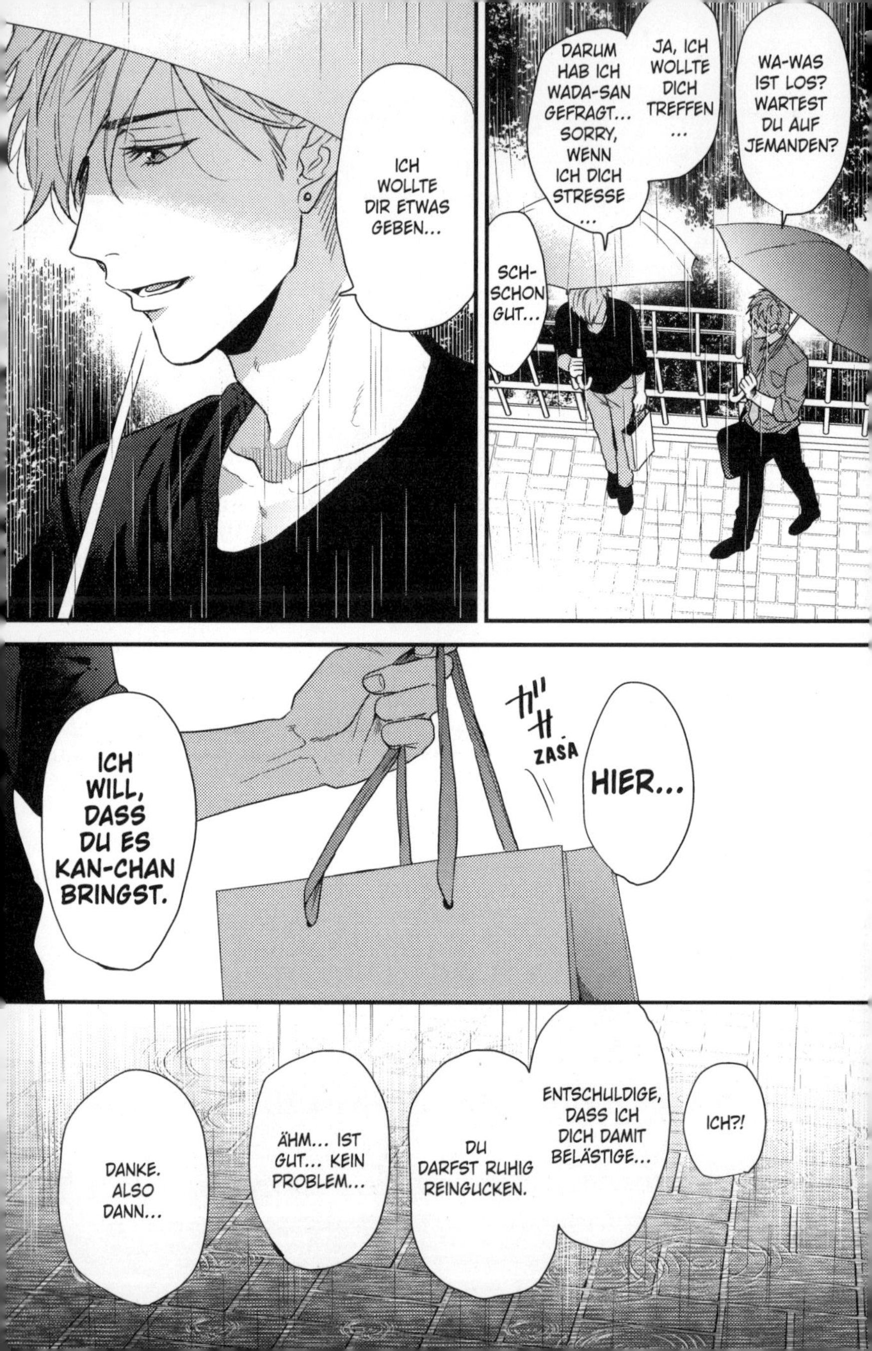
WA-WAS IST LOS? WARTEST DU AUF JEMANDEN?
JA, ICH WOLLTE DICH TREFFEN …
DARUM HAB ICH WADA-SAN GEFRAGT… SORRY, WENN ICH DICH STRESSE …
SCH-SCHON GUT…
ICH WOLLTE DIR ETWAS GEBEN…
ZASA
HIER…
ICH WILL, DASS DU ES KAN-CHAN BRINGST.
ICH?!
ENTSCHULDIGE, DASS ICH DICH DAMIT BELÄSTIGE…
DU DARFST RUHIG REINGUCKEN.
ÄHM… IST GUT… KEIN PROBLEM…
DANKE. ALSO DANN…

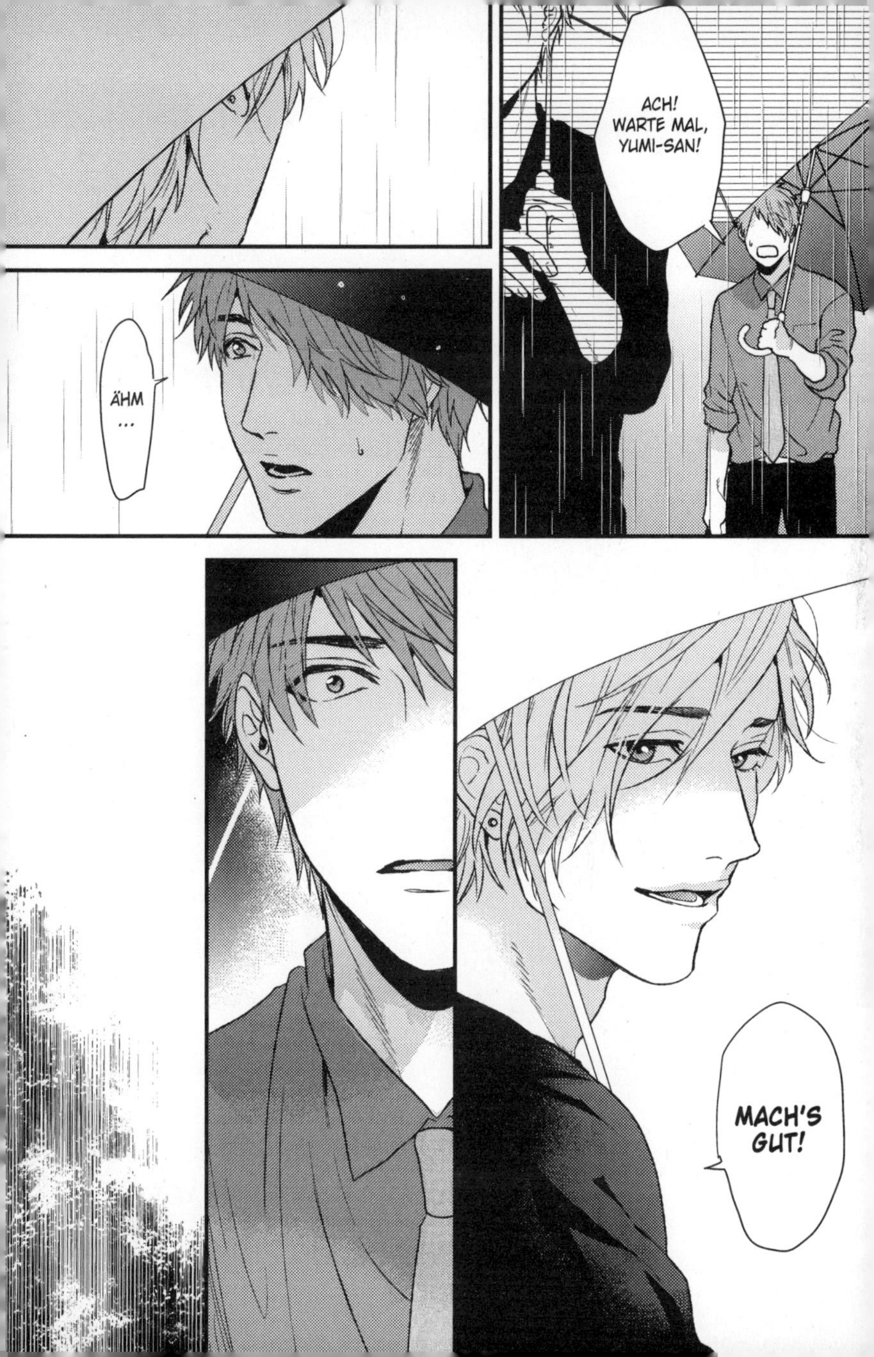
ACH! WARTE MAL, YUMI-SAN!
ÄHM ...
MACH'S GUT!

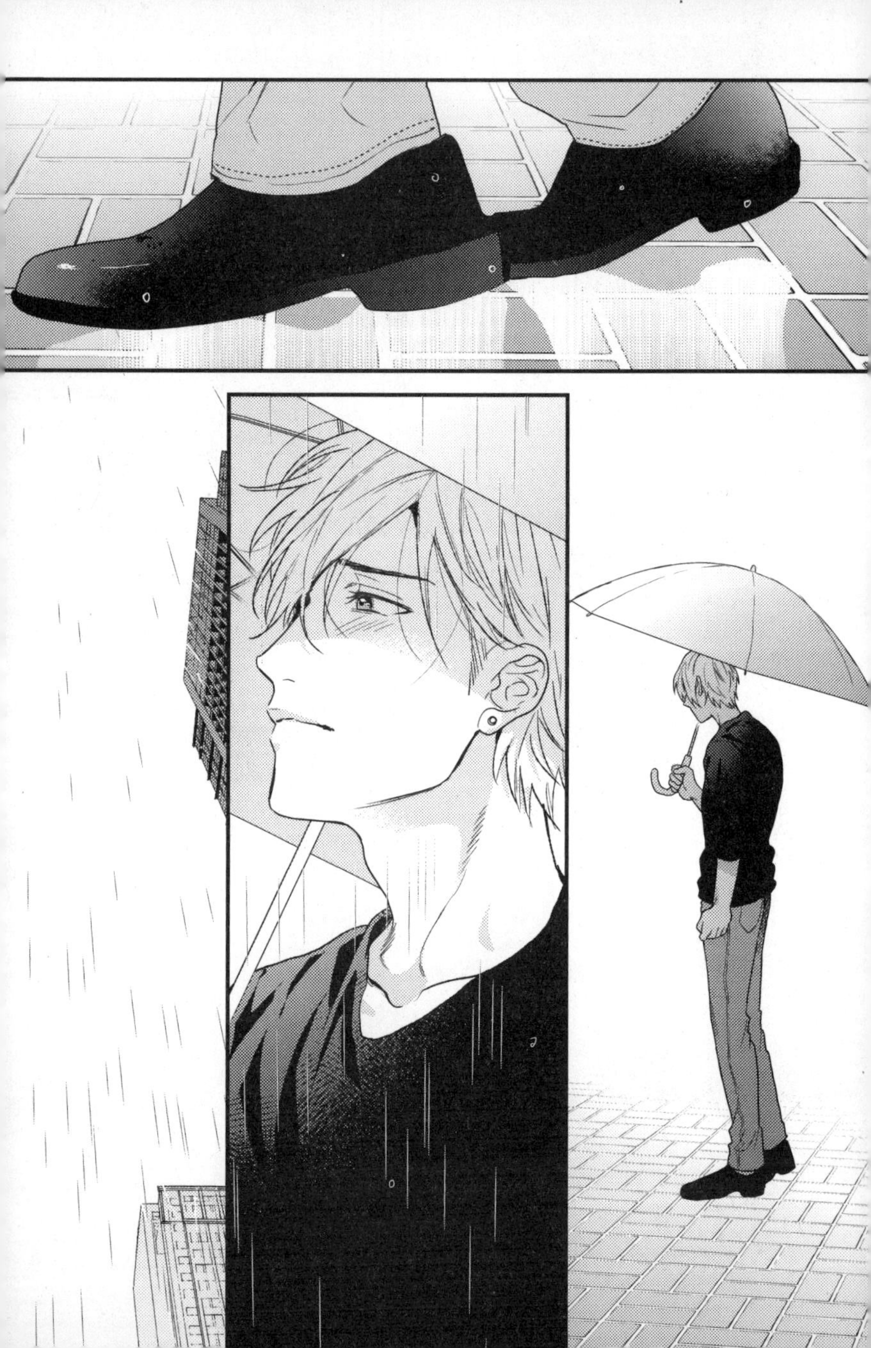

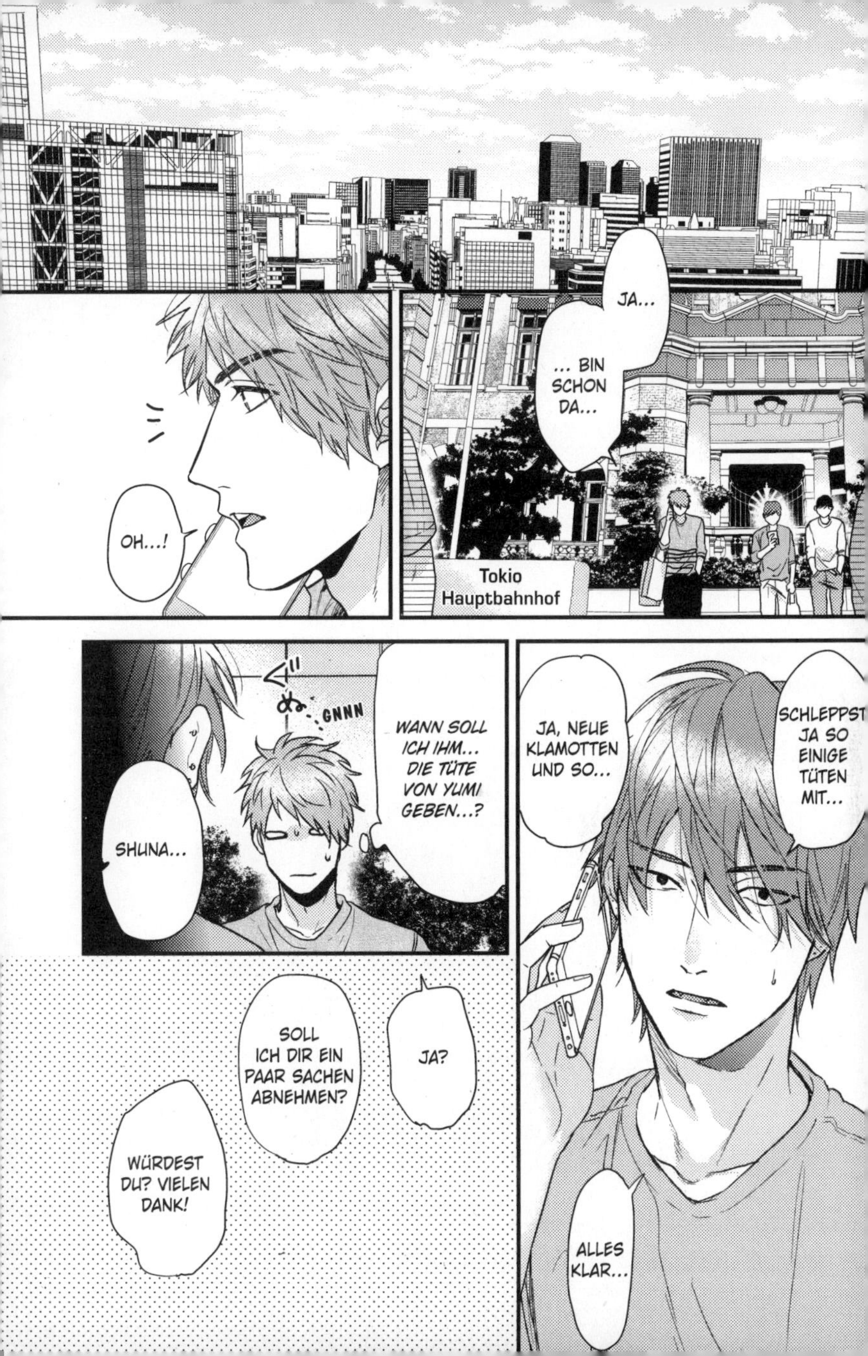

JA...
... BIN SCHON DA...
Tokio Hauptbahnhof
OH...!

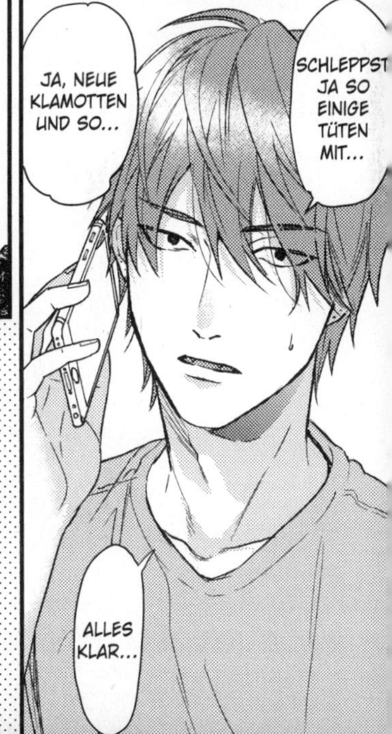

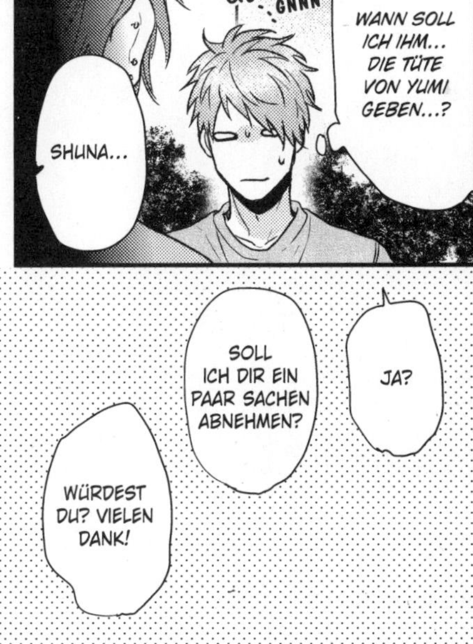

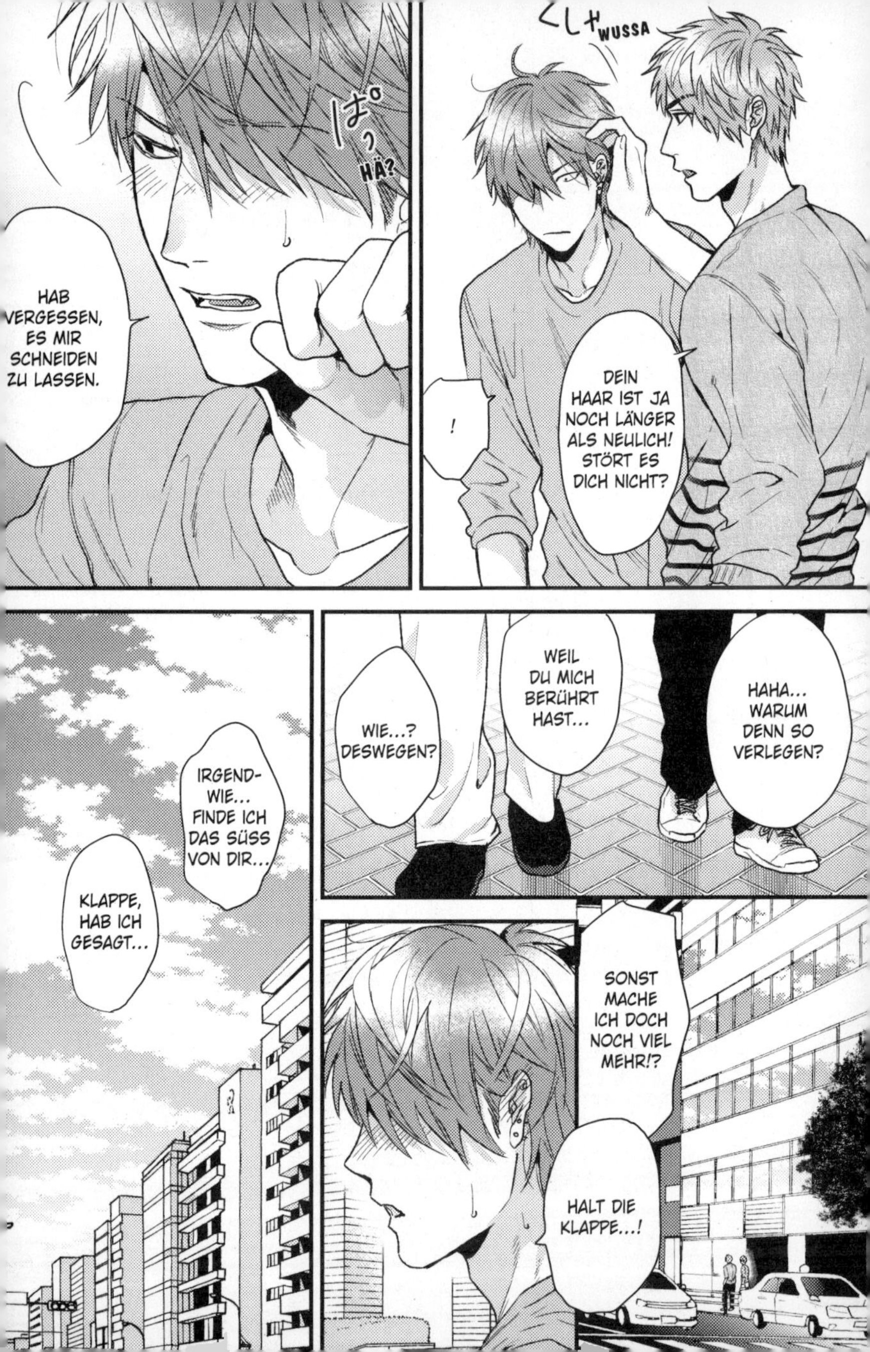
くしゃ WUSSA
DEIN HAAR IST JA NOCH LÄNGER ALS NEULICH! STÖRT ES DICH NICHT?
!
ぱっ HÄ?
HAB VERGESSEN, ES MIR SCHNEIDEN ZU LASSEN.
HAHA... WARUM DENN SO VERLEGEN?
WEIL DU MICH BERÜHRT HAST...
WIE...? DESWEGEN?
SONST MACHE ICH DOCH NOCH VIEL MEHR!?
HALT DIE KLAPPE...!
IRGEND-WIE... FINDE ICH DAS SÜSS VON DIR...
KLAPPE, HAB ICH GESAGT...

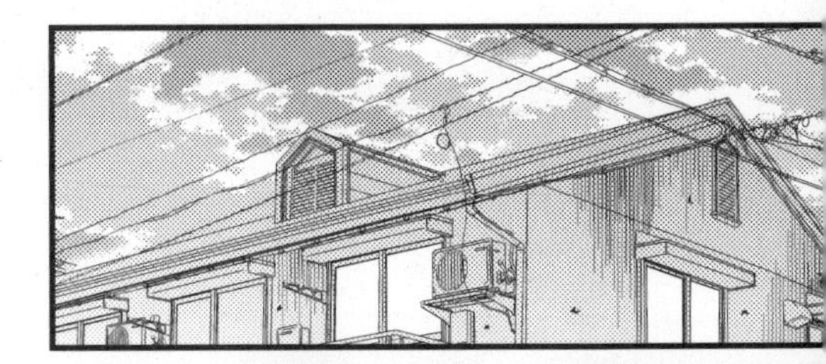

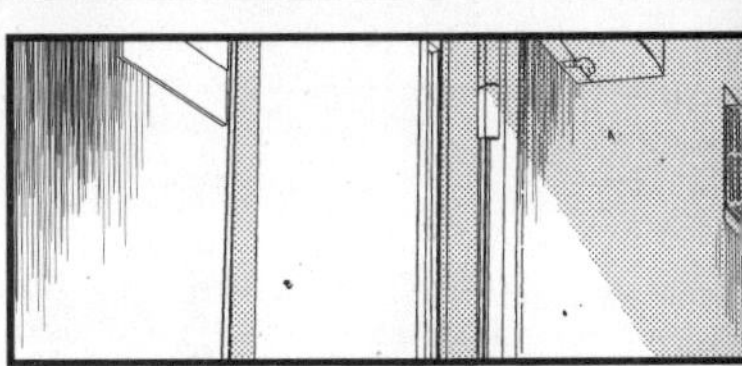

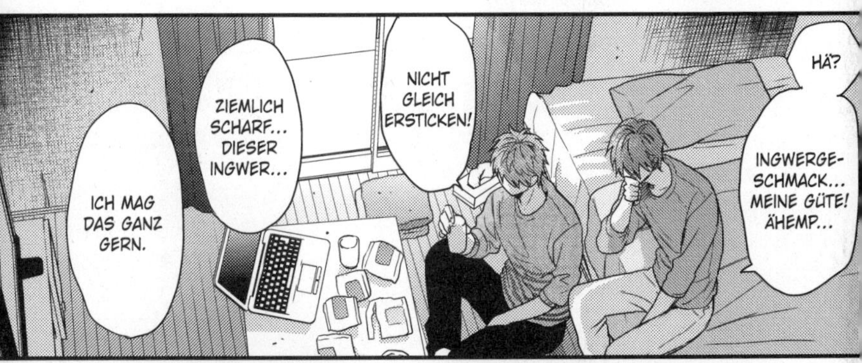
HÄ?
INGWERGE-
SCHMACK…
MEINE GÜTE!
ÄHEMP…
NICHT
GLEICH
ERSTICKEN!
ZIEMLICH
SCHARF…
DIESER
INGWER…
ICH MAG
DAS GANZ
GERN.

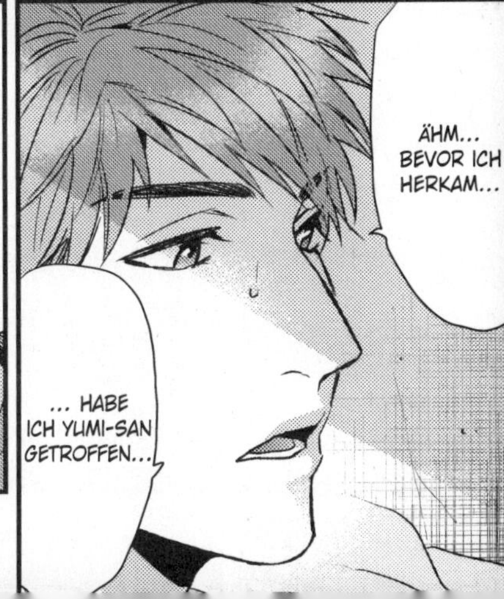
ÄHM…
BEVOR ICH
HERKAM…
… HABE
ICH YUMI-SAN
GETROFFEN…

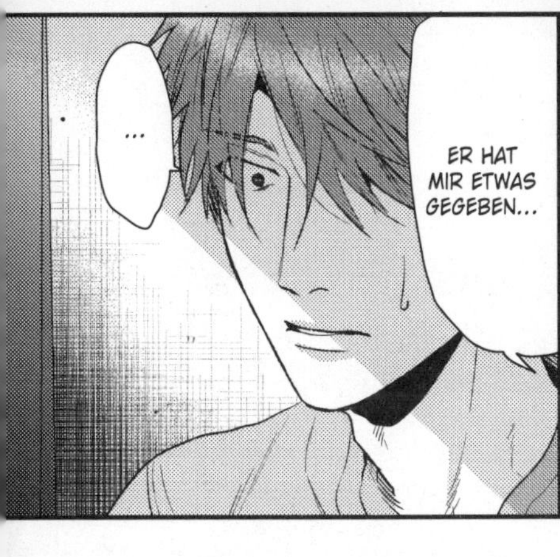
ER HAT
MIR ETWAS
GEGEBEN…
…

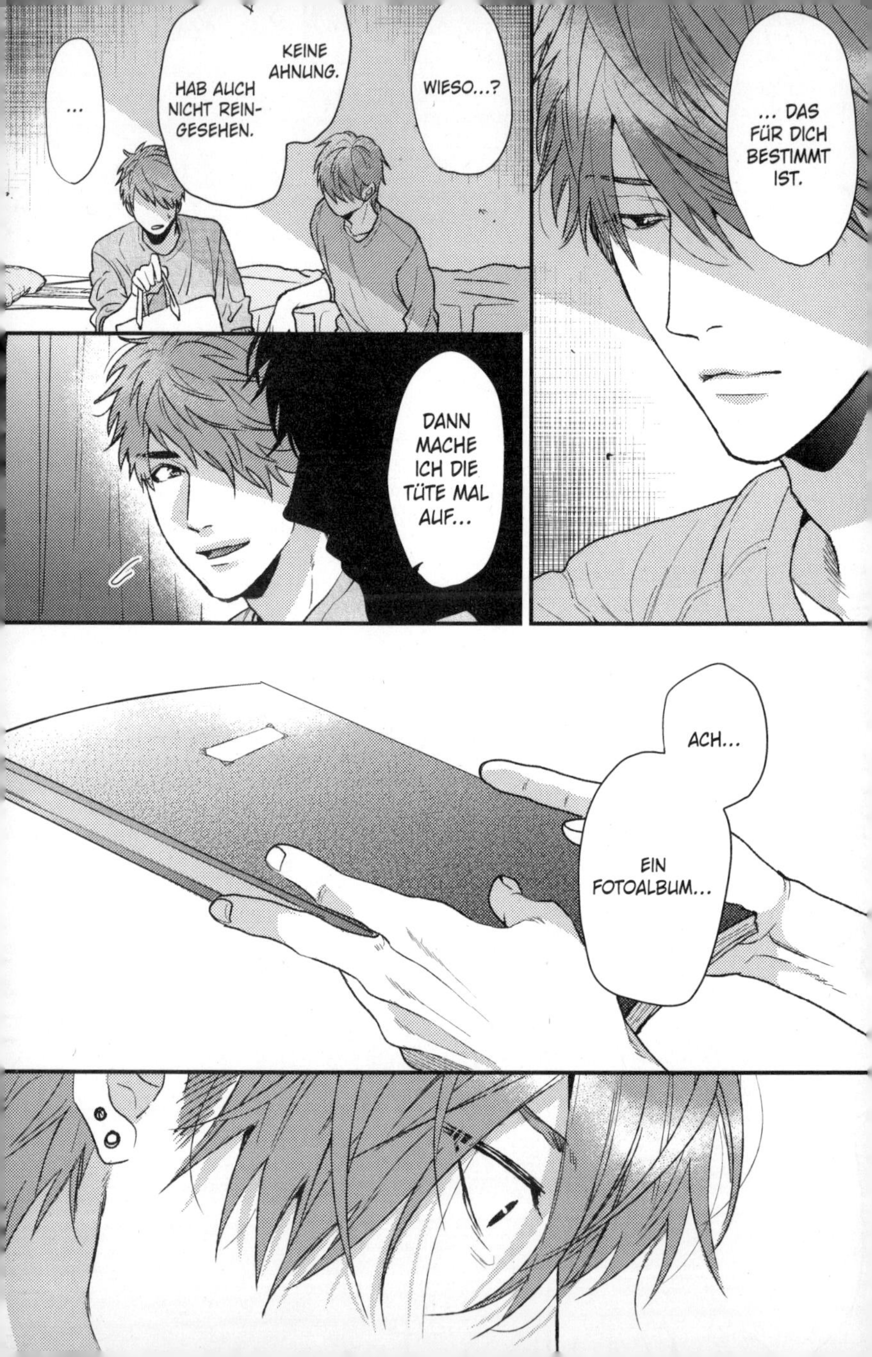
… DAS FÜR DICH BESTIMMT IST.
WIESO…?
KEINE AHNUNG.
HAB AUCH NICHT REIN-GESEHEN.
…
DANN MACHE ICH DIE TÜTE MAL AUF…
ACH…
EIN FOTOALBUM…

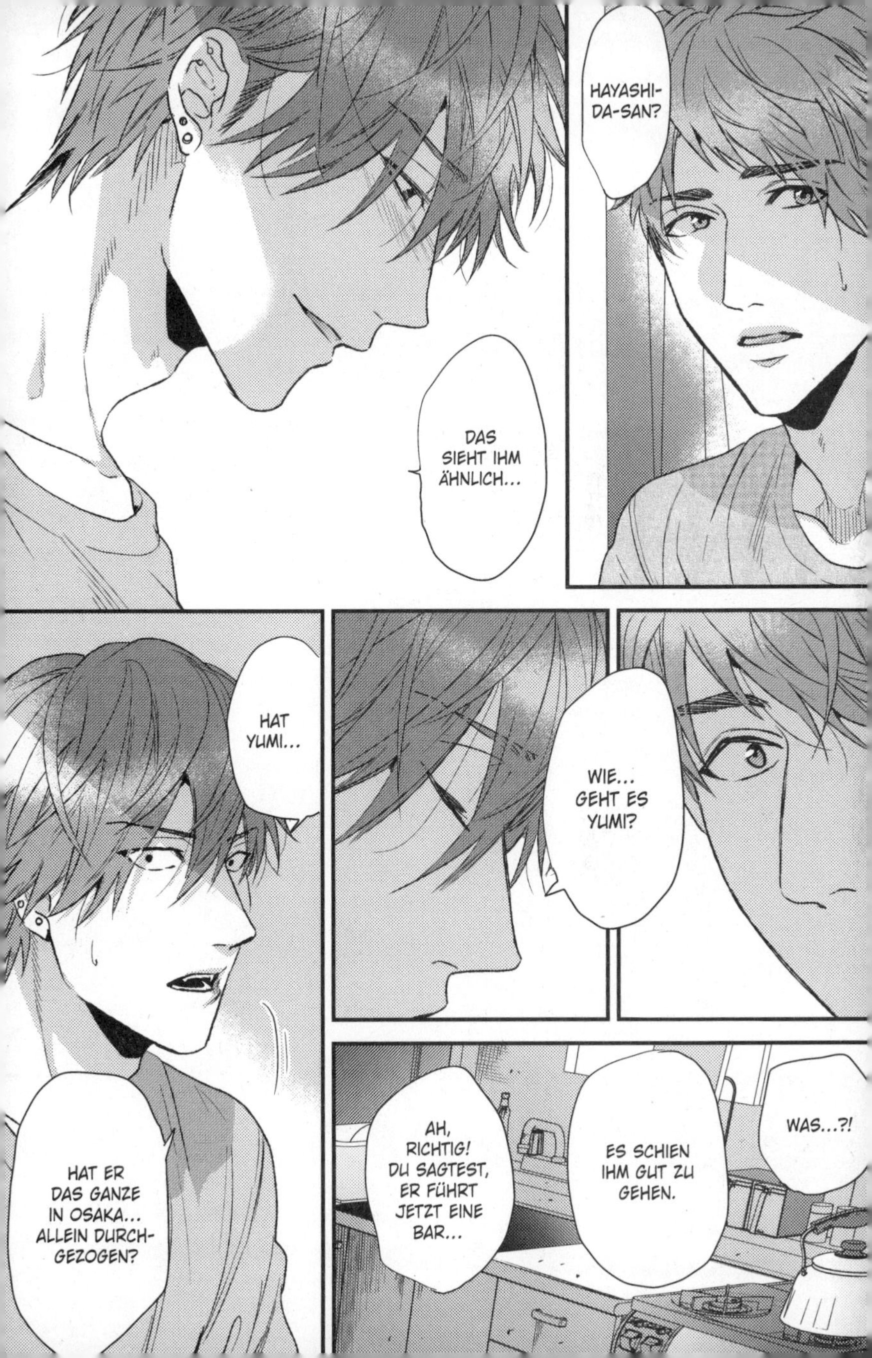
HAYASHI-DA-SAN?
DAS SIEHT IHM ÄHNLICH…
WIE… GEHT ES YUMI?
HAT YUMI…
HAT ER DAS GANZE IN OSAKA… ALLEIN DURCH-GEZOGEN?
WAS…?!
ES SCHIEN IHM GUT ZU GEHEN.
AH, RICHTIG! DU SAGTEST, ER FÜHRT JETZT EINE BAR…

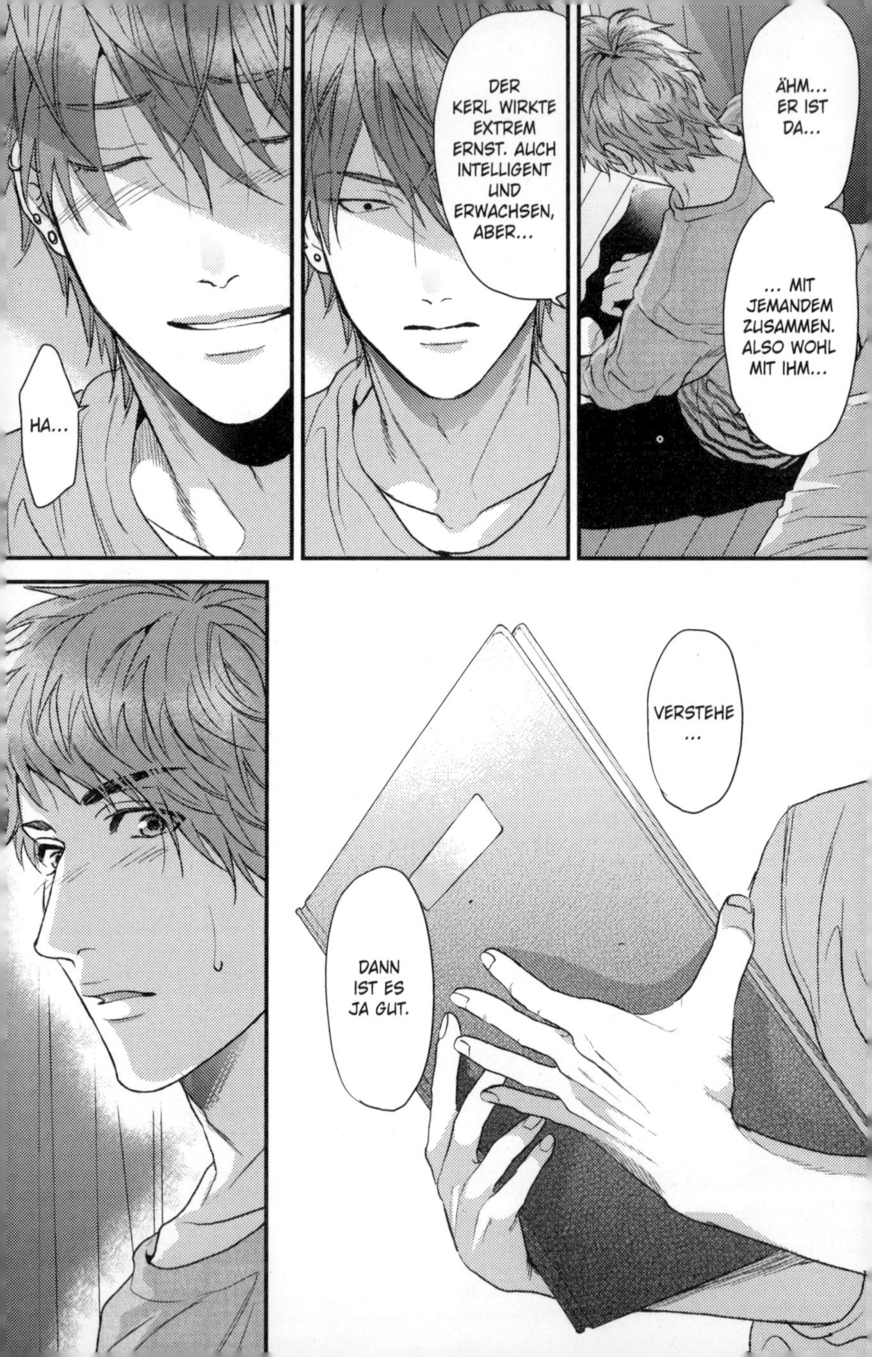

ÄHM… ER IST DA…
… MIT JEMANDEM ZUSAMMEN. ALSO WOHL MIT IHM…
DER KERL WIRKTE EXTREM ERNST. AUCH INTELLIGENT UND ERWACHSEN, ABER…
HA…
VERSTEHE …
DANN IST ES JA GUT.

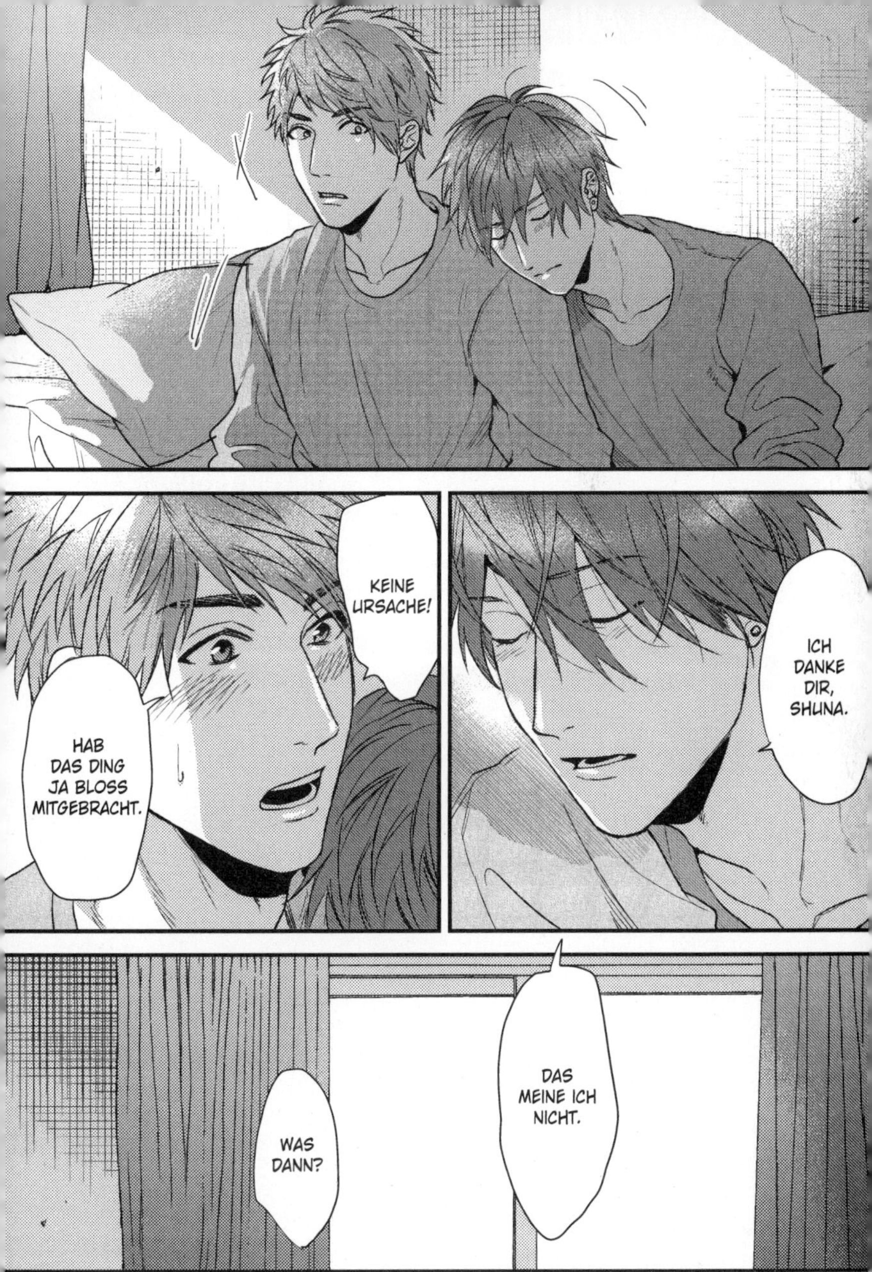
ICH DANKE DIR, SHUNA.
KEINE URSACHE!
HAB DAS DING JA BLOSS MITGEBRACHT.
DAS MEINE ICH NICHT.
WAS DANN?

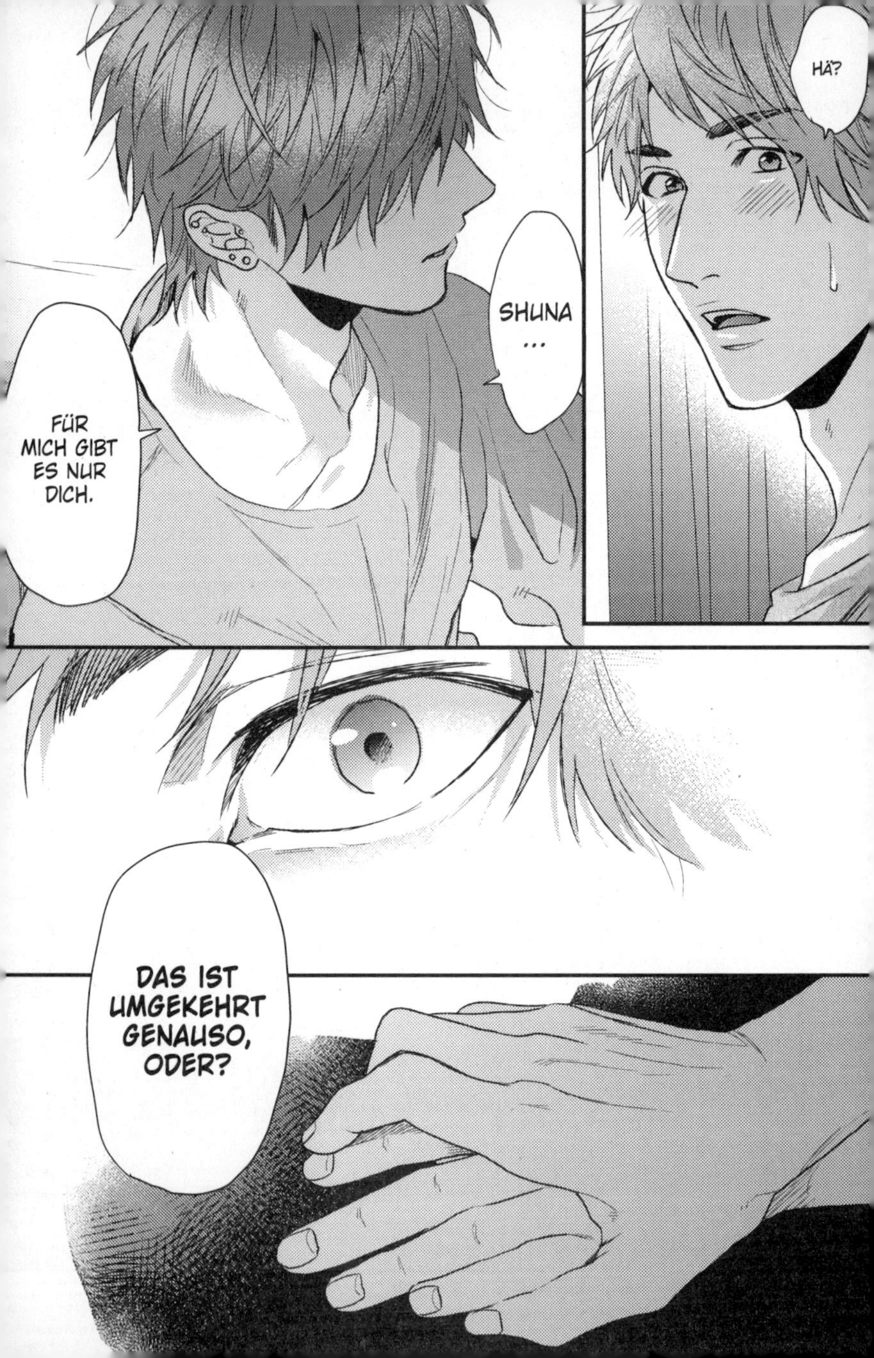
HÄ?
SHUNA …
FÜR MICH GIBT ES NUR DICH.
DAS IST UMGEKEHRT GENAUSO, ODER?

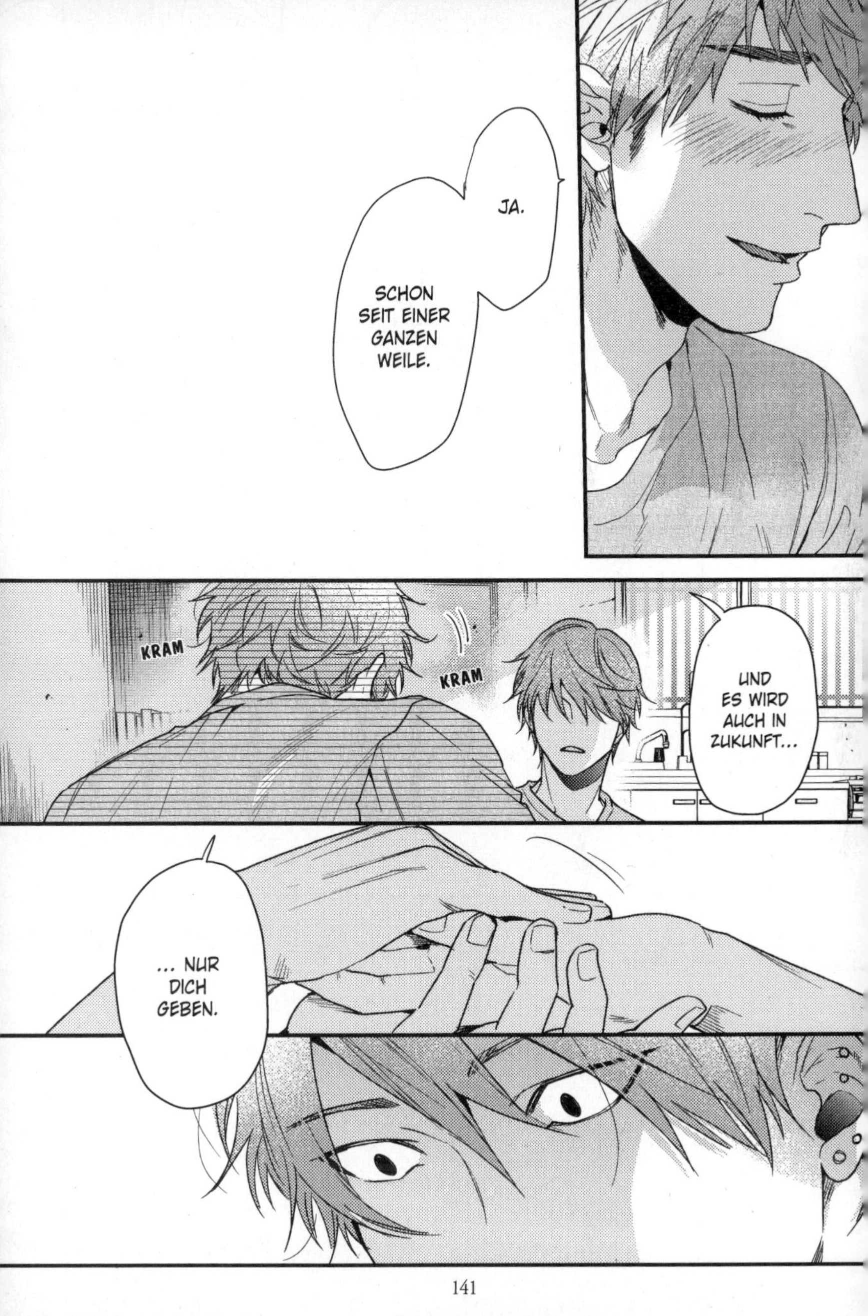
JA.
SCHON SEIT EINER GANZEN WEILE.
KRAM
KRAM
UND ES WIRD AUCH IN ZUKUNFT...
... NUR DICH GEBEN.

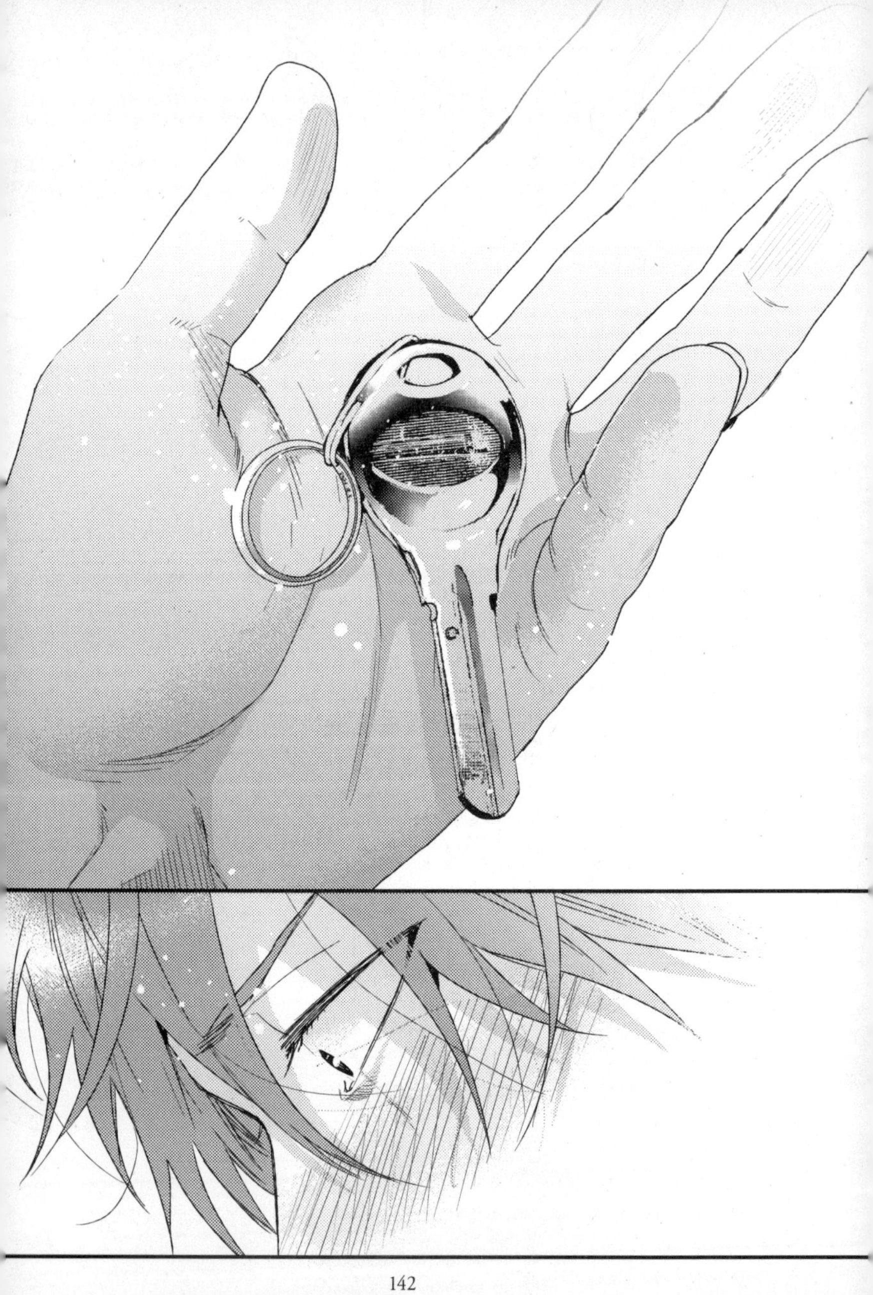

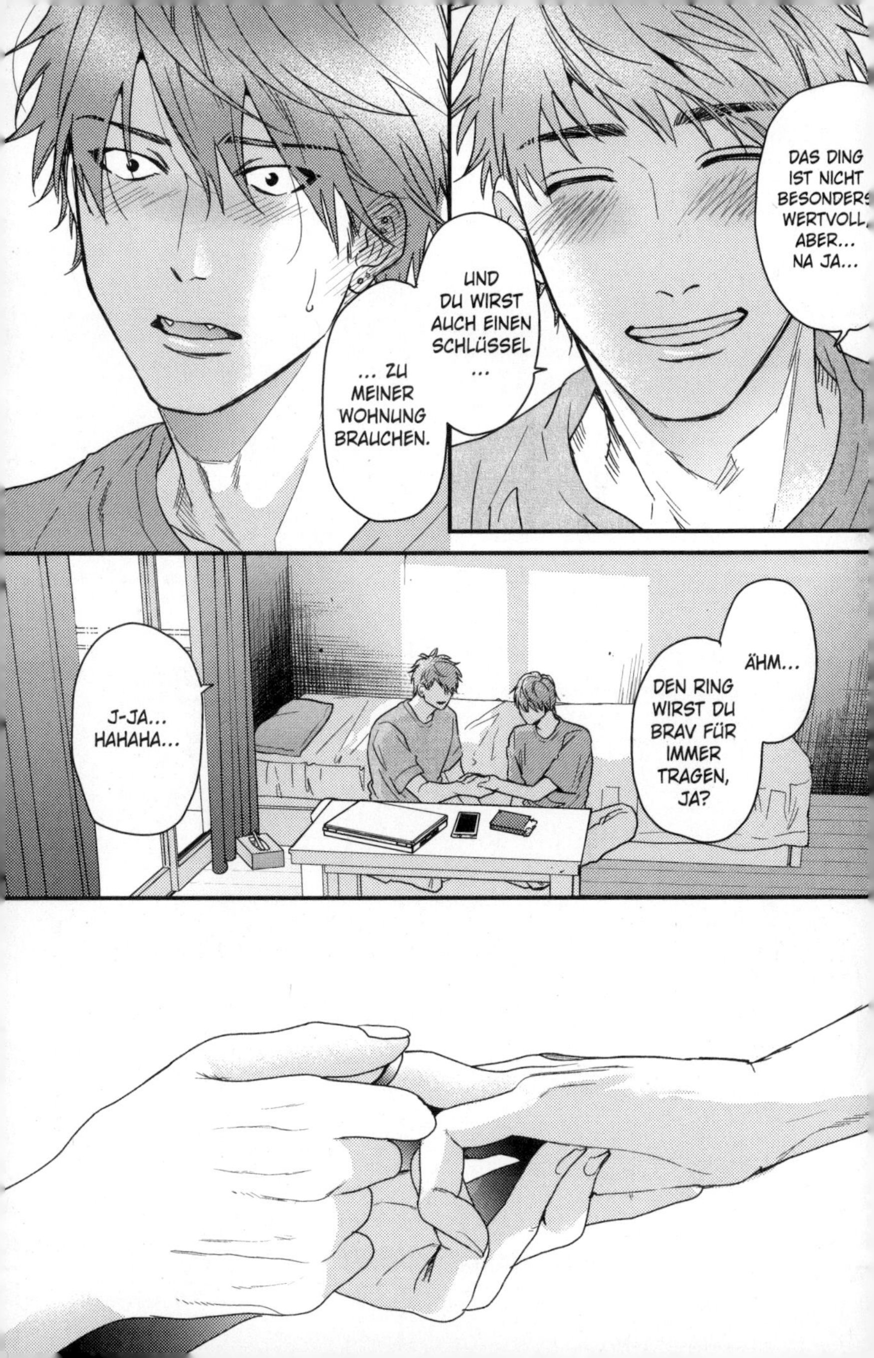
DAS DING IST NICHT BESONDERS WERTVOLL, ABER... NA JA...
UND DU WIRST AUCH EINEN SCHLÜSSEL ...
... ZU MEINER WOHNUNG BRAUCHEN.
ÄHM... DEN RING WIRST DU BRAV FÜR IMMER TRAGEN, JA?
J-JA... HAHAHA...

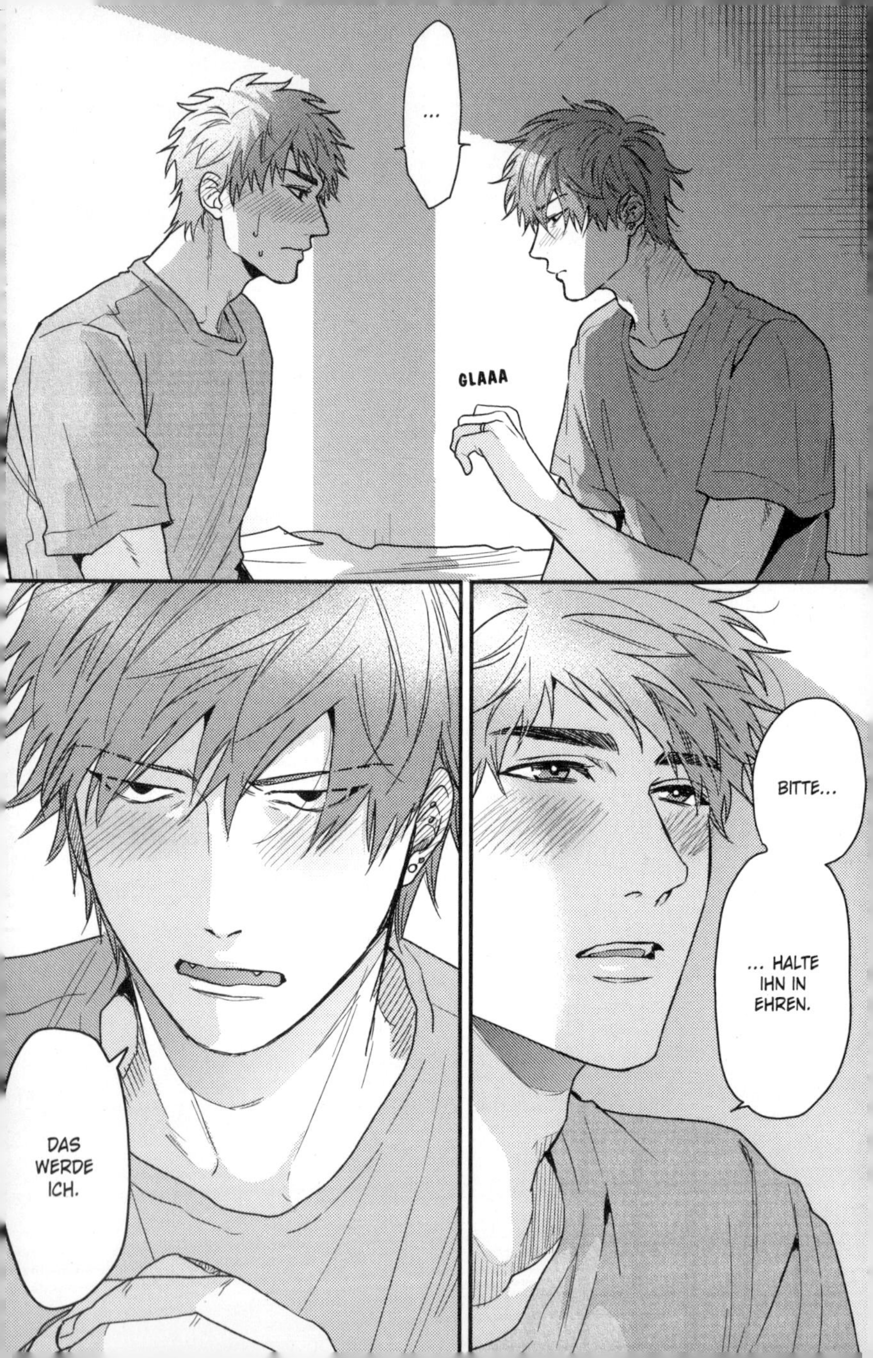
…
GLAAA
BITTE…
… HALTE IHN IN EHREN.
DAS WERDE ICH.

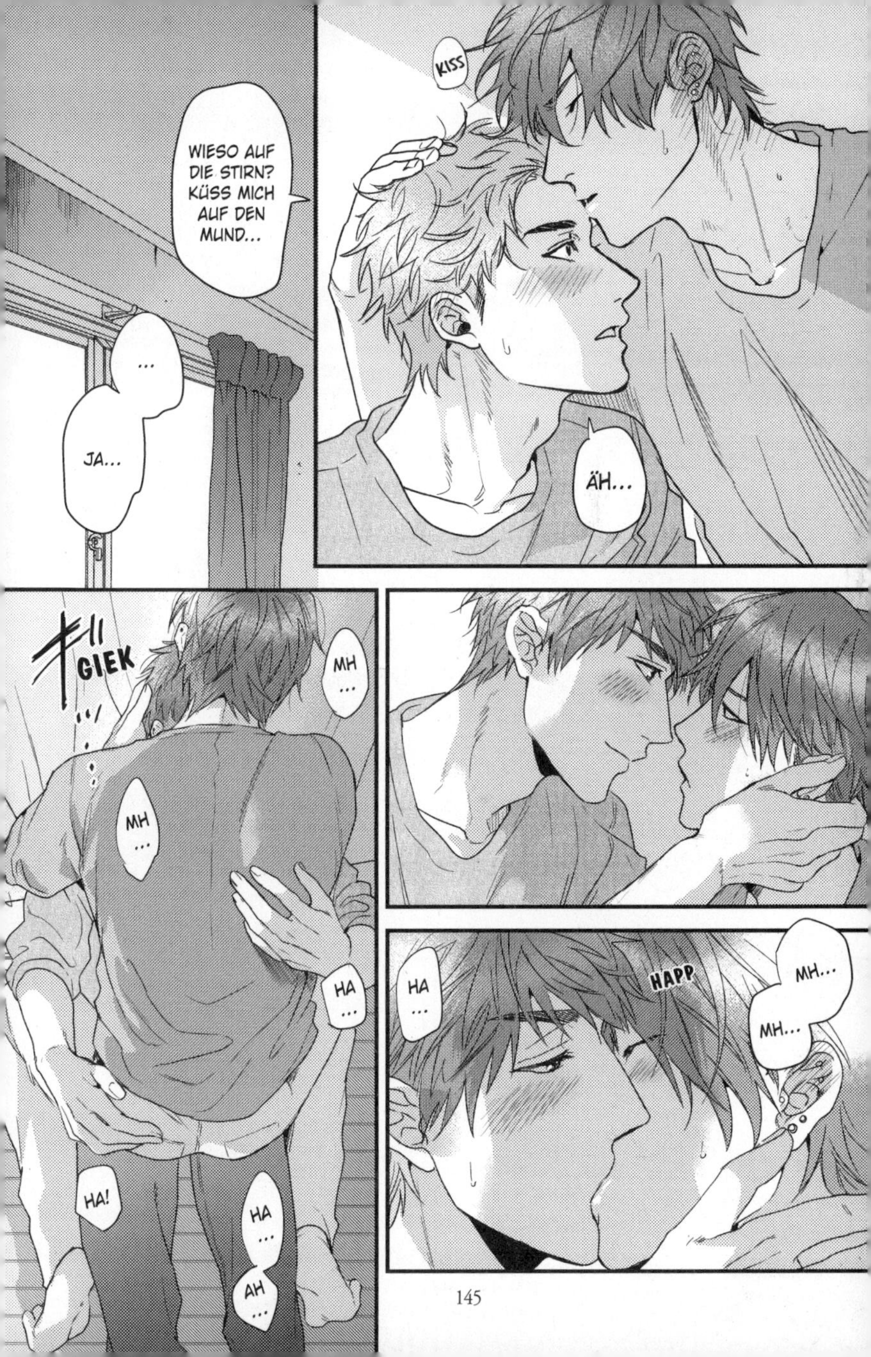
KISS
ÄH…
WIESO AUF DIE STIRN? KÜSS MICH AUF DEN MUND…
…
JA…
HAPP
MH…
MH…
HA …
GIEK
MH …
MH …
HA …
HA!
HA …
AH …

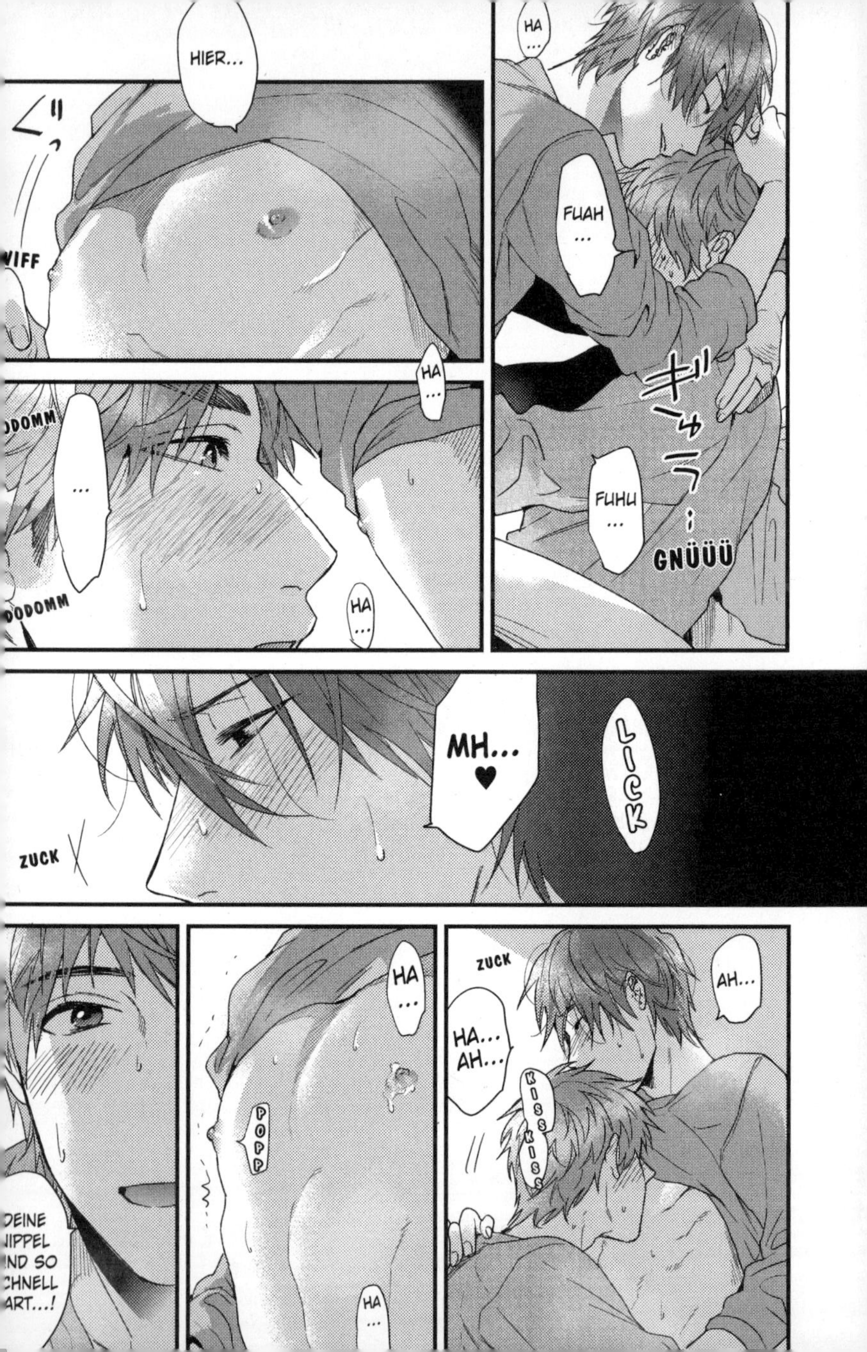

HA...
FUAH...
ギュラ
GNÜÜÜ
FUHU...
HIER...
ぐりっ
HA...
...
ODOMM
ODOMM
HA...
LICK
MH... ♥
ZUCK
AH...
ZUCK
HA... AH...
KISS KISS
HA...
POPP
HA...
DEINE
IPPEL
ND SO
CHNELL
ART...!

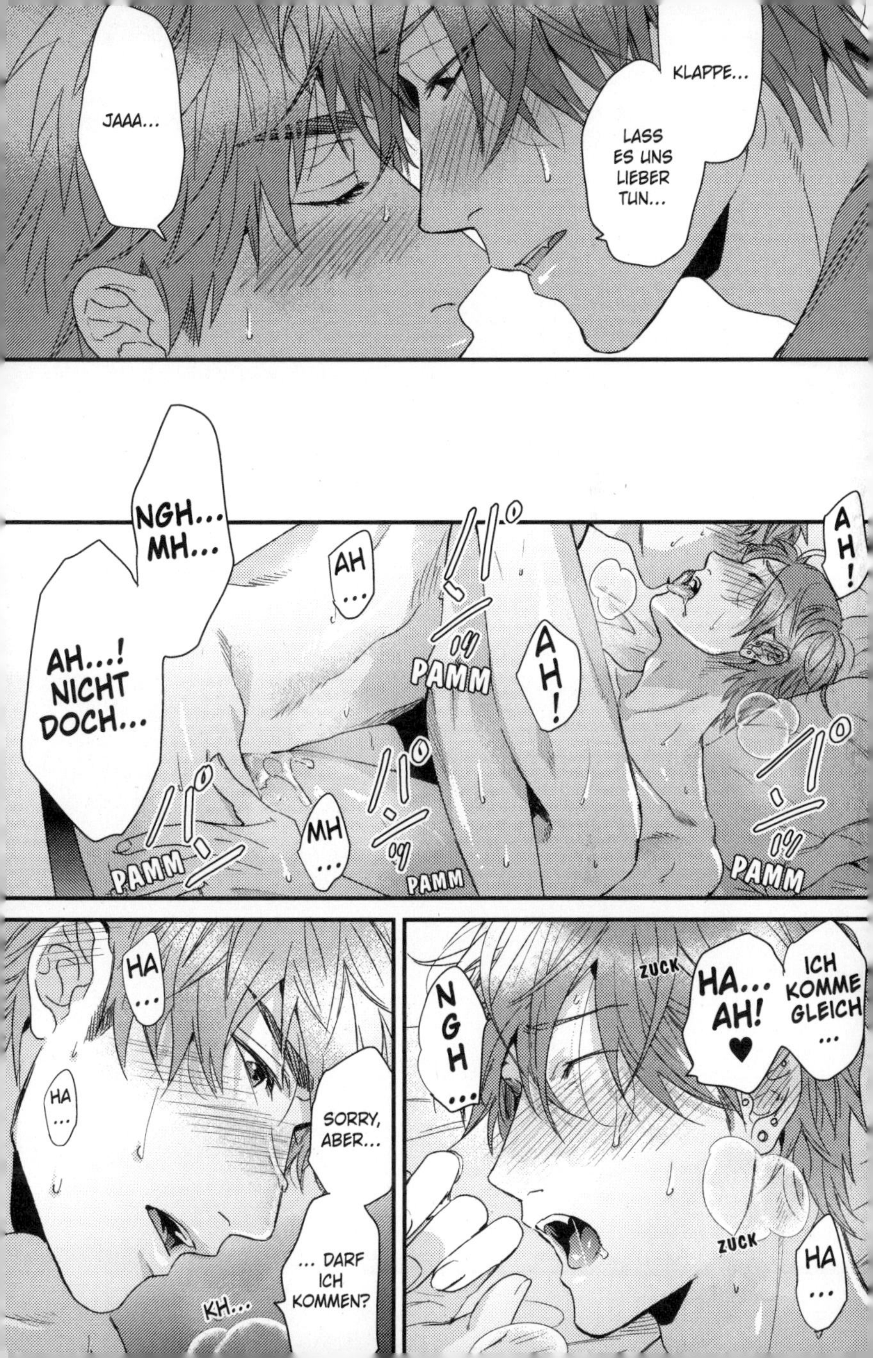
KLAPPE…
LASS ES UNS LIEBER TUN…
JAAA…
AH!
PAMM
AH!
PAMM
AH …
NGH… MH…
AH…! NICHT DOCH…
MH …
PAMM
PAMM
ICH KOMME GLEICH …
HA… AH! ♥
ZUCK
NGH …
ZUCK
HA …
HA …
SORRY, ABER…
HA …
… DARF ICH KOMMEN?
KH…

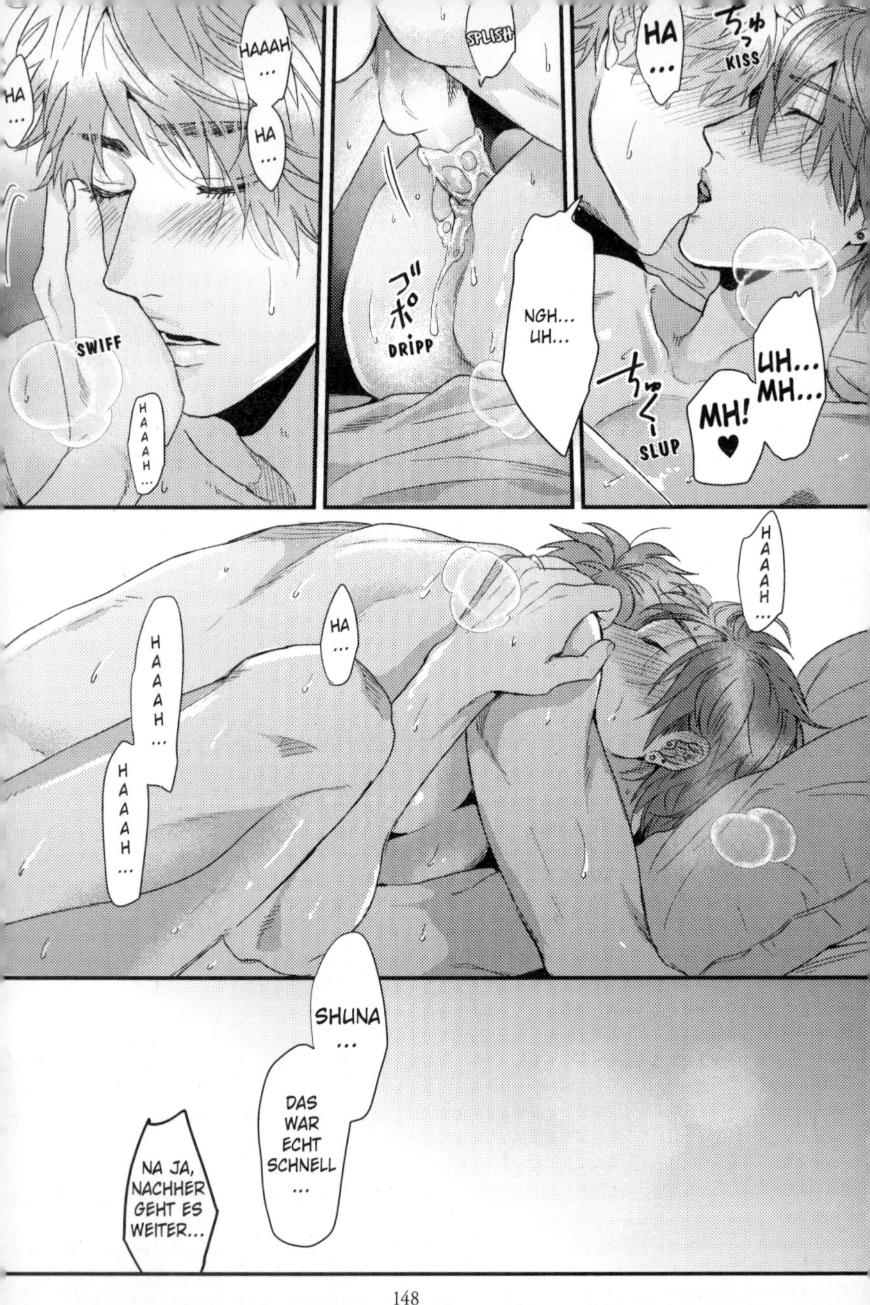
HA ...
ちゅっ KISS
UH... MH...
MH! ♥
ちゅく SLUP
SPLISH
NGH... UH...
ゴポ DRIPP
HAAAH ...
HA ...
HA ...
SWIFF
HAAAH ...
HAAAH ...
HA ...
HAAAH ...
HAAAH ...
SHUNA ...
DAS WAR ECHT SCHNELL ...
NA JA, NACHHER GEHT ES WEITER...

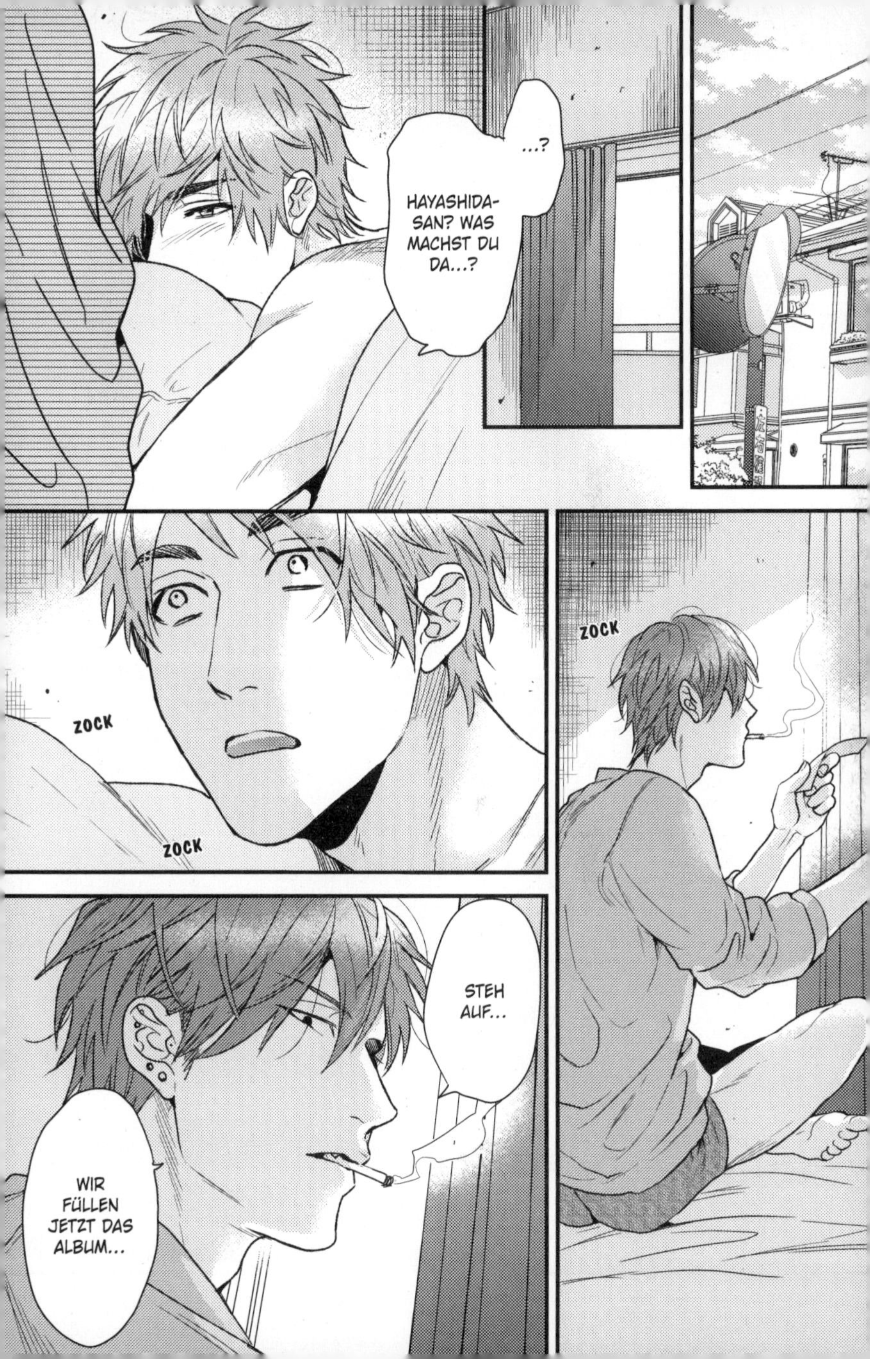
...?
HAYASHIDA-SAN? WAS MACHST DU DA...?
ZOCK
ZOCK
ZOCK
STEH AUF...
WIR FÜLLEN JETZT DAS ALBUM...

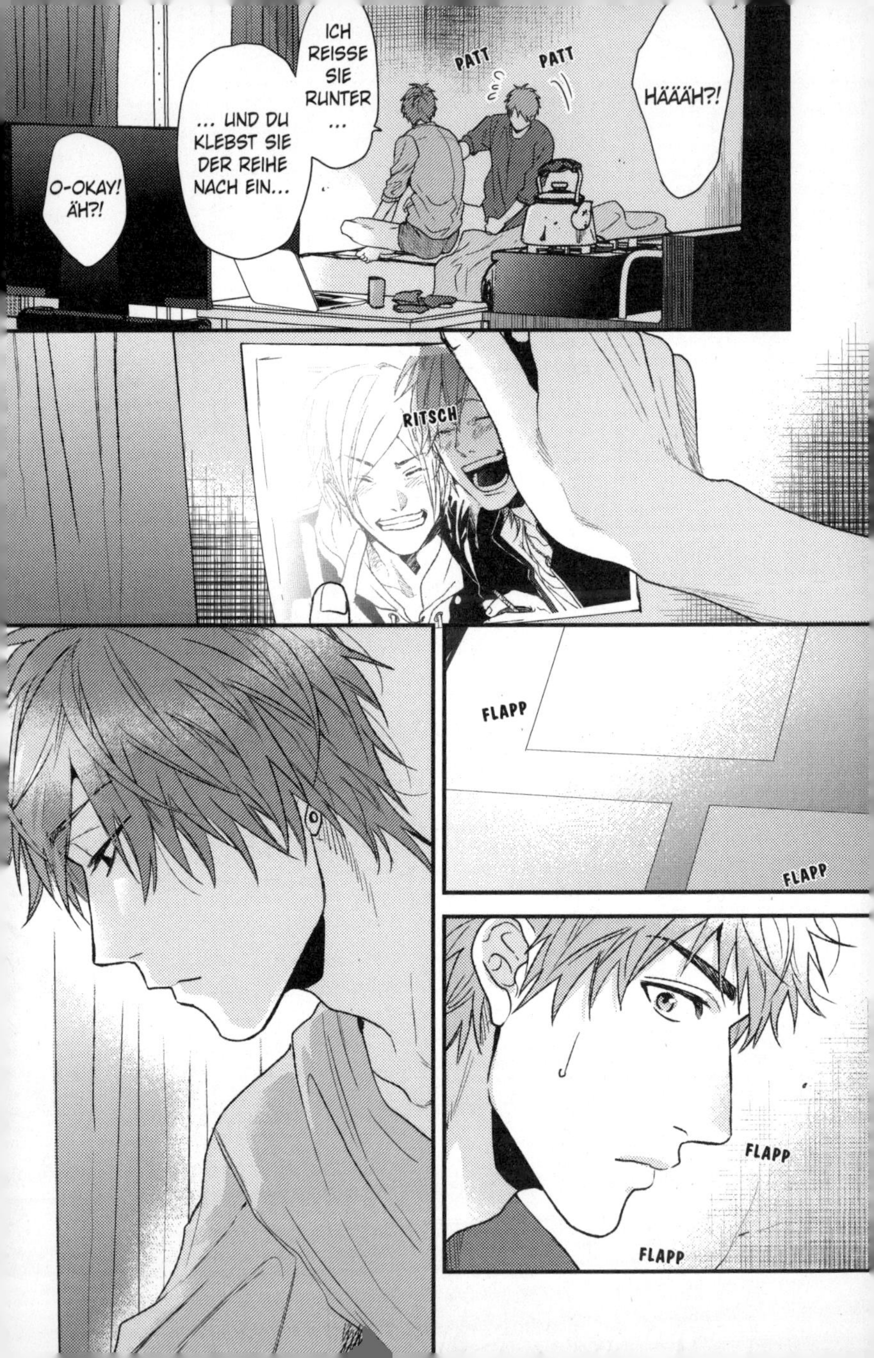
HÄÄÄH?!
PATT
PATT
ICH REISSE SIE RUNTER ...
... UND DU KLEBST SIE DER REIHE NACH EIN...
O-OKAY! ÄH?!
RITSCH
FLAPP
FLAPP
FLAPP
FLAPP

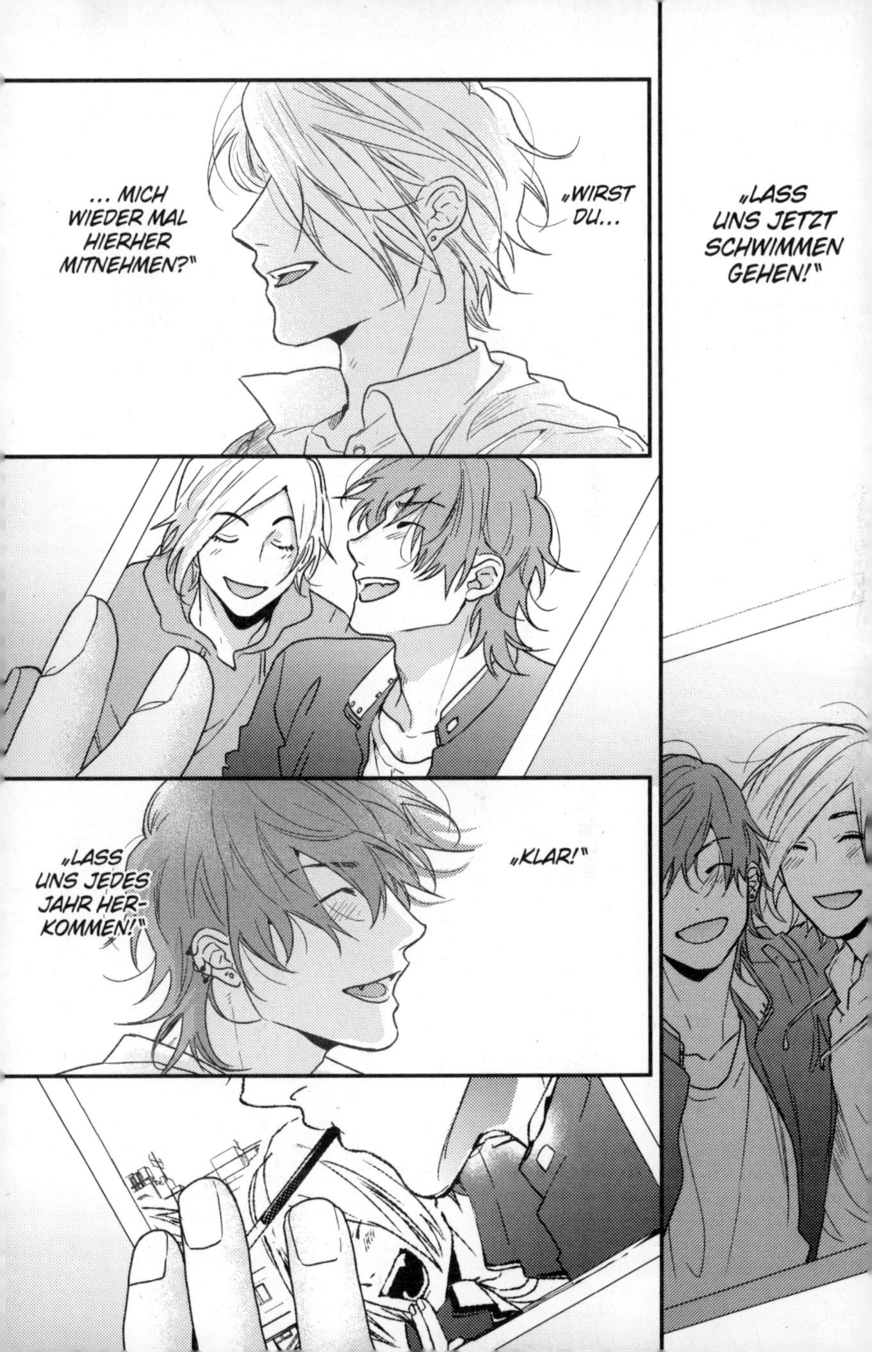
„LASS UNS JETZT SCHWIMMEN GEHEN!"
„WIRST DU…
… MICH WIEDER MAL HIERHER MITNEHMEN?"
„KLAR!"
„LASS UNS JEDES JAHR HER-KOMMEN!"

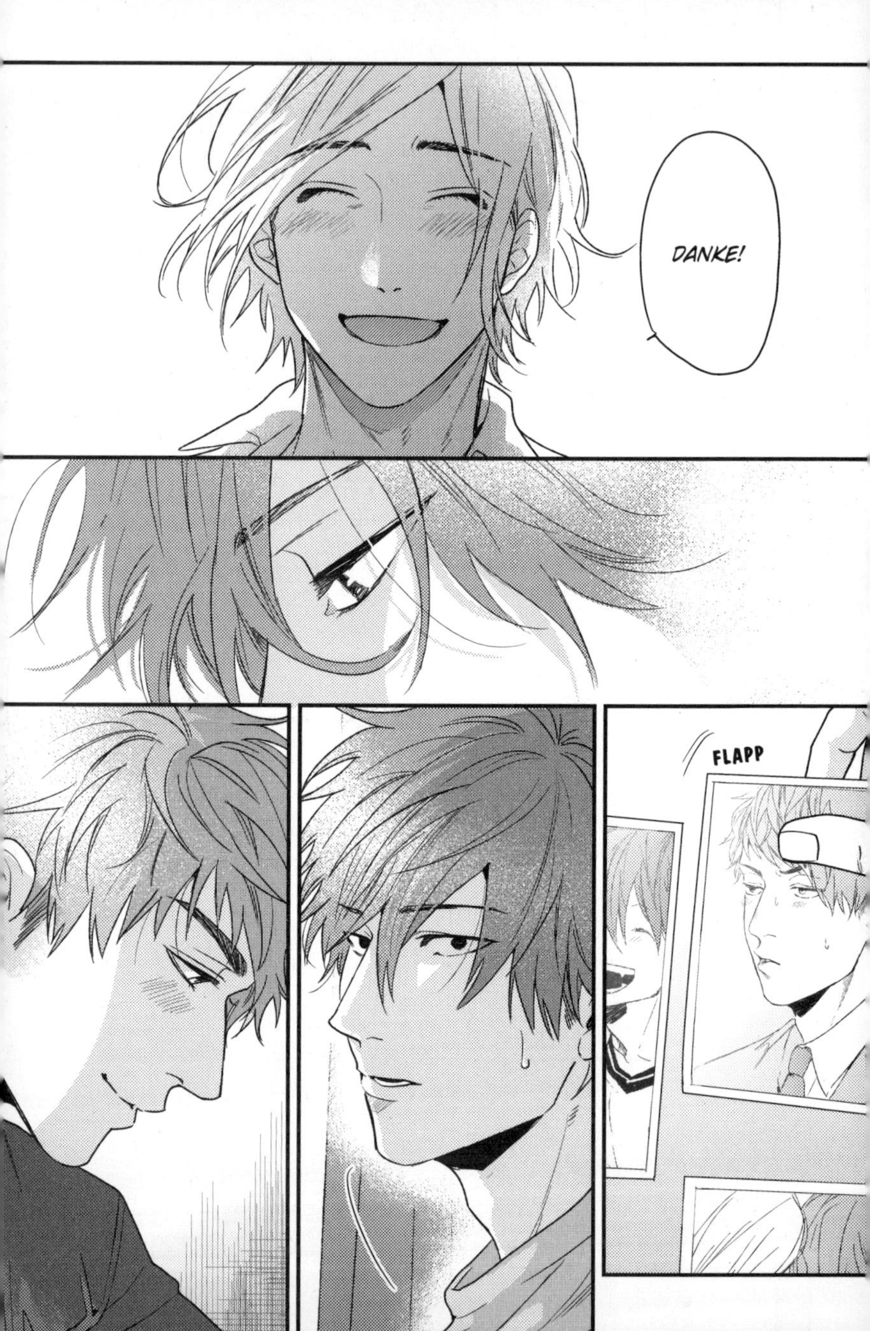
DANKE!
FLAPP

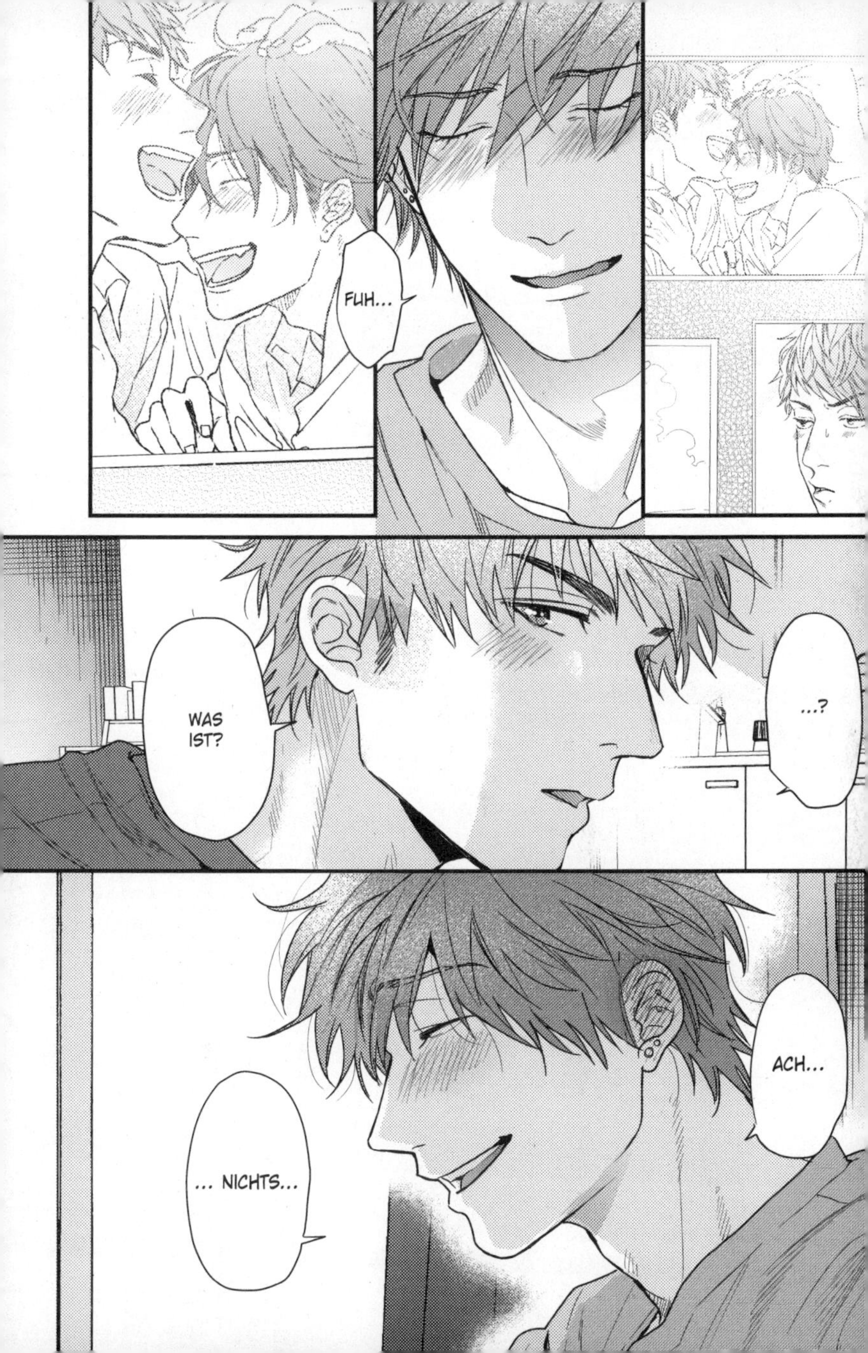
FUH...
...?
WAS IST?
ACH...
... NICHTS...

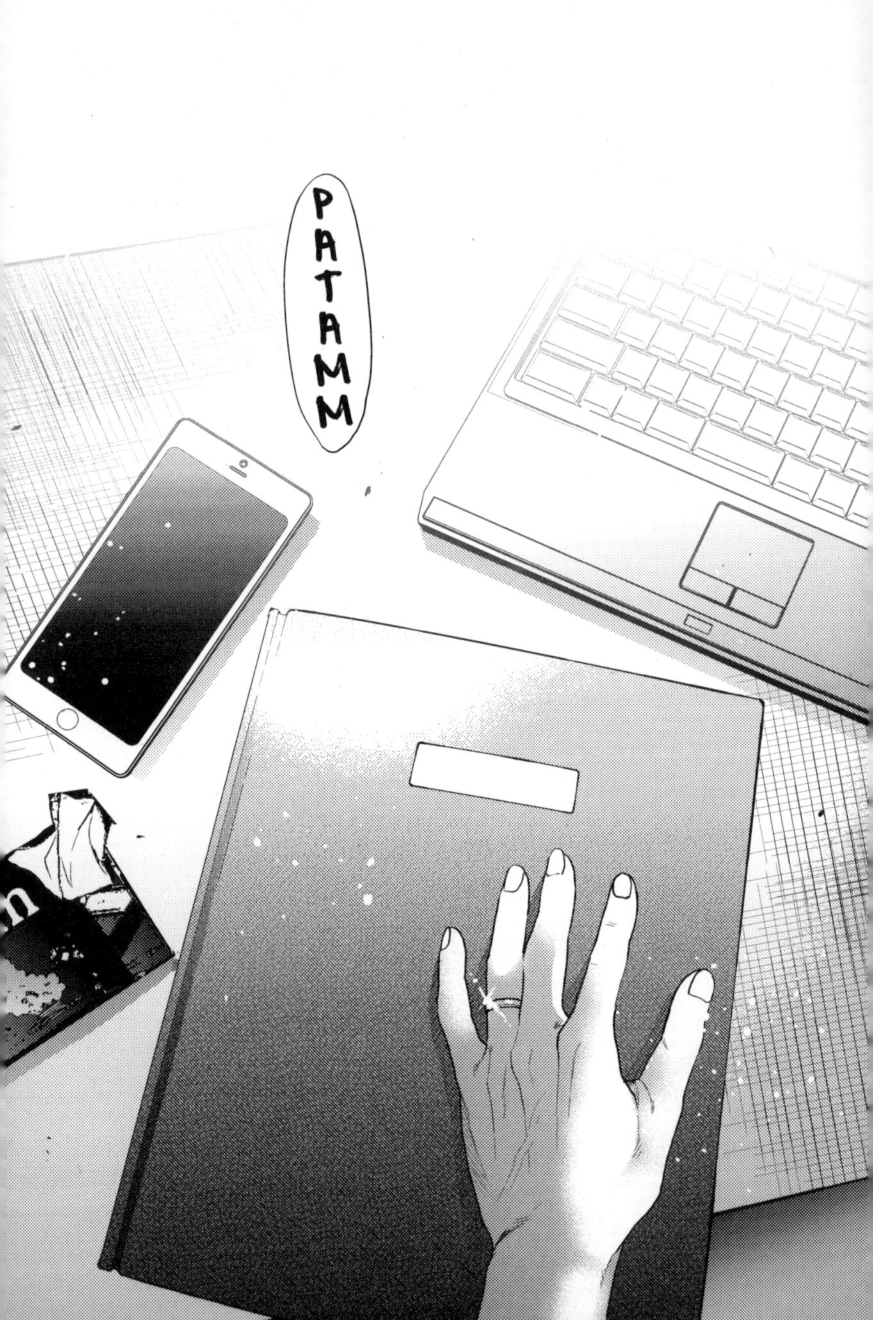
PATAMM

Obsessed with a Naked Monster

OGERETSU TANAKA

Obsessed with a Naked Monster

OGERETSU TANAKA

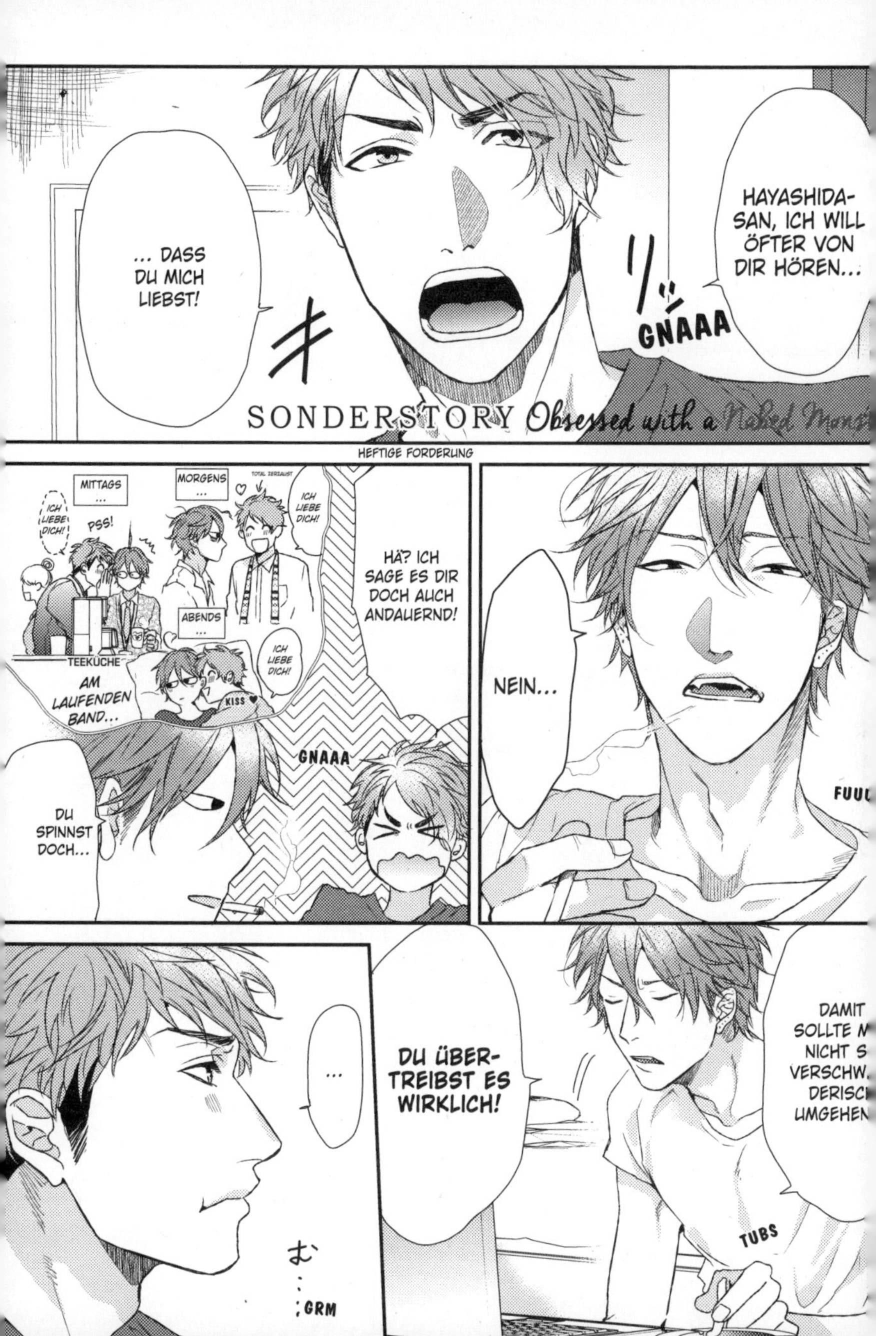
HAYASHIDA-SAN, ICH WILL ÖFTER VON DIR HÖREN…
GNAAA
… DASS DU MICH LIEBST!
SONDERSTORY Obsessed with a Naked Monst
HEFTIGE FORDERUNG
NEIN…
FUUU
HÄ? ICH SAGE ES DIR DOCH AUCH ANDAUERND!
MORGENS …
TOTAL ZERZAUST
ICH LIEBE DICH!
MITTAGS …
ICH LIEBE DICH!
PSS!
ABENDS …
ICH LIEBE DICH!
KISS ♥
TEEKÜCHE
AM LAUFENDEN BAND…
GNAAA
DU SPINNST DOCH…
DAMIT SOLLTE M NICHT S VERSCHW. DERISC UMGEHEN
DU ÜBERTREIBST ES WIRKLICH!
TUBS
…
む…
GRM

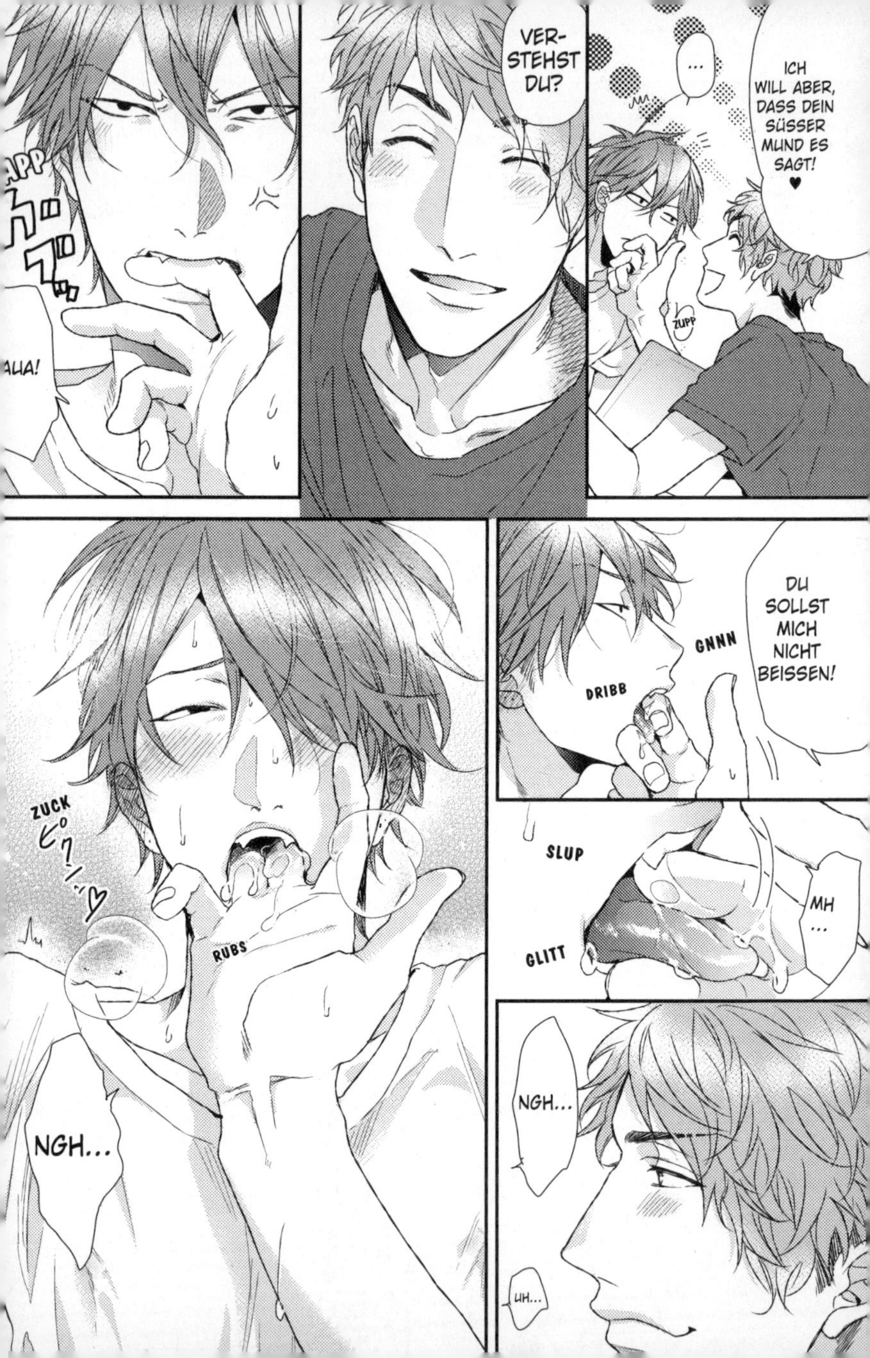

ICH WILL ABER, DASS DEIN SÜSSER MUND ES SAGT! ♥
...
ZUPP
VER-STEHST DU?
APP
AUA!
DU SOLLST MICH NICHT BEISSEN!
GNNN
DRIBB
SLUP
MH ...
GLITT
NGH...
UH...
ZUCK
RUBS
NGH...

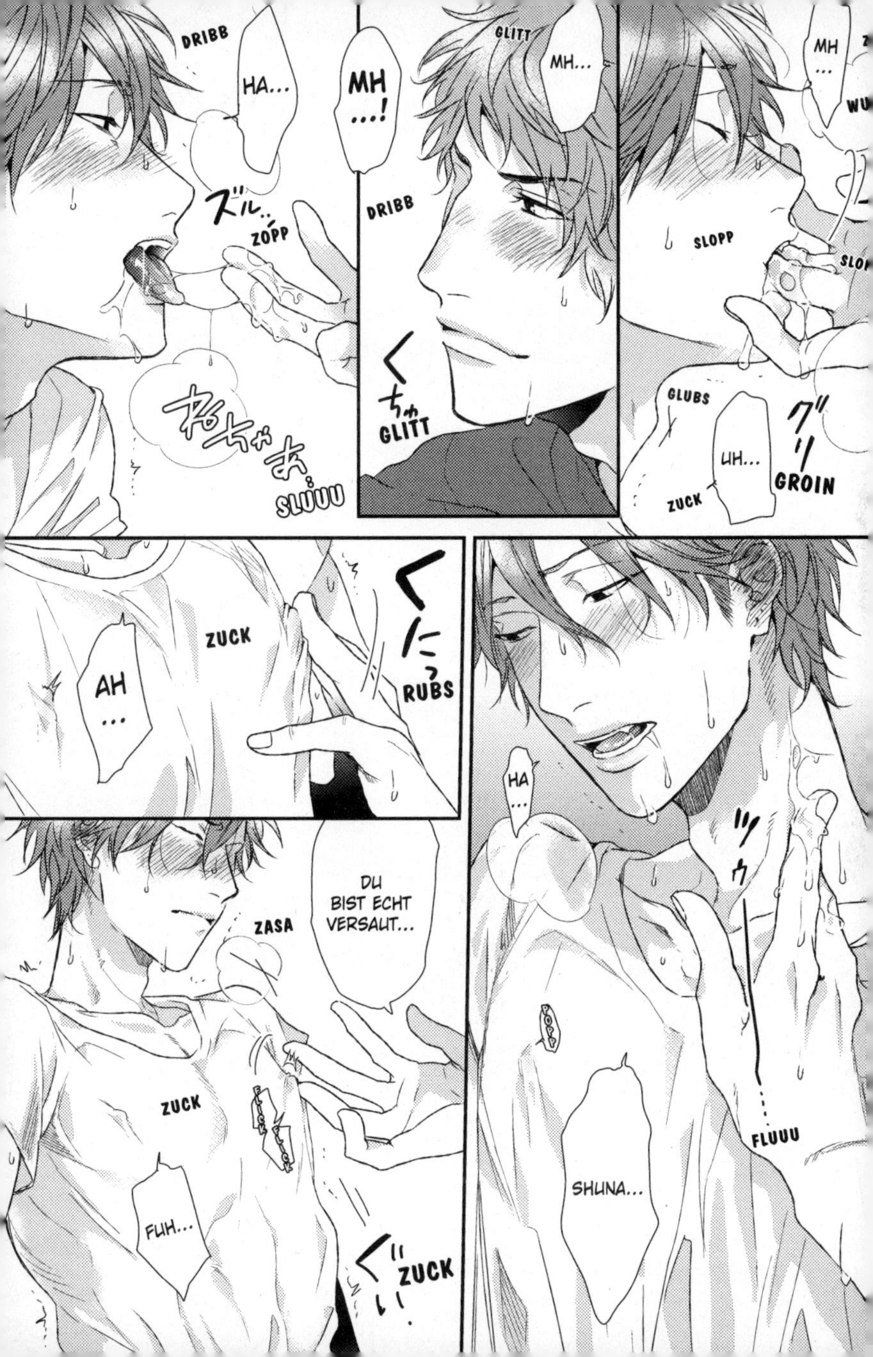
MH...
WU
SLOPP
SLO
GLUBS
UH...
ZUCK
グリ
GROIN
GLITT
MH...
MH...!
DRIBB
くちゅ
GLITT
DRIBB
HA...
ズル..
ZOPP
ねちゃあ
SLUUU
HA...
ツゥ
FLUUU
POPP
SHUNA...
ZUCK
AH...
くたっ
RUBS
ZASA
DU BIST ECHT VERSAUT...
ZUCK
FLICK
FLICK
FUH...
くいっ
ZUCK

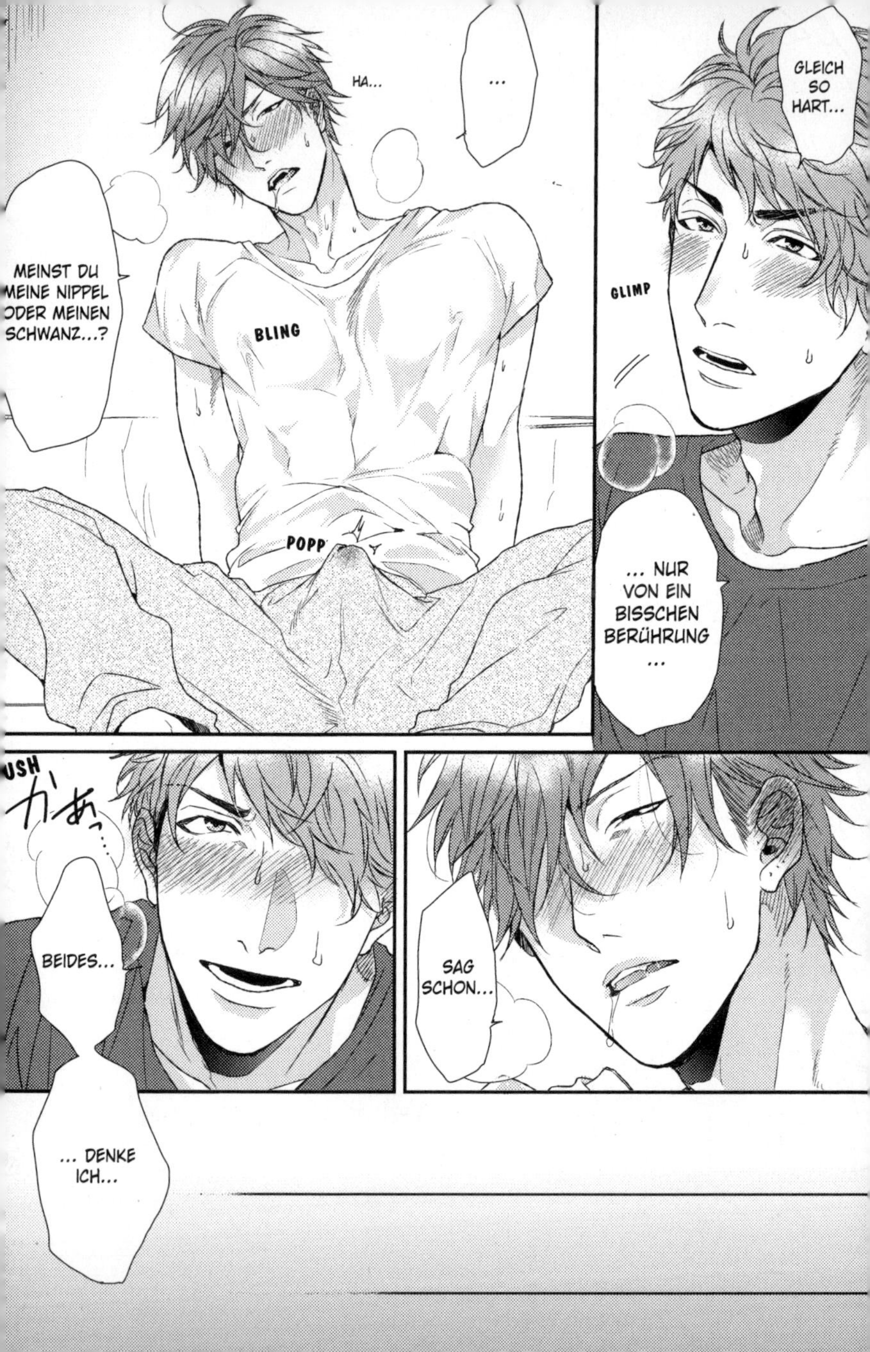
GLEICH SO HART...
GLIMP
... NUR VON EIN BISSCHEN BERÜHRUNG ...
...
HA...
MEINST DU MEINE NIPPEL ODER MEINEN SCHWANZ...?
BLING
POPP
SAG SCHON...
USH
かあっ
BEIDES...
... DENKE ICH...

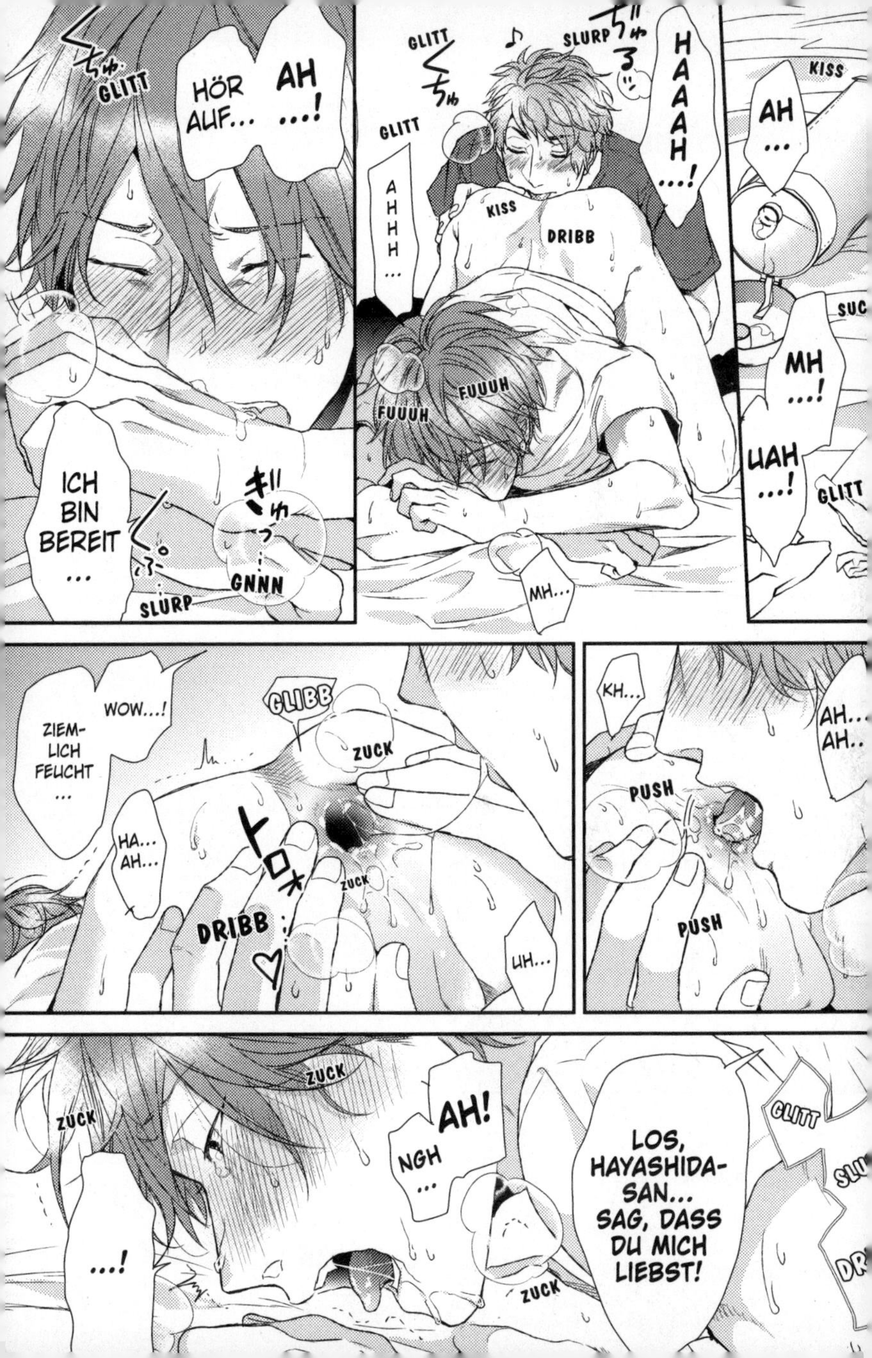
KISS
AH ...
SUC
MH ...!
UAH ...!
GLITT
SLURP
HAAAAH ...!
♪
GLITT
GLITT
AHHH ...
KISS
DRIBB
FUUUH
FUUUH
MH...
AH ...!
HÖR AUF...
GLITT
ICH BIN BEREIT ...
GNNN
SLURP
KH...
AH... AH...
PUSH
PUSH
WOW...!
ZIEM-LICH FEUCHT ...
GLIBB
ZUCK
HA... AH...
ZUCK
DRIBB
UH...
GLITT
SLU
LOS, HAYASHIDA-SAN... SAG, DASS DU MICH LIEBST!
AH!
NGH ...
ZUCK
ZUCK
ZUCK
...!

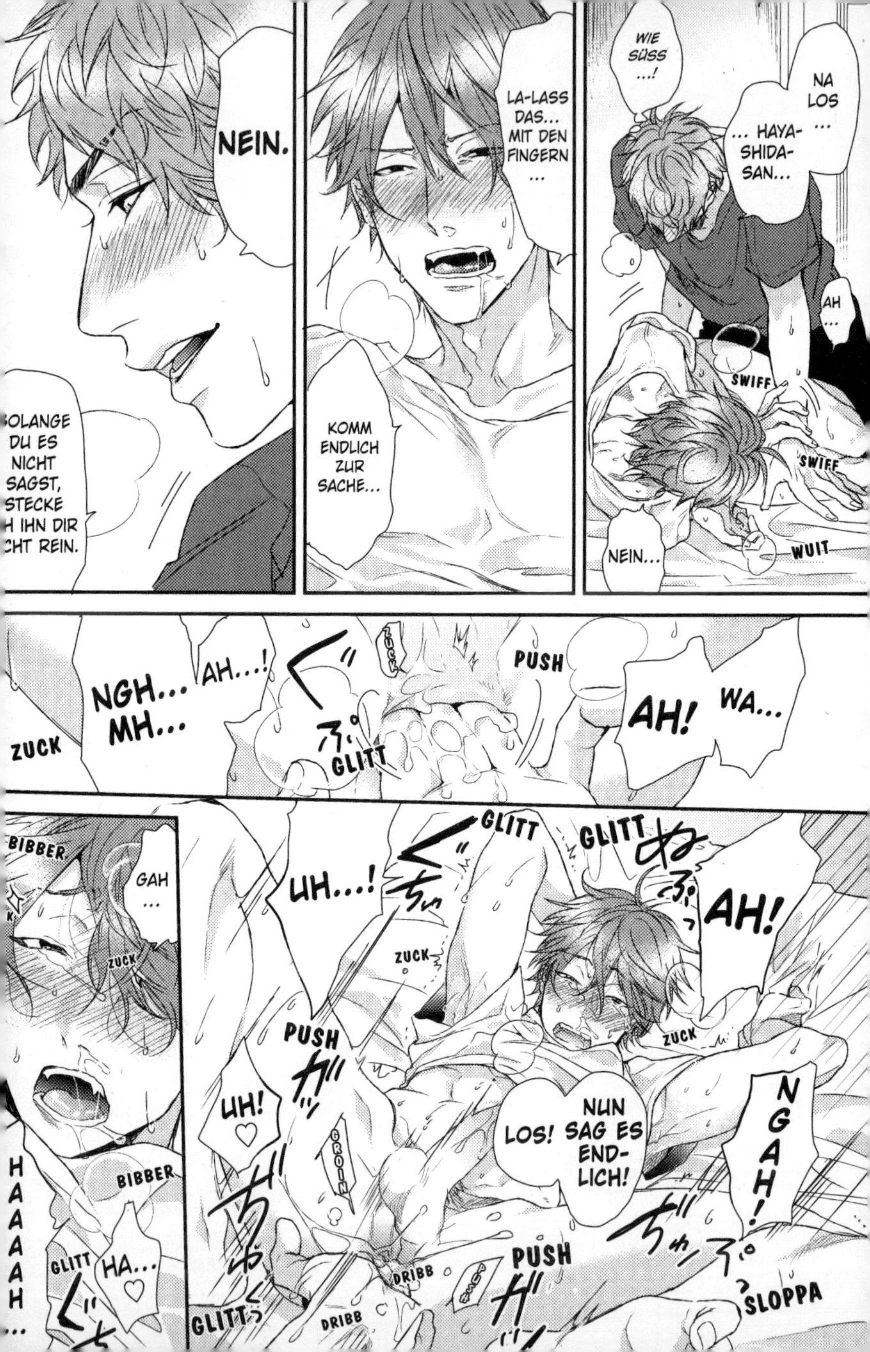
WIE SÜSS ...!
NA LOS ...
... HAYA-SHIDA-SAN...
AH ...
SWIFF
SWIFF
NEIN...
WUIT
LA-LASS DAS... MIT DEN FINGERN ...
KOMM ENDLICH ZUR SACHE...
NEIN.
SOLANGE DU ES NICHT SAGST, STECKE H IHN DIR CHT REIN.
WA...
AH!
PUSH
ZUCK
GLITT
AH...!
NGH... MH...
ZUCK
N G A H!
AH!
GLITT
GLITT
UH...!
ZUCK
ZUCK
NUN SAG ES END-LICH!
LOS!
PUSH
UH! ♡
GROIN
PUSH
DRIBB
DRIBB
SLOPPA
GLITT
BIBBER
GAH ...
ZUCK
H A A A A A H ...
BIBBER
HA... ♡
GLITT

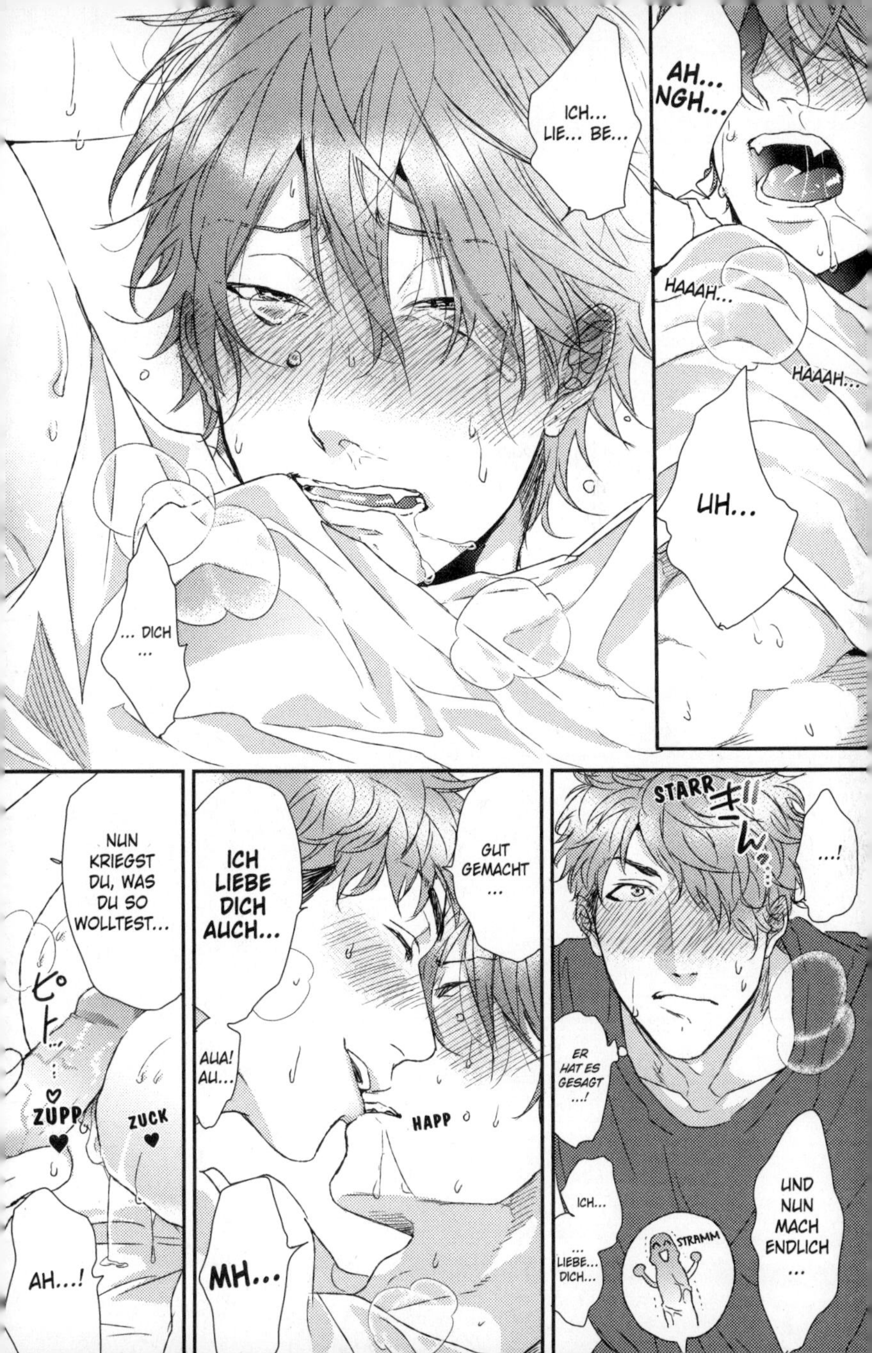
AH... NGH...
HAAAH...
HAAAH...
UH...
ICH... LIE... BE...
... DICH ...
STARR
...!
ER HAT ES GESAGT ...!
ICH...
... LIEBE... DICH...
STRAMM
UND NUN MACH ENDLICH ...
GUT GEMACHT ...
ICH LIEBE DICH AUCH...
AUA! AU...
HAPP
MH...
NUN KRIEGST DU, WAS DU SO WOLLTEST...
ZUPP
ZUCK
AH...!

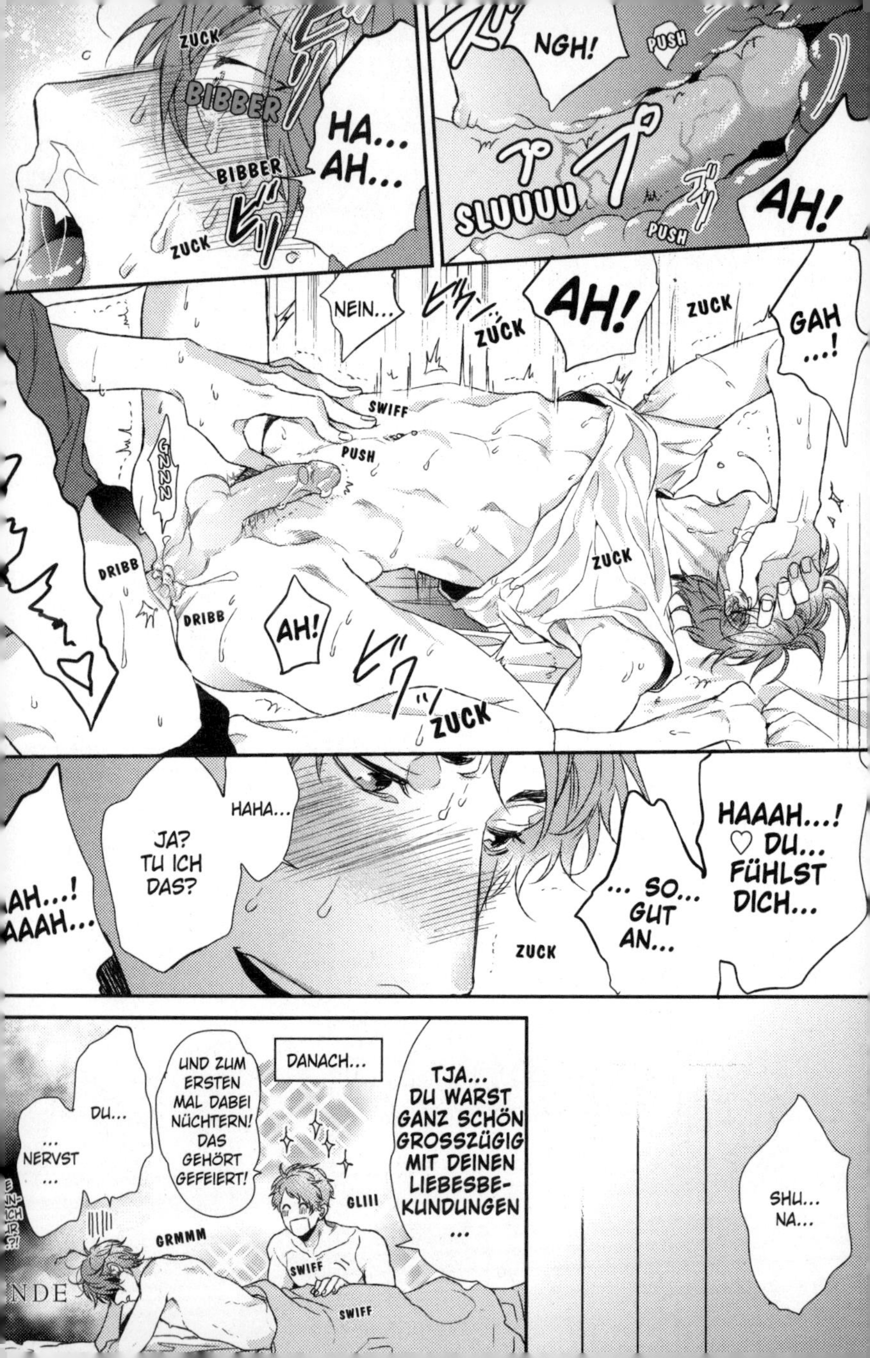

NGH!
PUSH
SLUUUU
AH!
PUSH
ZUCK
BIBBER
HA... AH...
BIBBER
ZUCK
GAH ...!
ZUCK
AH!
NEIN...
ZUCK
SWIFF
PUSH
GNZZ
ZUCK
DRIBB
DRIBB
AH!
ZUCK
HAAAH...! ♡ DU... FÜHLST DICH...
... SO... GUT AN...
ZUCK
HAHA...
JA? TU ICH DAS?
AH...! AAAH...
SHU... NA...
TJA... DU WARST GANZ SCHÖN GROSSZÜGIG MIT DEINEN LIEBESBE-KUNDUNGEN ...
DANACH...
UND ZUM ERSTEN MAL DABEI NÜCHTERN! DAS GEHÖRT GEFEIERT!
GLIII
DU...
... NERVST ...
GRMMM
SWIFF
SWIFF
NDE

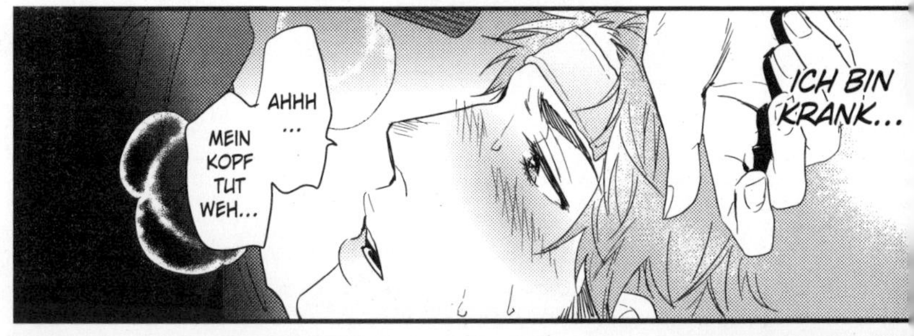
ICH BIN KRANK...
AHHH ...
MEIN KOPF TUT WEH...

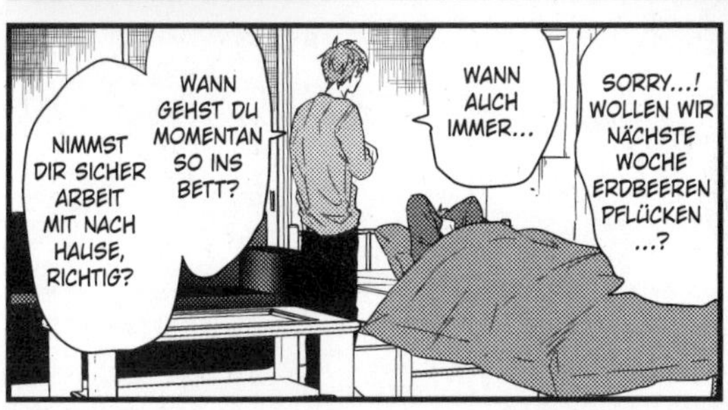
SORRY...! WOLLEN WIR NÄCHSTE WOCHE ERDBEEREN PFLÜCKEN ...?
WANN AUCH IMMER...
WANN GEHST DU MOMENTAN SO INS BETT?
NIMMST DIR SICHER ARBEIT MIT NACH HAUSE, RICHTIG?

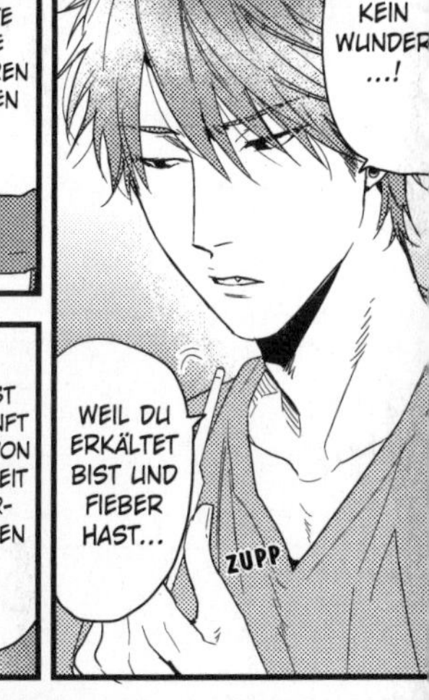
KEIN WUNDER ...!
WEIL DU ERKÄLTET BIST UND FIEBER HAST...
ZUPP

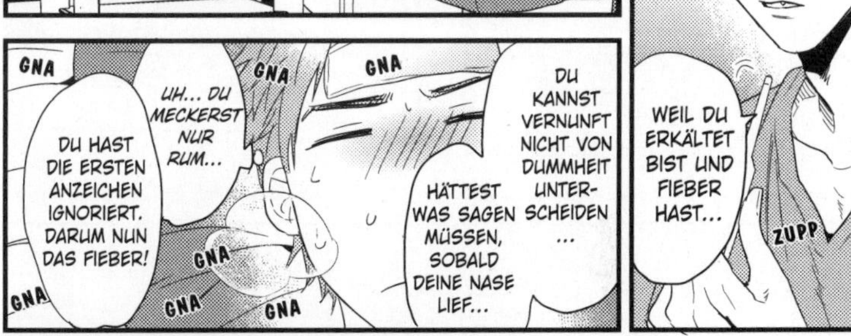
DU KANNST VERNUNFT NICHT VON DUMMHEIT UNTER-SCHEIDEN ...
HÄTTEST WAS SAGEN MÜSSEN, SOBALD DEINE NASE LIEF...
GNA
UH... DU MECKERST NUR RUM...
GNA
DU HAST DIE ERSTEN ANZEICHEN IGNORIERT. DARUM NUN DAS FIEBER!
GNA
GNA
GNA
GNA
GNA

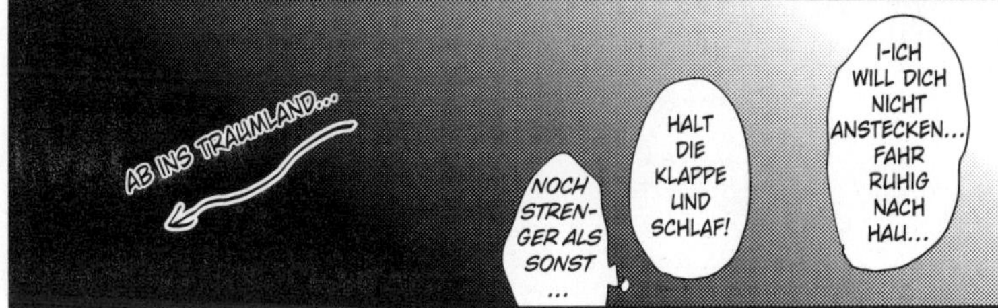
I-ICH WILL DICH NICHT ANSTECKEN... FAHR RUHIG NACH HAU...
HALT DIE KLAPPE UND SCHLAF!
NOCH STRENGER ALS SONST ...
AB INS TRAUMLAND...

AM NÄCHSTEN TAG

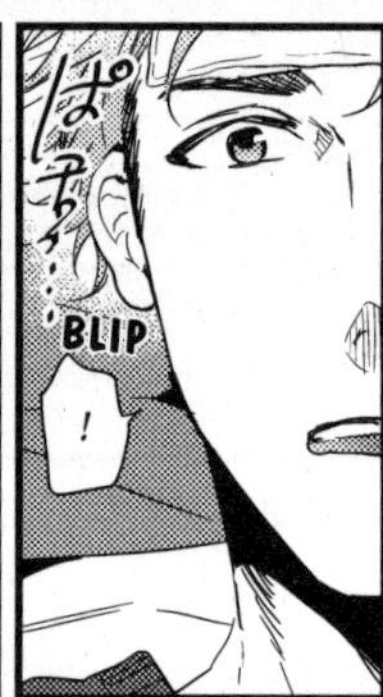

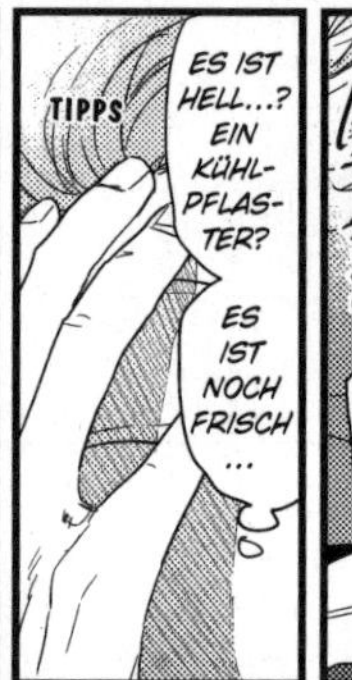

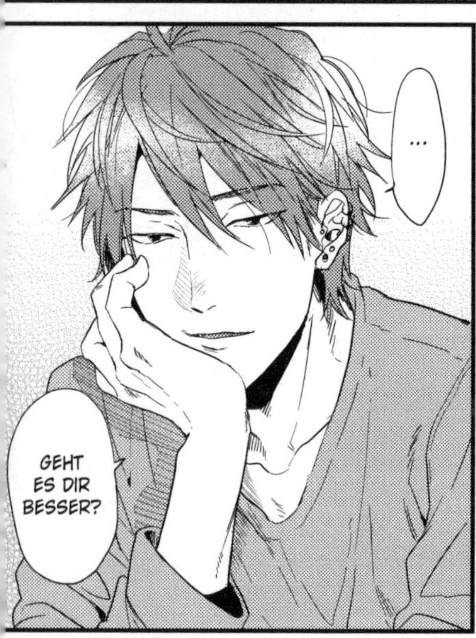

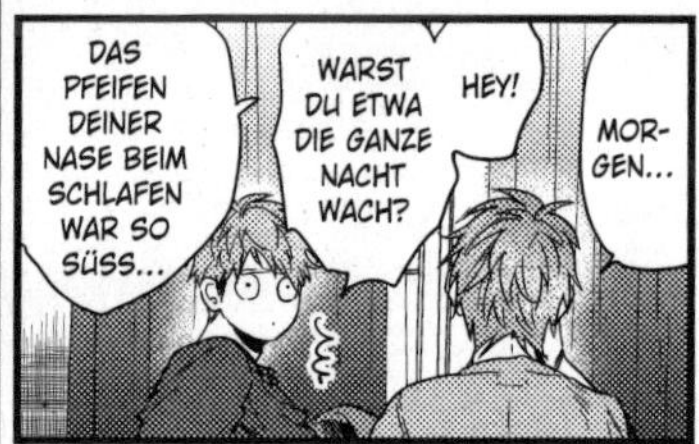

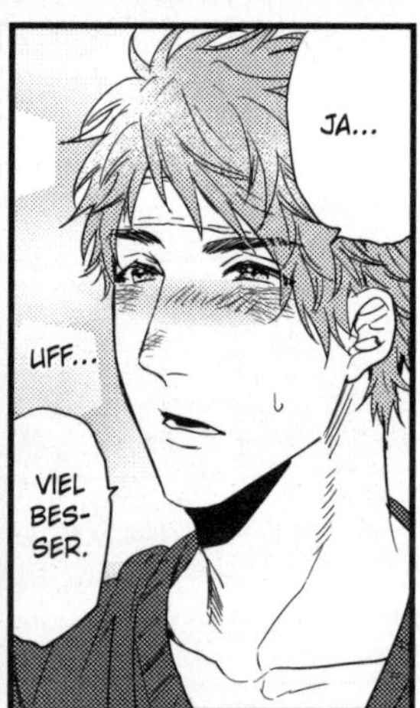

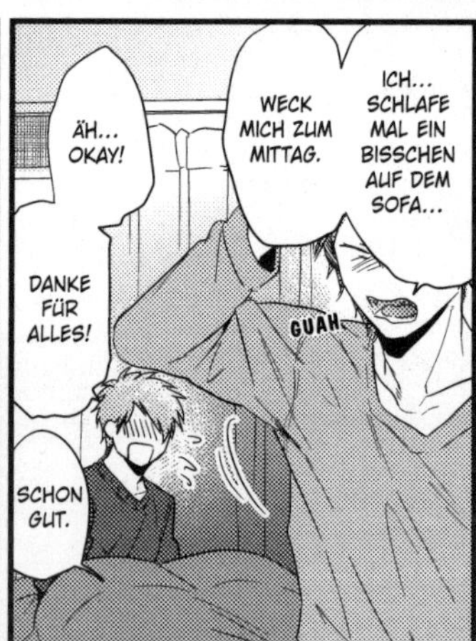

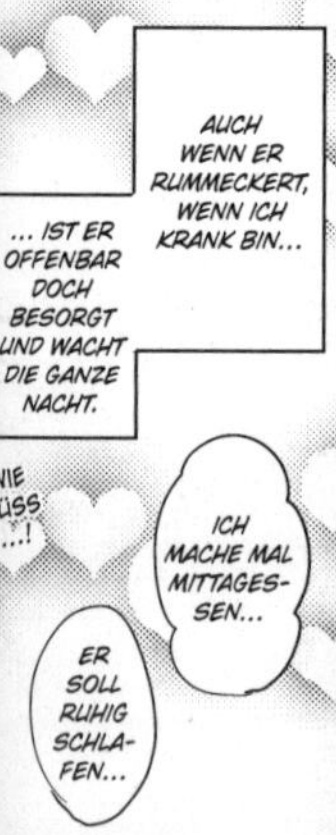

■ BERGSTEIGEN VS. ZU HAUSE BLEIBEN ■

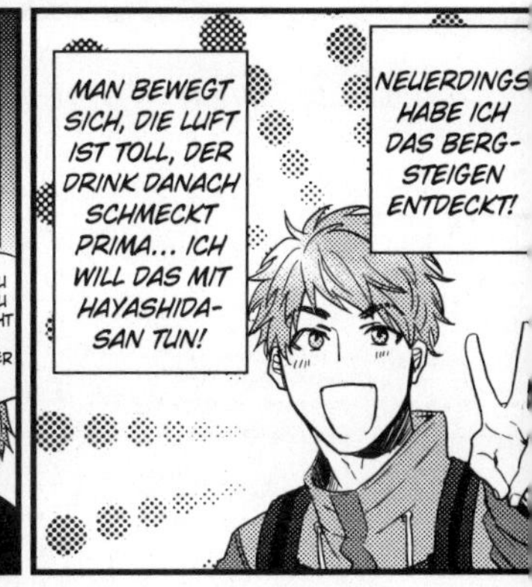

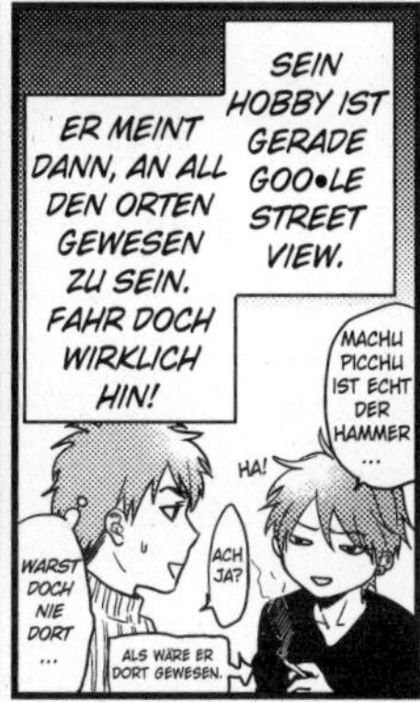

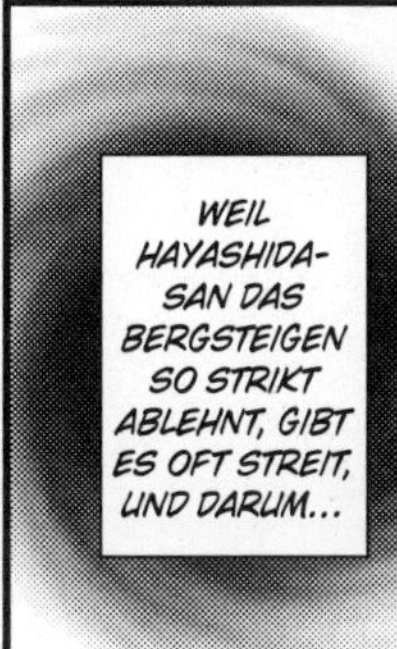

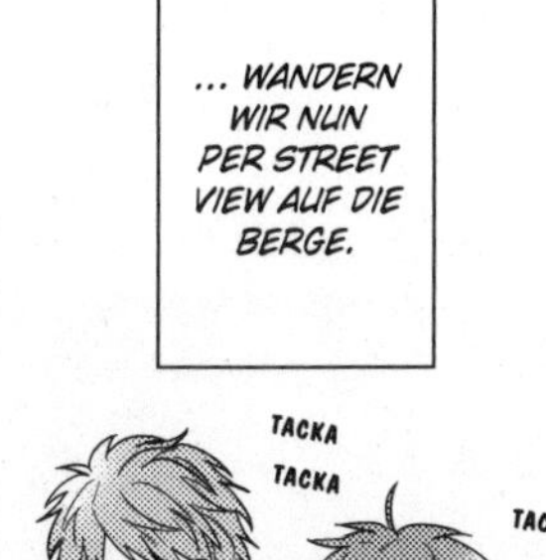

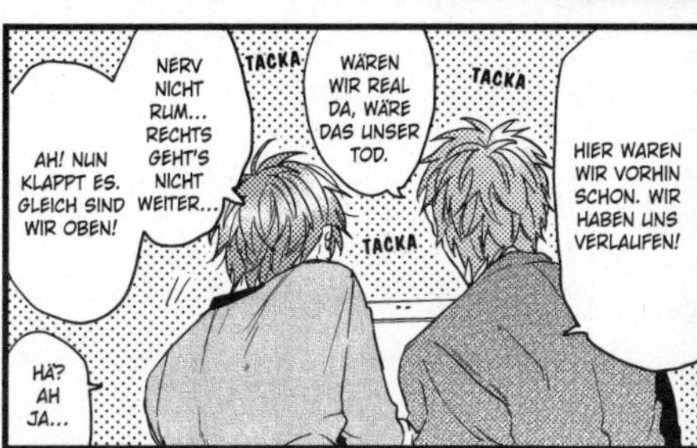

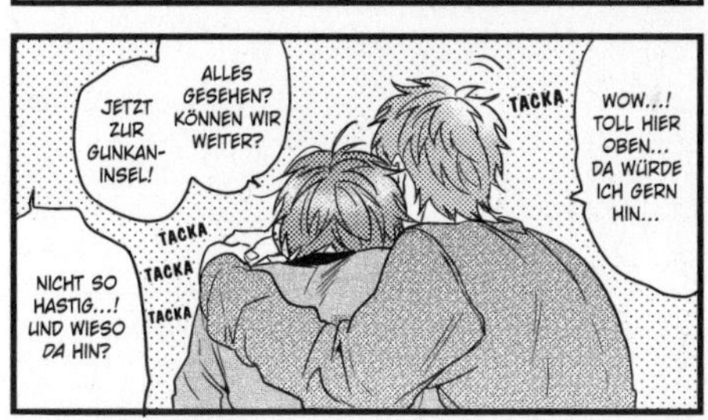

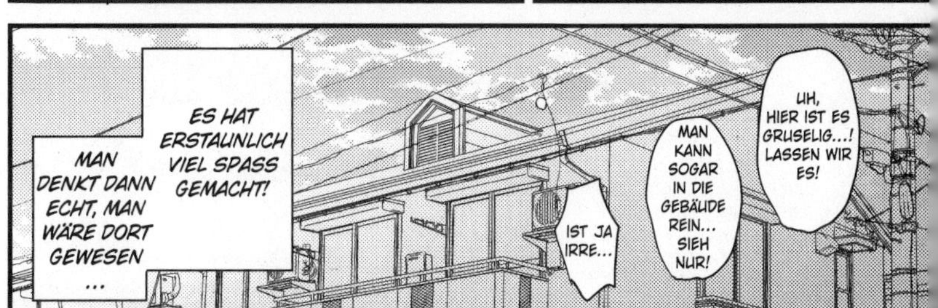

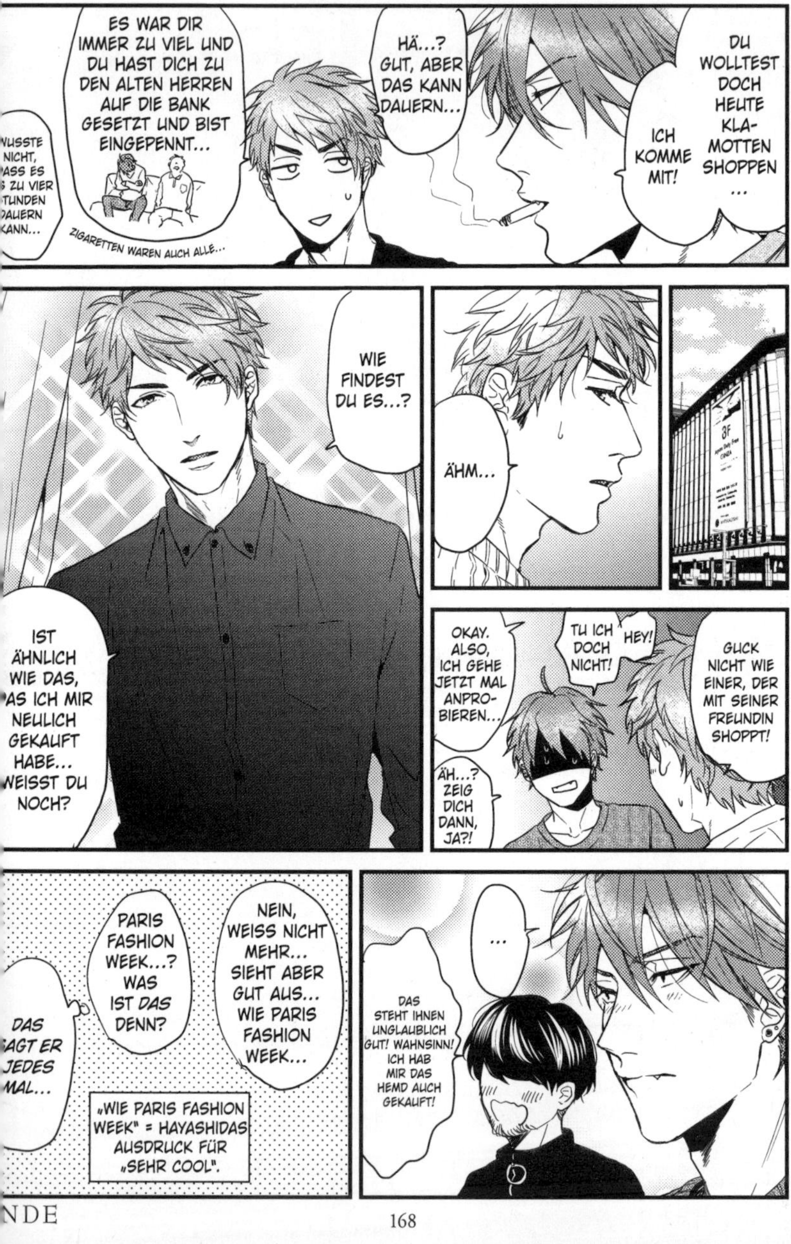

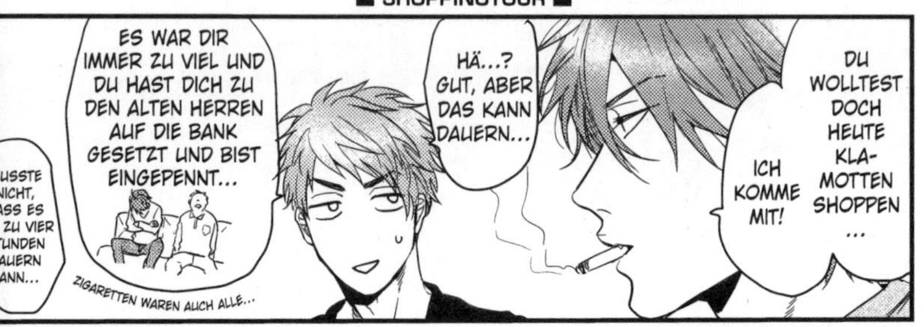

ÄHM...

WIE FINDEST DU ES...?

IST ÄHNLICH WIE DAS, AS ICH MIR NEULICH GEKAUFT HABE... WEISST DU NOCH?

GUCK NICHT WIE EINER, DER MIT SEINER FREUNDIN SHOPPT!

HEY!

TU ICH DOCH NICHT!

OKAY. ALSO, ICH GEHE JETZT MAL ANPROBIEREN...

ÄH...? ZEIG DICH DANN, JA?!

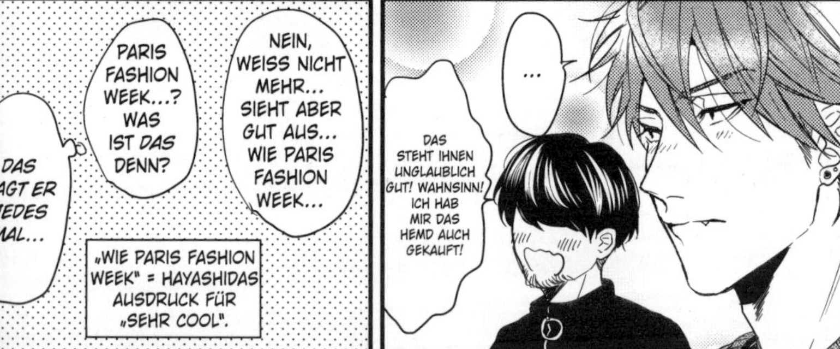

NDE

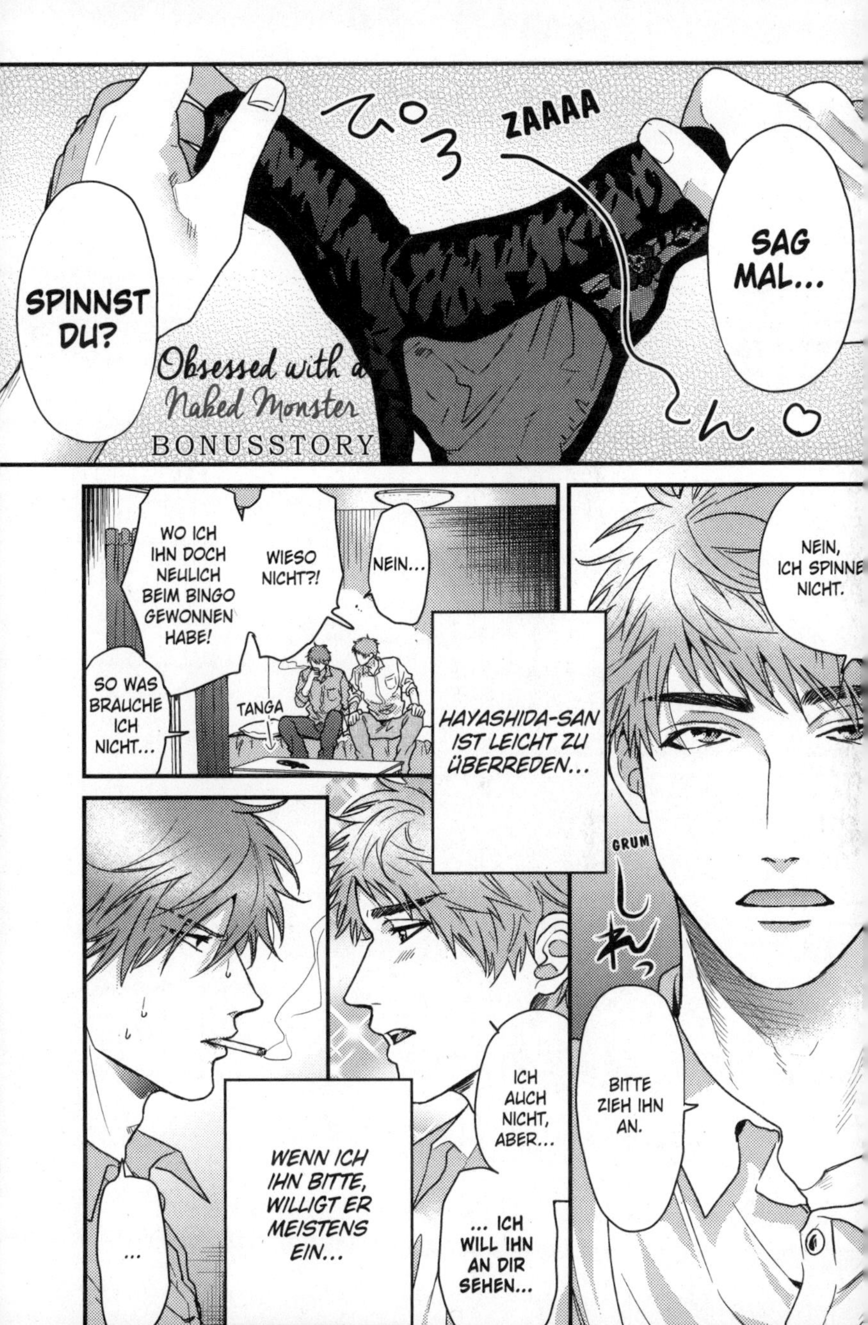

SAG MAL...
ZAAAA
SPINNST DU?
Obsessed with a Naked Monster
BONUSSTORY
NEIN, ICH SPINNE NICHT.
HAYASHIDA-SAN IST LEICHT ZU ÜBERREDEN...
NEIN...
WIESO NICHT?!
WO ICH IHN DOCH NEULICH BEIM BINGO GEWONNEN HABE!
SO WAS BRAUCHE ICH NICHT...
TANGA
GRUM
BITTE ZIEH IHN AN.
ICH AUCH NICHT, ABER...
... ICH WILL IHN AN DIR SEHEN...
WENN ICH IHN BITTE, WILLIGT ER MEISTENS EIN...
...

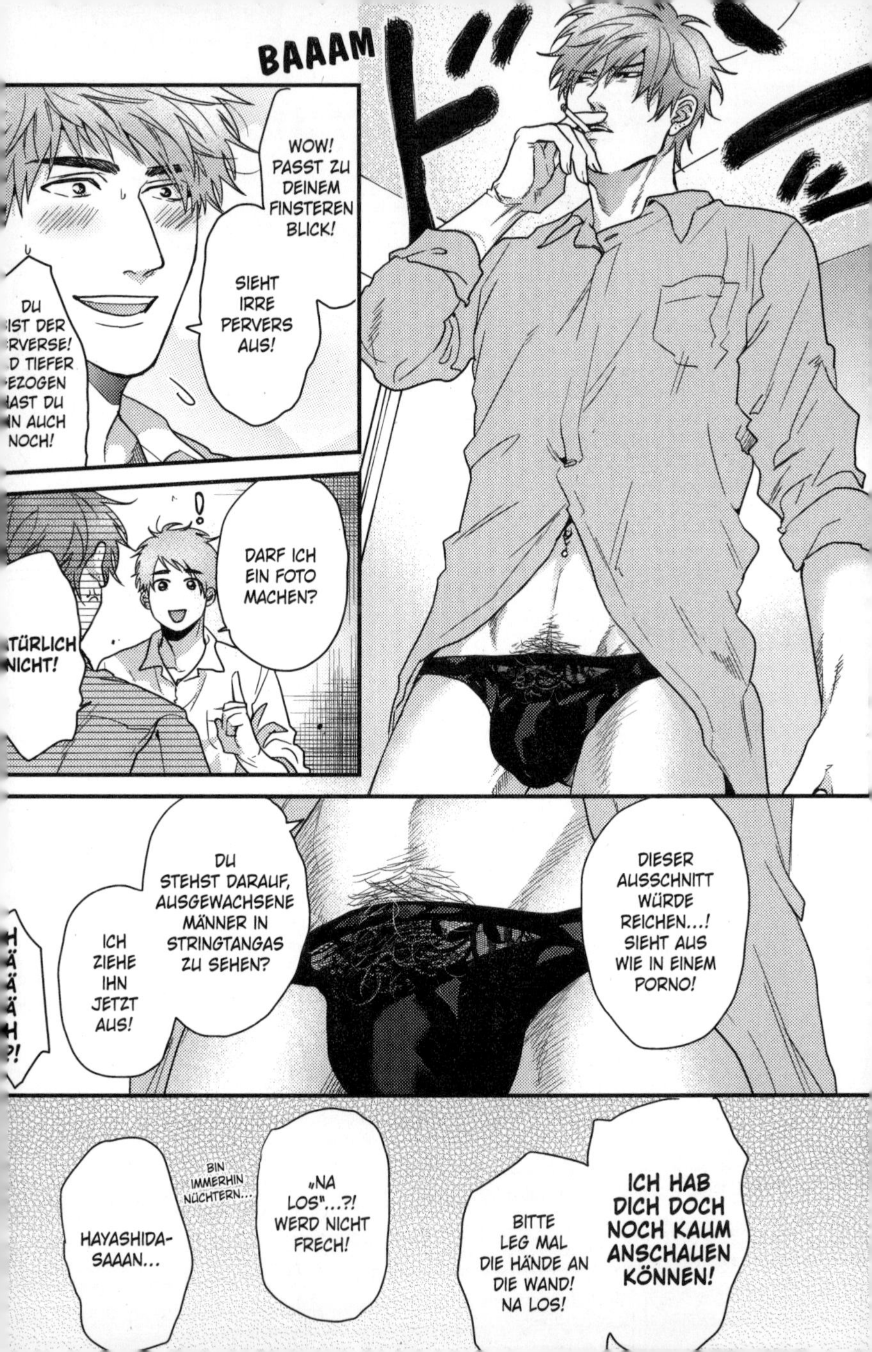
BAAAM
WOW! PASST ZU DEINEM FINSTEREN BLICK!
SIEHT IRRE PERVERS AUS!
DU IST DER RVERSE! D TIEFER EZOGEN HAST DU N AUCH NOCH!
DARF ICH EIN FOTO MACHEN?
TÜRLICH NICHT!
DIESER AUSSCHNITT WÜRDE REICHEN…! SIEHT AUS WIE IN EINEM PORNO!
DU STEHST DARAUF, AUSGEWACHSENE MÄNNER IN STRINGTANGAS ZU SEHEN?
ICH ZIEHE IHN JETZT AUS!
HÄÄÄH?!
ICH HAB DICH DOCH NOCH KAUM ANSCHAUEN KÖNNEN!
BITTE LEG MAL DIE HÄNDE AN DIE WAND! NA LOS!
„NA LOS"…?! WERD NICHT FRECH!
BIN IMMERHIN NÜCHTERN…
HAYASHIDA-SAAAN…

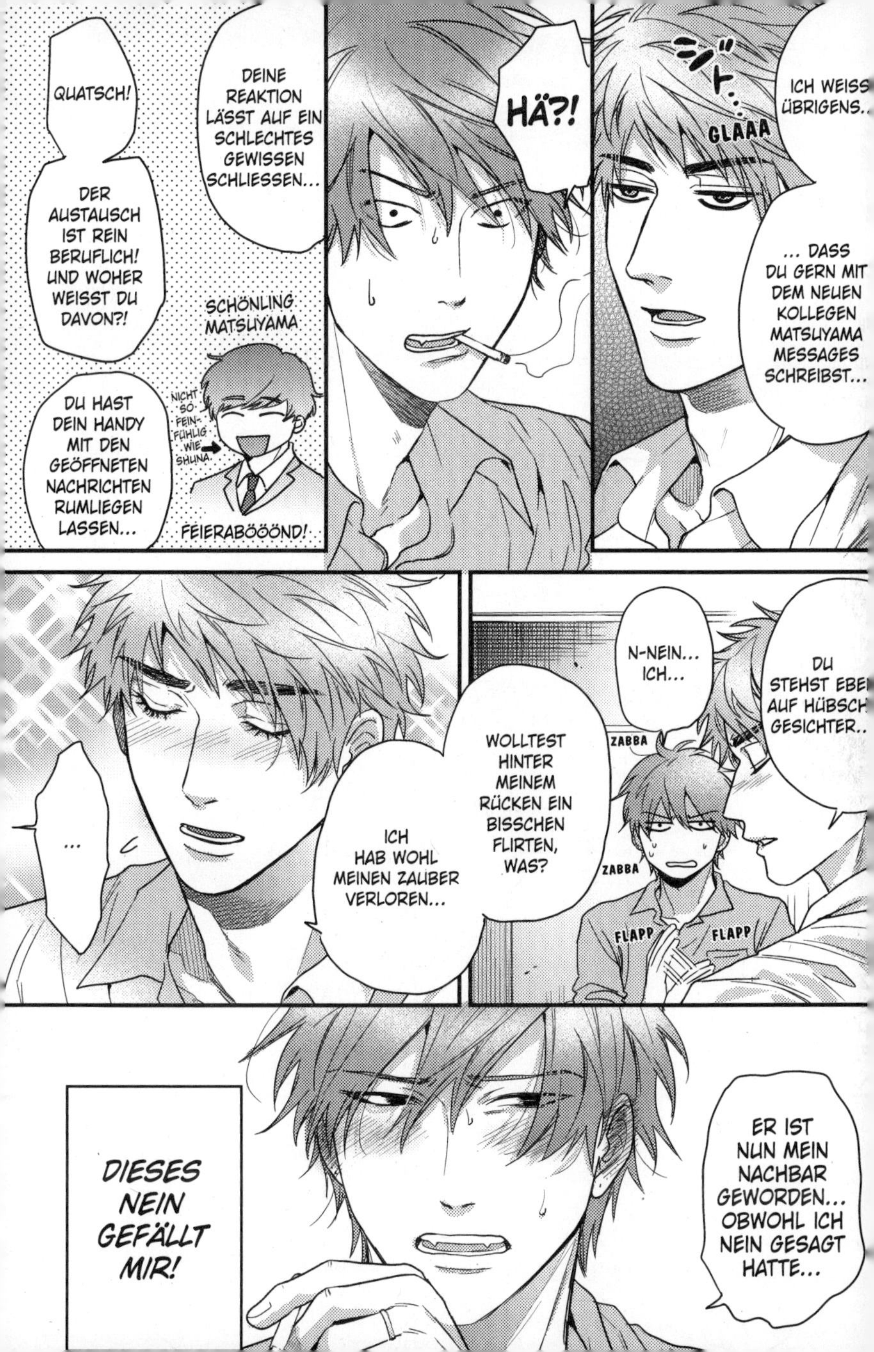
ジトー…
GLAAA
ICH WEISS ÜBRIGENS..
... DASS DU GERN MIT DEM NEUEN KOLLEGEN MATSUYAMA MESSAGES SCHREIBST...
HÄ?!
DEINE REAKTION LÄSST AUF EIN SCHLECHTES GEWISSEN SCHLIESSEN...
QUATSCH!
DER AUSTAUSCH IST REIN BERUFLICH! UND WOHER WEISST DU DAVON?!
DU HAST DEIN HANDY MIT DEN GEÖFFNETEN NACHRICHTEN RUMLIEGEN LASSEN...
SCHÖNLING MATSUYAMA
NICHT SO FEIN-FÜHLIG WIE SHUNA
FEIERABÖÖÖND!
DU STEHST EBE AUF HÜBSCH GESICHTER..
N-NEIN... ICH...
ZABBA
ZABBA
FLAPP
FLAPP
WOLLTEST HINTER MEINEM RÜCKEN EIN BISSCHEN FLIRTEN, WAS?
ICH HAB WOHL MEINEN ZAUBER VERLOREN...
...
ER IST NUN MEIN NACHBAR GEWORDEN... OBWOHL ICH NEIN GESAGT HATTE...
DIESES NEIN GEFÄLLT MIR!

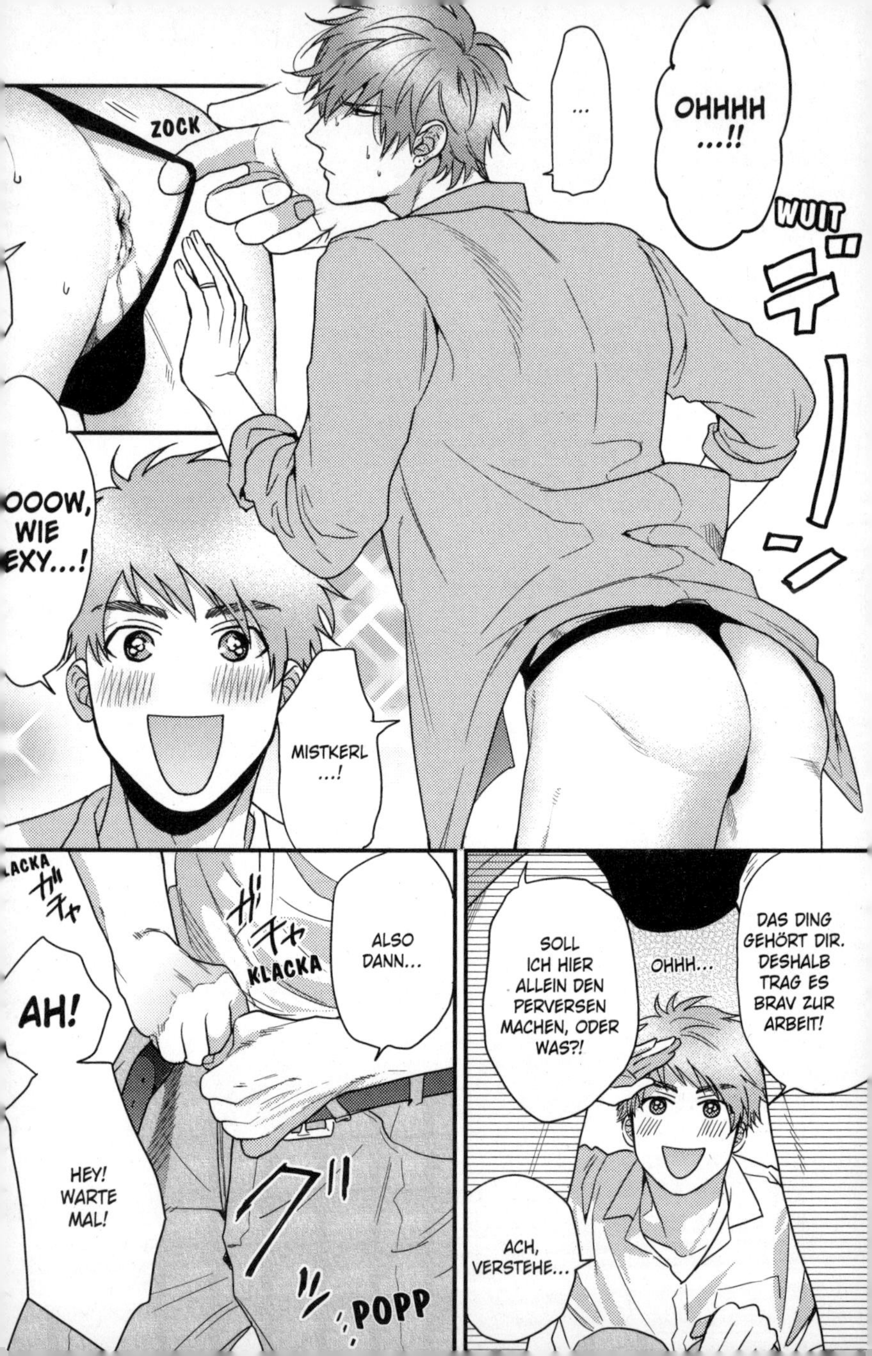
OHHHH ...!!
WUIT
...
ZOCK
OOOW, WIE EXY...!
MISTKERL ...!
DAS DING GEHÖRT DIR. DESHALB TRAG ES BRAV ZUR ARBEIT!
OHHH...
SOLL ICH HIER ALLEIN DEN PERVERSEN MACHEN, ODER WAS?!
ACH, VERSTEHE...
ALSO DANN...
KLACKA
LACKA
AH!
HEY! WARTE MAL!
POPP

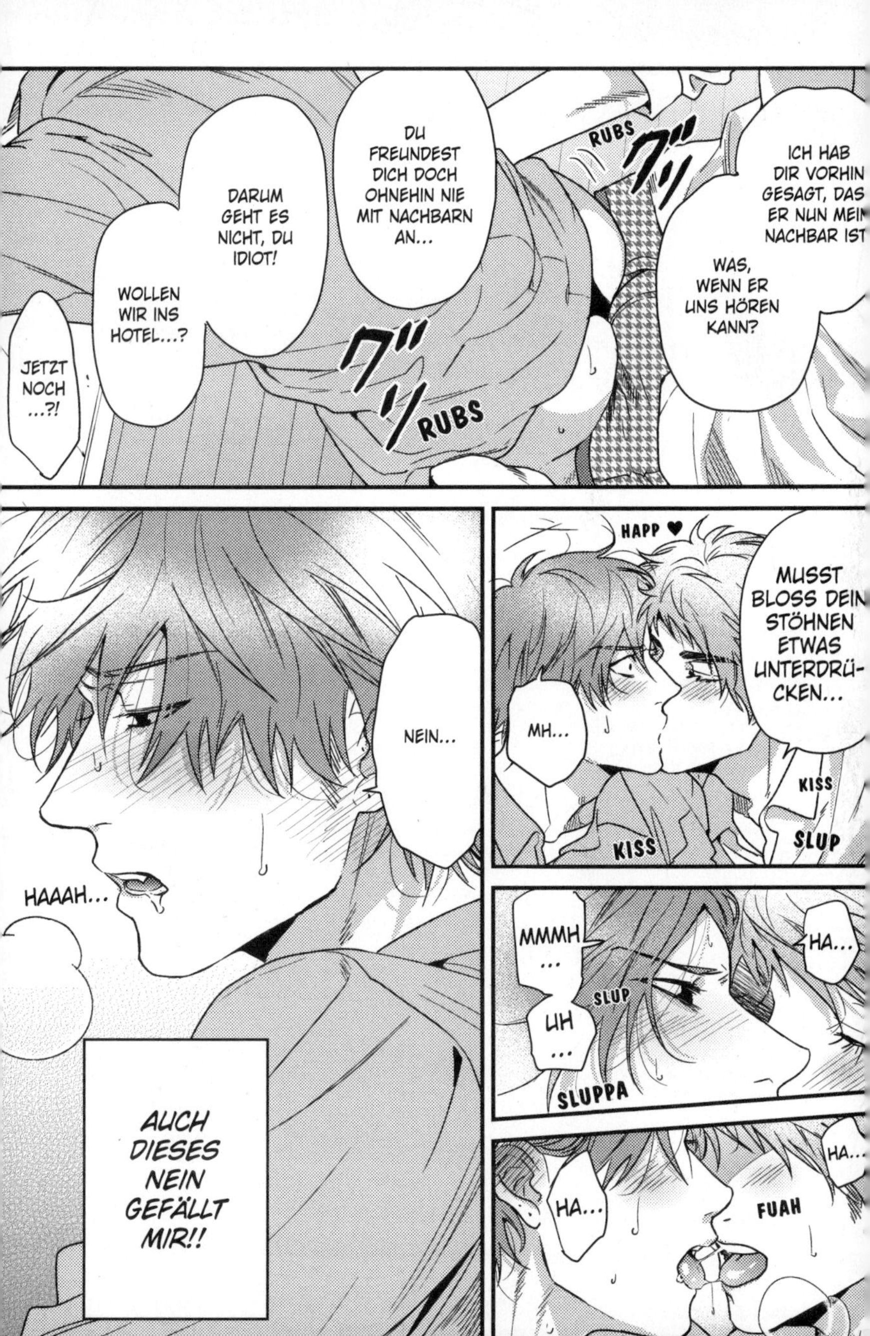

ICH HAB DIR VORHIN GESAGT, DAS ER NUN MEIN NACHBAR IST
WAS, WENN ER UNS HÖREN KANN?
RUBS
DU FREUNDEST DICH DOCH OHNEHIN NIE MIT NACHBARN AN...
DARUM GEHT ES NICHT, DU IDIOT!
WOLLEN WIR INS HOTEL...?
JETZT NOCH ...?!
RUBS
HAPP ♥
MUSST BLOSS DEIN STÖHNEN ETWAS UNTERDRÜCKEN...
MH...
KISS
SLUP
KISS
HA...
MMMH ...
SLUP
UH ...
SLUPPA
HA...
FUAH
HA...
NEIN...
HAAAH...
AUCH DIESES NEIN GEFÄLLT MIR!!

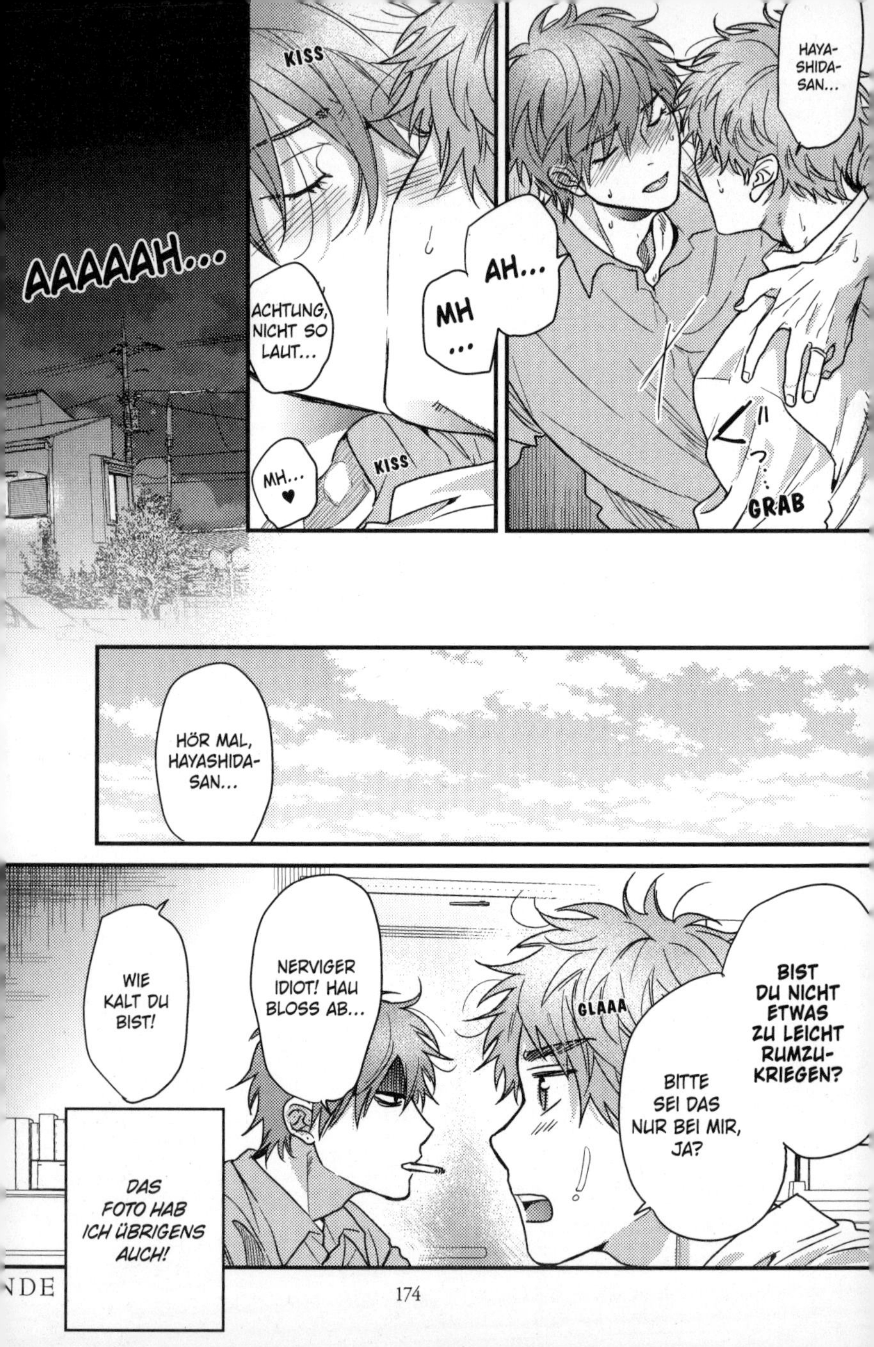
HAYA-SHIDA-SAN…
AH…
MH …
GRAB
KISS
ACHTUNG, NICHT SO LAUT…
MH… ♥
KISS
AAAAAH…
HÖR MAL, HAYASHIDA-SAN…
BIST DU NICHT ETWAS ZU LEICHT RUMZU-KRIEGEN?
BITTE SEI DAS NUR BEI MIR, JA?
GLAAA
NERVIGER IDIOT! HAU BLOSS AB…
WIE KALT DU BIST!
DAS FOTO HAB ICH ÜBRIGENS AUCH!
NDE

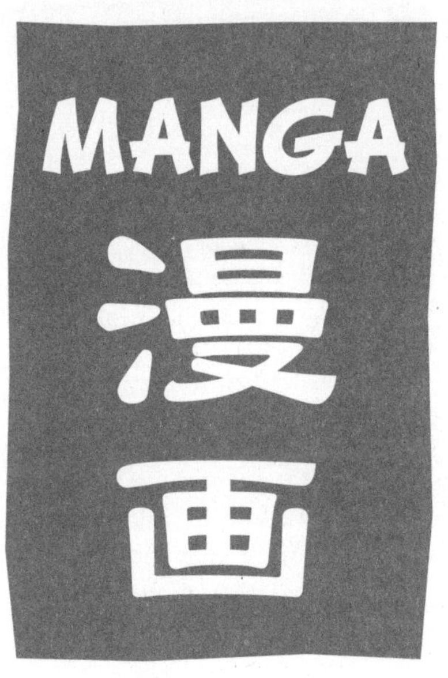

EGMONT

www.egmont-manga.de
facebook.com/EgmontManga
instagram.com/EgmontManga
twitter.com/EgmontManga

Boys Love

Reibun Ike

HEISSE NÄCHTE, KALTER STAHL

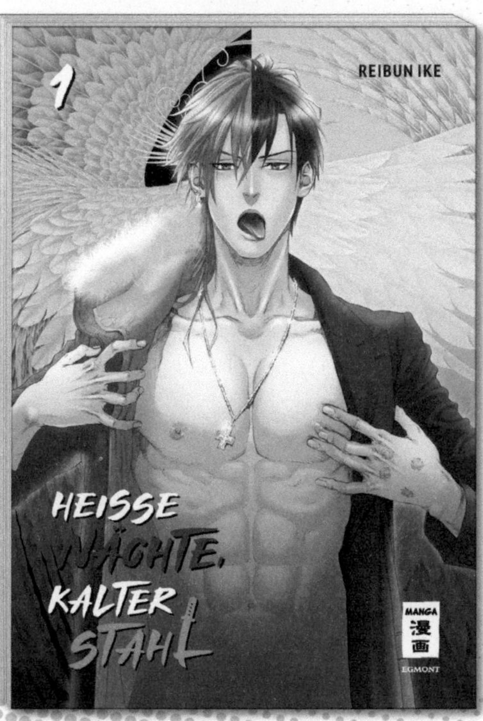

Schutzgelderpressung, Auftragsmorde, Drogenschmuggel: Alles kein Problem für den selbstbewussten Yakuza Kabu. Nun soll er seinen Vater an der Spitze der Umezaki Familie beerben und die Führung übernehmen. Doch Kabu fühlt sich wohl in seiner bisherigen Position und mit Nirasawa an seiner Seite, der ihm seit Jahren treuergeben ist – bis dieser plötzlich ins Visier der Verhandlungen um die Erbfolge gerät...

Heiße Nächte, kalter Stahl

Band 1 ISBN 978-3-7704-2724-6
€ 7,50 [D]

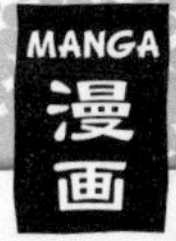

www.egmont-manga.de

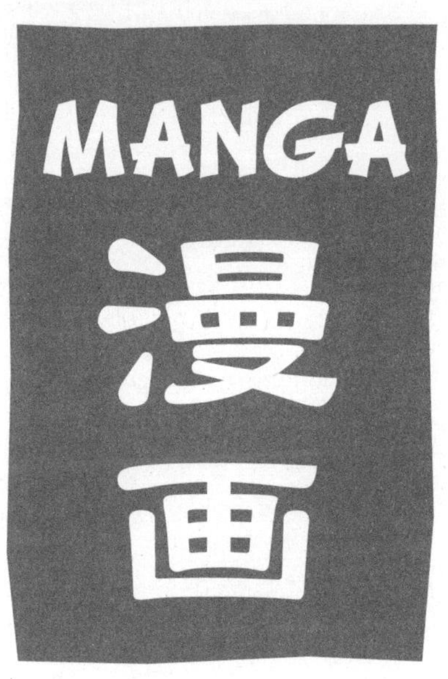

EGMONT

www.egmont-manga.de
facebook.com/EgmontManga
instagram.com/EgmontManga
twitter.com/EgmontManga

Waku Okuda
ANTI ALPHA

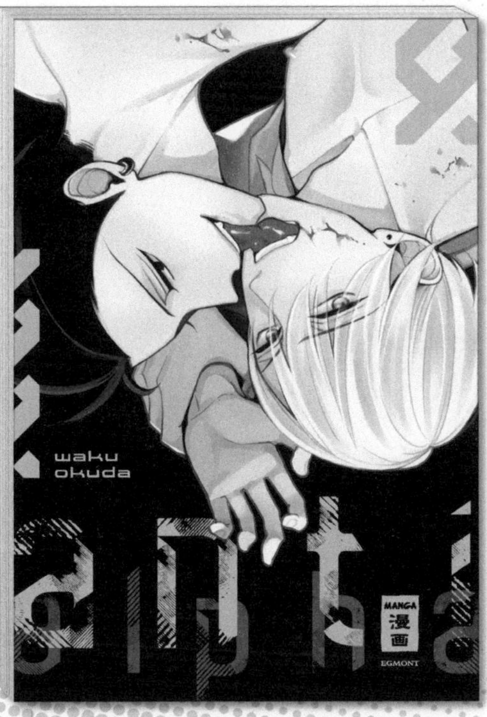

Sena und Kamishiro sind Rivalen an einer Schule für höhere Alphas. Jeder will der Beste sein. Eines Tages erwischt Kamishiro Sena beim Sex. Als er dessen intensive Pheromone wahrnimmt, steigert sich seine Lust gegen seinen Willen ins Unermessliche...

Empfohlen ab 18!

Anti Alpha

Band 1 ISBN 978-3-7704-2681-2
€ 7,50 [D], € 7,80 [A]

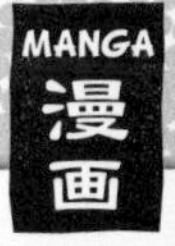

www.egmont-manga.de

EGMONT

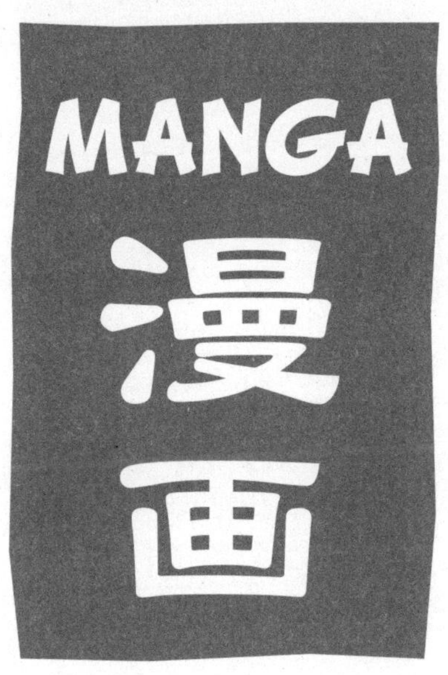

EGMONT

www.egmont-manga.de
facebook.com/EgmontManga
instagram.com/EgmontManga
twitter.com/EgmontManga

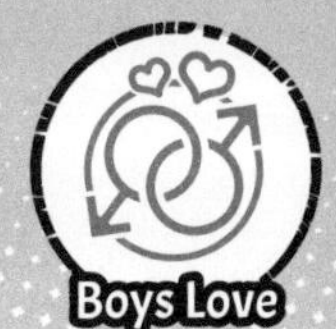

Muno

BOYS AFTER DARK

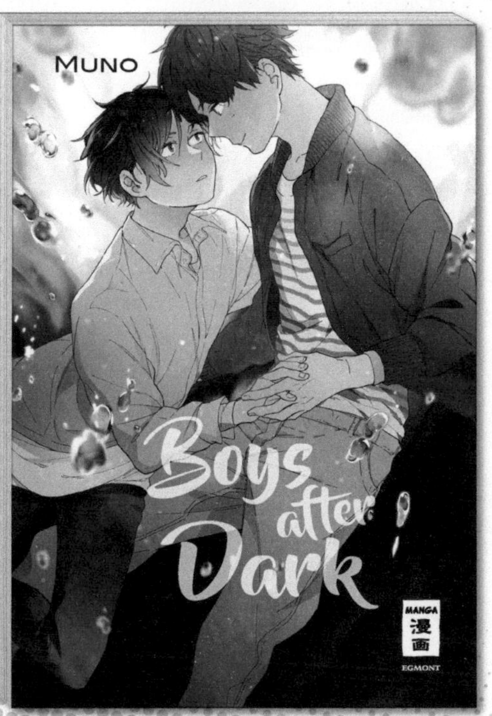

Nach einigen missglückten Beziehungen mit Frauen beschleicht Akashi das Gefühl, dass er vielleicht doch auf Männer steht. Als er zufällig erfährt, dass sein gutaussehender Kommilitone Yagi angeblich schwul sei, spricht er ihn aus Neugier direkt an. Was er nicht erwartet hat: Yagi begrüßt ihn mit einem innigen Kuss! Ist das eine angenehme Verwechslung oder kommt Akashi tatsächlich so gut beim gleichen Geschlecht an?

Boys after Dark

Einzelband ISBN 978-3-7704-2715-4

€ 7,50 [D]

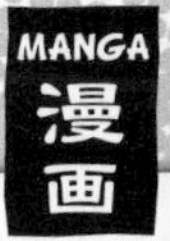

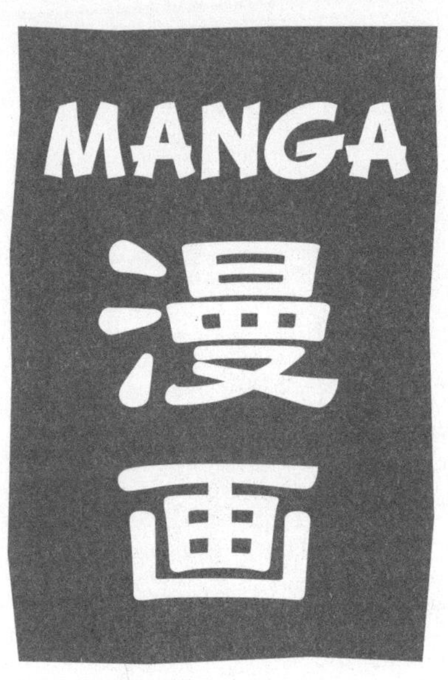

EGMONT

www.egmont-manga.de
facebook.com/EgmontManga
instagram.com/EgmontManga
twitter.com/EgmontManga

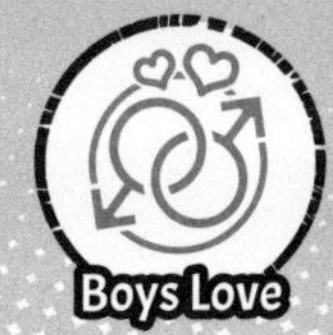

Shizuku Namie | Touko Sunahara | Minagi Asaoka

DAILY KANON

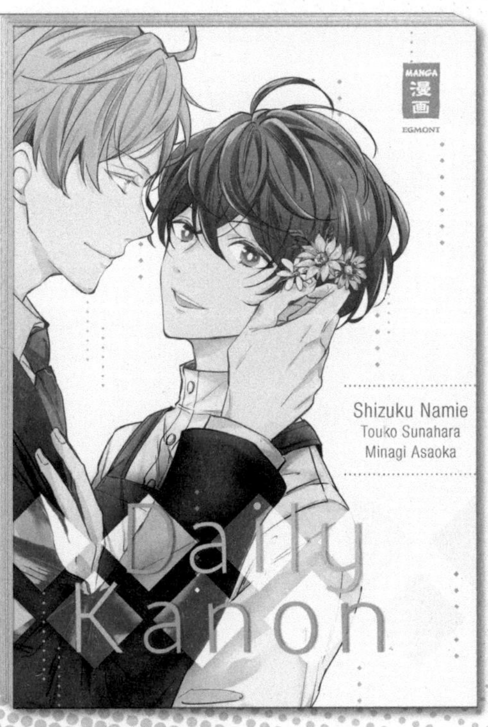

Sumikazu stammt von einer wohlhabenden Adelsfamilie ab und muss sich keine Gedanken ums Geld machen. Als er beschließt, endlich auszuziehen, soll Kanon, die Haushaltshilfe, mit ihm kommen.

Doch Sumikazus Gefühle für Kanon gehen tiefer. Wie wird Kanon wohl darauf reagieren, wenn er von den Gefühlen seines Herrn erfährt? Oder empfindet er sogar ähnlich?

Daily Kanon

Einzelband ISBN 978-3-7704-2696-6
€ 7,50 [D]

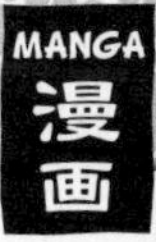

EGMONT

www.egmont-manga.de

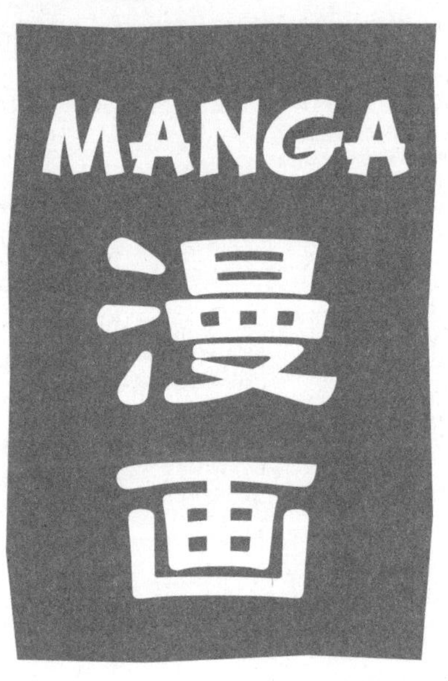

EGMONT

www.egmont-manga.de
facebook.com/EgmontManga
instagram.com/EgmontManga
twitter.com/EgmontManga

Miso Umeda

DIE STADT IN DEINEN FARBEN

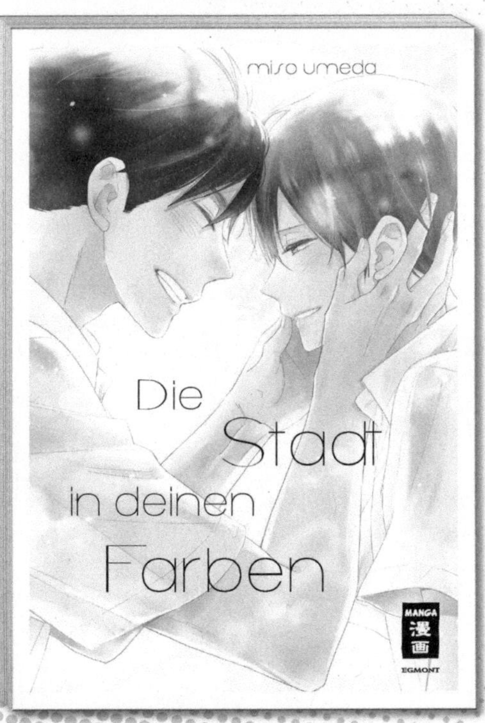

Der Musterschüler Yoshiyuki und der offene Chiba sind schon seit ihrer Kindheit befreundet. Allerdings empfindet Yoshiyuki mehr für seinen beliebten Klassenkamerad, hat aber nicht vor, ihm seine Gefühle zu offenbaren.
Erst als feststeht, dass sich ihre Wege nach dem Highschool-Abschluss trennen, gerät er ins Zweifeln…

Die Stadt in deinen Farben

Einzelband ISBN 978-3-7704-2853-3
€ 7,50 [D]

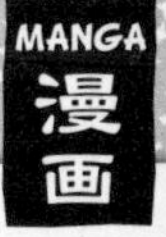

www.egmont-manga.de

EGMONT

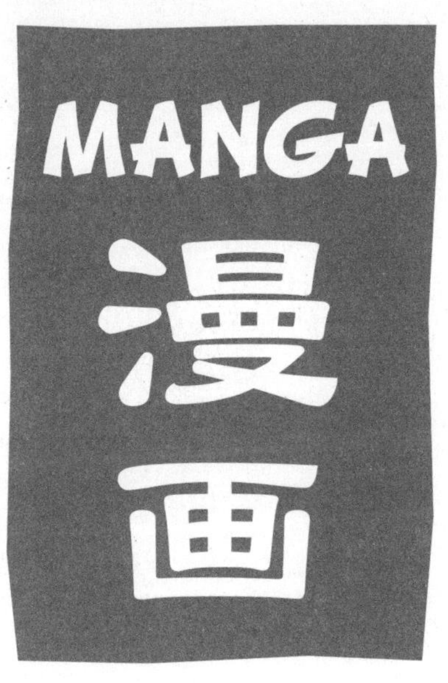

EGMONT

www.egmont-manga.de
facebook.com/EgmontManga
instagram.com/EgmontManga
twitter.com/EgmontManga

Saku Hiro

NOE67

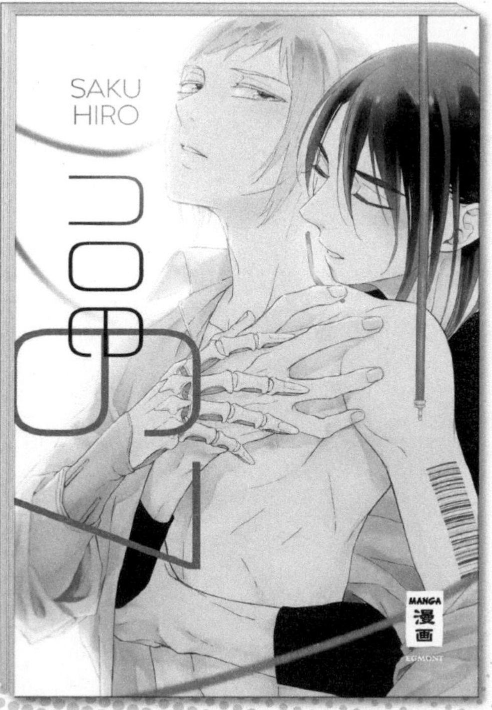

Als der Mechaniker Saga im Schrott nach brauchbaren Teilen sucht, findet er einen bildschönen Androiden. Er ist fest entschlossen, ihn zu behalten und zum Laufen zu bringen – doch das hat Folgen. Denn schnell stellt sich heraus, dass der Android nicht nur ein Modell längst vergangener Tage ist… Er ist auch darauf programmiert, besondere Bedürfnisse zu befriedigen.

Eine wundervolle Geschichte über die romantische Beziehung zwischen einem Mechaniker und einem Androiden.

noe67

Einzelband ISBN 978-3-7704-2854-0
€ 7,50 [D]

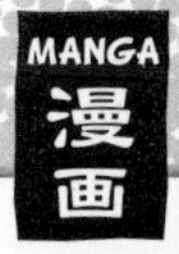

„Obsessed with a naked Monster“ von Ogeretsu Tanaka
Aus dem Japanischen von Monika Hammond
Originaltitel: „Hadakeru Kaibutsu“ Vol. 2

Originalausgabe:
Hadakeru Kaibutsu. © 2020 Ogeretsu Tanaka

First published in Japan in 2020 by SHINSHOKAN CO., Ltd. Tokyo
German version published by Egmont Verlagsgesellschaften mbH under license from SHINSHOKAN CO., Ltd.

Deutschsprachige Ausgabe:

Ritterstraße 26, 10969 Berlin

4. Auflage 2023
Verantwortliche Redakteurin: Luisa Steinhäuser
Textbearbeitung: Etsche Hoffmann-Mahler & Ulrike Marotz
Gestaltung: Esther Strunck
Koordination: Angelika Schönhuber
Printed in the EU
ISBN 978-3-7704-2651-5

SUTOPPU!

**Koko wa kono manga no owari dayo.
Hantaigawa kara yomihajimete ne!
Dewa omatase shimashita!
Tanoshii hitotoki wo dozo!**

Egmont-Manga-Chiimu

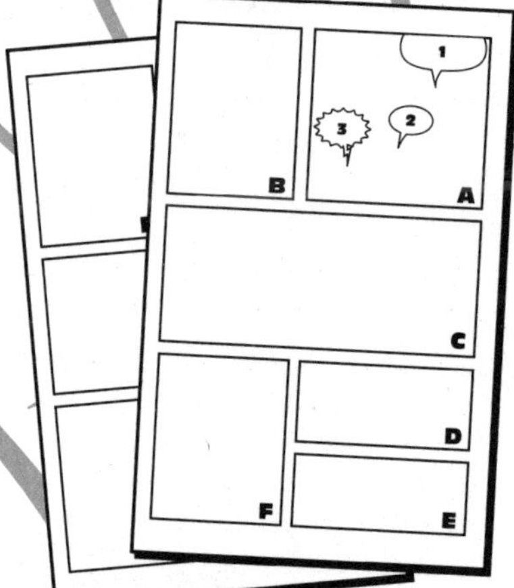

STOPP!

**Das ist der Schluss des Mangas.
Fangt bitte am anderen Ende an!
Und nun genug der Vorrede,
viel Spaß beim Lesen!**

Euer Egmont-Manga-Team